# 한반도 신흥안보의 세계정치

복합지정학의 시각

# 한반도 신흥안보의 세계정치
## 복합지정학의 시각

2017년 12월 18일 초판 1쇄 인쇄
2017년 12월 26일 초판 1쇄 발행

지은이 김상배, 신범식, 민병원, 손열, 전재성, 조동준, 배영자, 이신화, 이왕휘, 이승주

편집 김지산
디자인 김진운
마케팅 강상희

펴낸이 윤철호·김천희
펴낸곳 ㈜사회평론아카데미
등록번호 2013-000247(2013년 8월 23일)
전화 02-2191-1133  팩스 02-326-1626
주소 03978  서울특별시 마포구 월드컵북로12길 17

ⓒ 김상배, 신범식, 민병원, 손열, 전재성, 조동준, 배영자, 이신화, 이왕휘, 이승주, 2017.

이메일 academy@sapyoung.com
홈페이지 www.sapyoung.com
ISBN 979-11-88108-38-1  93340

이 저서는 2016년 대한민국 교육부와 한국연구재단의 지원을 받아 수행된 연구임(NRF-2016 S1A3A2924409); 이 저서는 2016년 서울대 국제문제연구소의 지원으로 연구를 수행하였음; 이 저서는 서울대학교 서울대·연세대 협력연구 프로그램 지원사업의 후원을 받아 수행된 연구결과 물임.

# 한반도 신흥안보의 세계정치

## 복합지정학의 시각

김상배·신범식 엮음

사회평론아카데미

# 머리말

최근 환경안보, 원자력안보, 사이버안보, 보건안보, 난민안보 등과 같은 '신흥안보(emerging security)' 분야의 위험들이 우리 삶을 위협하는 요소로 급속히 부각되고 있다. 기존에는 '비전통안보'라는 소극적인 개념으로 불렀지만, 현실의 변화를 적극적으로 담아내기 위해서는 새로운 개념이 필요하다는 인식하에 이 책에서는 신흥안보라는 화두를 던지게 되었다. 신흥안보는 시스템 내 미시적 상호작용이 양적으로 늘어나고 질적으로 변화하여 임계점을 넘게 되면, 거시적 차원에서 국가안보를 위협하는 심각한 문제로 전화되는 성격을 다분히 지니고 있는 안보문제이다. 신흥안보 현상은 각기 개별적인 것으로 보이던 문제들의 이슈연계성이 높아지면서 상호 간에 위험을 강화하는 상승작용이 발생하기도 하며, 이러한 과정에 해당 지역의 지정학적 동학이 가세하기도 한다. 다시 말해, 신흥안보의 문제가 지정학적 문제로 비화되기도 하고 역으로 지정학적 특성으로 인해 이러한 신흥안보문제의 창발이 증폭되기도 한다. 이러한 현상이 발생하는 것은 신흥안보문제

6

가 시스템 내 여러 요소들이 서로 밀접하게 연계된 복잡계 환경을 배경으로 해서 작동하기 때문이다.

이 책에서 시도한 신흥안보의 논의는 기존에 한반도 주변의 안보문제를 보던 시각이 전제로 했던 인과적 방향을 반대로 바꿀 것을 제안한다. 비전통안보와 전통안보를 나누고 상대적으로 민감성이 덜한 비전통안보 분야에서 시작해서 전통적 난제인 전통안보 분야의 협력을 이끌어내자는 발상을 바꾸어야 한다는 것이다. 기존의 시각처럼 비전통안보가 전통안보 분야에 비해서 해결이 더 용이하다고 보기에는 오늘날 신흥안보의 문제는 그 자체로도 나름대로 독자적이고 상당히 복잡한 이해갈등의 요소를 안고 있다. 최근의 양상은 신흥안보 위험을 간과하고 방치하면 그것이 오히려 전통안보 분야의 위기를 촉발할 정도로 안보 패러다임의 무게중심이 바뀌고 있다. 따라서 신흥안보의 특성상 창발하는 위험이 임계점에 도달하기 전에 그 연계의 고리를 끊지 않으면 어느 순간에 갑자기 거시적 차원에서 국가안보문제로 비화될 가능성마저도 안고 있다. 복잡한 상호작용과 밀접한 상호의존을 특징으로 하는 오늘날, 안보문제를 이분법적으로 나누고 하위정치 영역에서 시작해서 상위정치 영역으로 나아가겠다는 식의 발상 자체가 시대착오적이라고 할 수 있다.

이러한 상황인식은 최근 한반도 주변에서 벌어지고 있는 신흥안보 현상들을 통해서도 재차 확인할 수 있다. 지난 5년여 동안 발생한 사건들만 보아도, 중국발 스모그와 미세먼지의 초국경적 피해, 일본에서 발생한 쓰나미와 후쿠시마 원전 사태, 중국의 원전 건설 붐에 대한 우려 및 한국 고리 원자로의 노후화에 따른 불안, 북한의 사이버공격과 미중 사이버 갈등, 동남아와 한국에서 발병한 사스(SARS, Severe Acute Respiratory Syndrome)와 메르스(MERS, Middle East Respiratory Syndrome), 그리고 주기적으로 반복되는 조류독감(AI, Avian In-fluenza)의 공포, 북한의 인권과 탈북자 문제 및 이주노동자 문제 등을 들 수 있다. 이들은 문제는 평상시에는 국가안보를 논할 정도에까지는 이르지 못하고 아직 수면 아래 있지만, 특정한 계기와 조건하에서 거시적 차원의 안보문제로 창발할지 모르는 위험을 내재하고 있는 신흥안보문제들이다. 게다가 전통적인 지정학적 안보문제에 발목이 잡혀 있는 동북아와 한반도에서 이들 신흥안보문제들이 국가 간 분쟁의 도화선이 될 가능성이 있는 불안요인이기도 하다. 그럼에도 기존의 국내 연구가 이러한 신흥안보의 동학에 대한 충분한 관심을 기울이지 못했음을 반성하지 않을 수 없다.

하물며 기존 연구는 동북아와 한반도에서 신흥안보의 위험이 전통안보의 문제와 어떠한 관계를 맺으면서 그 위험을 증폭시키고 있는지를 제대로 살피지 못했다. 이런 점에서 보면 향후 연구는 양자가 상호작용하는 고유한 메커니즘을 좀 더 면밀히 분석하려는 발상에서 출발해야 한다. 글로벌 차원에서는 탈(脫)지정학적 배경을 가진 신흥안보의 쟁점이라고 할지라도 동북아와 한반도 차원에서는 오히려 지정학의 논리를 따라서 발생하고 전개될 가능성이 크다. 다시 말해 신흥안보 위험이 임계점을 넘어 거시적 안보위험이 되는 것은 각 신흥안보 이슈의 내부 창발 과정 때문에 발생하기도 하지만, 오히려 동북아와 한반도에 존재하는 고유한 지정학적 요소들이 다양한 신흥안보문제가 창발하는 과정에 역으로 영향을 미칠 수도 있다. 최근 전통안보의 문제로 협력의 물꼬를 트지 못하고 교착 상태에 빠진 한반도에서 신흥안보문제가 논란거리가 된다면, 그 위험은 더욱 급속히 상승작용의 계단을 타고 올라갈지도 모른다.

이상의 문제의식을 담기 위한 시도로서 이 책은 복합지정학(complex geopolitics)의 시각을 제안하였다. 동북아와 한반도의 정세를 보면 지정학적 시각은 당분간은 사라지지 않고 꾸준히 살아남아 있을 것이다. 그러나 신흥안보의 세계정치를 분석하는 데 있어서, 19세기 국제정치 현실에서 잉태된 고전지정학의 시각을 복원하여 21세기 세계정치의 현실에 그대로 적용하려는 시도는 경계해야 한다. 특히 글로벌차원에서 초국적으로 발생하는 신흥안보 위험을 제대로 파악하고 대응하기 위해서는 전통적인 지정학의 시각만으로는 미흡하기 때문이다. 앞서 언급한 바와 같이 복잡한 양상으로 전개되는 새로운 안보 패러다임을 이해하기 위해서는 지정학의 시각 이외에도 이를 비판적으로 보완하고 건설적으로 발전시키는 다양한 이론적 시각들을 복합적으로 동원할 필요가 있다. 이 책에서 고전지정학과 비판지정학, 그리고 더 나아가서 비(非)지정학과 탈(脫)지정학 등을 포괄하는 의미로 개념화한 복합지정학의 시각을 원용한 것은 바로 이러한 문제의식을 바탕으로 한다.

이러한 연속선상에서 이 책이 던지는 연구질문은, 신흥안보의 성격과 복합지정학의 논리 간에 일종의 상호 친화성이 존재하느냐의 문제이다. 특정한 유형의 신흥안보 이슈들이 복합지정학 중에서도 특정한 유형의 '지정학'을 요구하거나 또는 그러한 '지정학'이 발현되는 범위를 규정하는 것은 아닐까? 예를 들어, 어떤 종류의 신흥안보 이슈는 고전지정학의 논리를 내재하고 있어 필연적으로 국가 간 갈등으로 귀결되지만, 어떤 종류의 신흥안보 위험은 국가 간 갈등으로 비화되지 않는 비지정학 또는 탈지정학적 속성을 지니고 있는 것은 아닐까? 이러한 연속선상에서 던져 볼 수 있는 또 다른 연구질문은, 특정한 유형의 신흥안보의 위험과 거기에서 유발된 복합지정학적 문제를 해결하는 데 적합한 거버넌스의 양식을 유추해 볼 수 있느냐의 문제이다. 신흥안보의 유형과 이에 친화적인 거버넌스의 양식을 이론적으로 예견하는 것은 가능할까? 신흥안보의 유형에 따라서 이에 적합한 대응모델을 상정할 수 있을까? 이러한 질문들은 궁극적으로 신흥안보와 복합지정학, 그리고 거버넌스 양식 간에는 어떠한 상관관계 또는 친화성이 존재하느냐의 여부를 밝히는 문제로 귀결된다.

이 책은 동북아와 한반도의 지정학적 특수성을 염두에 두고, 앞서 살펴본 신흥안보의 복합지정학이 이 지역에서 실제로 전개되고 있는 양상, 즉 신흥안보의 위험들이 양질전화와 이슈연계성의 사다리를 타고서 창발하여 지정학적 임계점을 넘게 될 양상을 구체적인 사례들을 통해서 살펴보는 작업을 펼쳤다. 특히 복합시스템 환경에서 발생하는 사례들을 개괄적으로 보여주는 차원에서 한반도 신흥안보의 복합지정학이 여태까지 전개된 양상과 향후 발생할 가능성을 살펴보고자 했다. 다시 말해, 이 책에서 제기한 이론적 논의의 연속선상에서 신흥안보의 이슈들을 전통 자연재해, 기술시스템, 경제시스템, 사회시스템, 자연시스템 등에서 야기되는 위험의 다섯 가지 범주로 나누어 살펴보았으며, 이들 범주에 속하는 구체적인 사례들로서 대규모 자연재해, 원자력안보, 사이버안보, 포스트 휴먼 위험, 동아시아 및 글로벌 금융위기, 인구안보, 이주·난민 안보, 사회안보, 기후변화안보, 에너지·식량·자원 안보, 보건안보 등의 문제들을 선별하였다.

이 책은 크게 이론과 사례를 담은 두 개의 부분으로 구성되었다. 제1부 '신흥안보와 복합지정학의 분석틀'에서는 이론적 논의를 담은 다섯 편의 논문을 실었다.

제1장 '신흥안보의 복합지정학과 한반도: 이론적 논의'(김상배)는 이 책의 각 장이 공통적으로 원용한 신흥안보와 복합지정학의 이론과 개념에 대한 논의들을 담았다. 신흥안보는 미시적 안전이 양적으로 늘

어나고 질적으로 연계되면서 어느 순간에 거시적 안보로 창발하는 안보문제를 지칭한다. 이러한 신흥안보는 위험의 대상과 성격 및 해결주체, 그리고 여기서 파생되는 세계정치의 양상이라는 점에서 주로 국민국가 단위에서 군사안보를 강조했던 기존의 전통안보와는 크게 다르다. 그러나 이러한 신흥안보 위험이 임계점을 넘어 거시적 안보위험으로 창발하는 과정에는 신흥안보의 내적 요인 이외에도 외부에 존재하는 지정학적 요소가 영향을 미치기도 한다. 특히 여전히 전통안보문제로 발목이 잡혀 있는 동북아와 한반도의 경우는 지정학적 요소가 중요한 변수로 작동한다. 이러한 인식을 바탕으로 제1장은 최근 학계의 주목을 받고 있는 신지정학 또는 복합지정학의 시각에 주목한다. 복합지정학은 기존의 고전지정학 이외에도 비판지정학과 비지정학, 그리고 탈지정학을 포괄한다는 점에서 21세기 세계정치의 복잡계 현상을 이해하는 데 유용한 분석틀을 제공한다. 여기서 더 나아가 제1장은 다양한 종류의 신흥안보 위험과 복합지정학의 특정한 요소들이 일종의 상관관계를 갖느냐의 여부를 이해하는 이론틀을 제시하였다. 이러한 상관관계를 밝히는 것이 중요한 이유는, 신흥안보의 성격에 적합한 대응전략을 개발하는 데 필요한 가이드라인을 도출할 수 있기 때문이다.

제2장 '창발적 안보와 복잡성 패러다임: 신흥안보 개념의 비판적 고찰'(민병원)은 탈냉전기를 맞이하여 '안보' 개념의 전통적 속성과 그것의 확대가 어떤 방식으로 전개되어 왔는지 살펴본 후에 그 의미와 한계를 지적하였다. 안보 개념은 오랜 역사에도 불구하고 체계적인 탐구가 상대적으로 미흡했다고 평가되는데, 탈냉전기에 들어와 안보 개념이 확대되면서 이러한 문제점은 더욱 커지고 있다는 것이다. 이를 위해 우선 전통적인 안보 개념이 '닫힌 시스템'의 맥락에서 제기된 고전적인 개념이라는 점을 부각시키고, 아울러 지정학의 초기 모습 역시

닫힌 시스템의 사고를 기반으로 발전되어온 것이라는 점을 강조한다. 하지만 냉전의 종식과 더불어 이러한 시스템적 사고에도 변화가 일어나기 시작했는데, 무엇보다 '열린 시스템'이라는 개념이 적극 도입되면서 안보 개념의 이론화도 한층 더 진전되기 시작하고 있다는 점이 강조된다. 또한 코펜하겐학파를 포함하여 다양한 국제정치 시각에서 논의되고 있는 안보담론의 의미와 한계점을 짚어본 후 자기조직화와 카오스, 창발성 등 복잡계 패러다임의 개념들이 안보와 관련된 현상들을 설명하는 데 어떻게 도움을 줄 수 있는가를 살펴보았다. 이를 바탕으로 하여 제2장은 21세기에 들어와 더욱 복잡해지고 있는 안보환경을 새롭게 그려내고자 도입되고 있는 '신흥안보'의 개념이 복잡계 패러다임의 맥락에서 어떤 의미를 갖는지를 비판적으로 검토하였다. 무엇보다도 신흥안보의 개념이 지닌 '확장성'에 주목하고, 이러한 외연의 확대가 과연 어느 정도 바람직한 것인지, 그리고 어떤 방식으로 학술적으로 기여할 수 있는지를 논의하는 데 주안점을 두었다.

제3장 '동북아시아 지역공간의 복합지정학: 안보-경제-정체성 넥서스'(손열)는 동북아시아 지역공간이 냉전기 안보와 경제, 문화 모든 영역에서 고전지정학 및 지경학(geo-economics) 논리가 지배하였던 반면, 탈냉전기에 들어서면서 경제 영역의 비지정학화(혹은 탈지정학화)가 진전되는 동시에 문화 영역에서 민족적 정체성의 부흥이 일어나면서 세 영역 간 연쇄반응(chain reaction)이 발생하는 현실에 주목하였다. 동북아는 경제적 경쟁, 안보 긴장, 정체성 갈등이 부정적 연쇄반응을 야기하고 불안정한 악순환의 연쇄 과정을 만들어내고 있다고 볼 수 있다. 안보경쟁은 정체성 갈등과 연계되어 경제적 상호의존을 축소시키고, 이에 따라 안보적 대결의 확대를 자제하게 하는 경제적 압력을 약화시키는 부정적 연쇄반응을 일으킬 수 있는 것이다. 그럼에도

동북아 공간에서 전개되는 안보, 경제, 정체성의 선순환 혹은 악순환이 극단으로 치닫지 않았음에도 주목해야 한다고 제3장은 강조한다. 신흥안보 위험의 창발은 이러한 동북아 위험 넥서스와 연결되어 국가 간 협조의 동학 속에서 완화될 수도, 악화될 수도 있는 것이라는 주장이다. 새로운 안보위험이 역내 국가 간 협력을 추동할 수도, 반대로 역내 국가 간 갈등이 새로운 안보위험의 증폭을 야기할 수도 있다. 이런 점에서 동북아 지역의 안보 거버넌스는 기존의 전통적인 국가 간 협력의 논리와 함께 탈근대적으로 탈지정학적 운동의 논리가 상호 복합적으로 작용하는 현실에 기반을 두고 있다. 따라서 향후 연구과제는 이러한 상호작용과 복합의 과정을 구체적으로 해명하는 일이 되어야 한다고 제3장은 강조한다.

제4장 '남북한 관계의 복합지정학'(전재성)은 한국의 지정학적 사고는 한반도가 겪어온 격동의 국제정치 역사와 밀접한 관계를 이루고 있다고 주장한다. 서구에서 시작된 근대 주권국가질서를 받아들이는 과정에서 제국주의의 침탈을 겪었고 냉전을 거치면서 서구의 단순 고전지정학의 사유를 스스로 받아들일 수밖에 없었다. 영토와 주권, 군사력이 중요한 생존의 기반이었고, 동북아 강대국 정치의 제약이 나라의 운명을 좌우하였다. 냉전이 종식된 이후에도 한반도의 분단은 극복되지 못한 채, 강대국 국제정치와 남북 간의 군사적, 정치적 대립이 강고하게 작동하고 있다. 남북 간의 경제협력은 고전지정학 사고를 넘어 점진적 통합을 이루는 기초가 될 수 있겠지만, 여전히 지정학 논리에 영향을 받아 화해, 협력을 이끄는 추동력이 되는 데 한계를 보여 왔다. 남과 북은 경제협력으로 지정학의 대립을 완화하거나, 분단국가로서 영토성의 모순을 해결하려는 진지한 노력을 기울이는 데 어려움을 겪었다. 심대한 안보, 생존딜레마 속에서 경협을 정치적으로 이용하고

싶은 지경학의 유혹을 극복하기 어려웠고 결국 정치, 군사적 신뢰구축 없이 경협은 한계를 노정했다. 지정학적 영향력이 훨씬 약한 환경, 재난, 질병 등의 신흥 안보이슈가 남북한 지정학 경쟁을 완화하는 새로운 동력이 될 수 있을지 기대를 모으고 있다. 정치, 경제 이슈보다 정치적 민감성이 덜하고, 북한만 겪고 있는 문제가 아니라, 한국, 일본, 중국도 함께 겪고 있는 문제이기 때문이다. 지역 다자협력의 가능성이 높고, 남북한의 지정학 경쟁이 그 속에서 완화될 수 있다. 국가들의 리더십 발휘와 영향력 있는 제3자의 중재가 존재한다면 협력이 본격화될 가능성도 없지 않다.

　제5장 '신흥안보의 부상 경로'(조동준)는 신흥안보의 창발 유형을 정리하였다. 안보 쟁점은 기본적으로 위협인식에 기반을 두기 때문에, 피해 규모와 발생 확률로 측정되는 위협과 위협에 대한 주관적 인식이 신흥안보의 창발 과정에서 중요한 요인이다. 또한, 안보 영역에 속하지 않던 현상이 전통적 안보쟁점과 물리적으로 또는 의식적으로 연계되면, 안보 영역으로 들어오게 된다. 상기 사항을 고려하면, 신흥안보의 창발은 (1) 객관적 위협의 증가(특정 사건이 일어날 경우 초래하게 될 피해의 규모가 증가 또는 특정 사건이 실제 일어날 확률의 증가), (2) 객관적 위협에 대한 주관적 인식의 악화, (3) 안보 쟁점과의 연계로 일어난다. 제5장은 신흥안보가 창발하는 예로서 한반도에서 기후변화가 북한에서는 '고난의 행군'으로, 한국에서는 대인지뢰의 쟁점화로 이어지는 과정을 검토하였다. 1990년대 후반 한반도에서 강수 양상과 홍수 위협이 급격하게 변화하지 않았지만 북한의 취약성과 결합되면서 체제위기로까지 치달았다. 사회주의권이 붕괴되자, 북한이 석유를 확보하지 못하게 되었고, 이는 석탄생산의 감소, 생활연료의 부족, 생활연료원으로서 삼림 채벌로 연쇄적으로 이어졌다. 북한 토양이 집중호

우를 흡수할 능력이 약화된 상태에서 집중호우가 '백년만의 대홍수'와 '고난의 행군'으로 이어졌다. 북한에서 발생한 홍수는 임진강, 한탄강, 북한강을 따라 내려오면서 남북 접경지대에 매설된 대인지뢰를 남쪽으로 이동시켜 인명사고를 일으켰다. 한국에서 대인지뢰 사고가 빈번히 발생하면서, 1972년부터 1995년까지 드러나지 않았던 대인지뢰의 문제가 주목을 받게 되었다. 기후변화가 북한에서는 피해 규모로 인하여, 한국에서는 기존 안보쟁점과 연계되어 안보 쟁점이 되었다.

제2부 '한반도 신흥안보의 세계정치'는 경험적 사례들을 기술시스템, 인간안보, 경제시스템, 사회시스템, 자연시스템 등의 다섯 개 영역으로 나누어 살펴보았다.

제6장 '기술환경과 신흥안보의 복합지정학: 남북한 관계의 맥락'(배영자)은 새로운 위협을 발생시키고 있는 다양한 신기술 가운데 특히 원자력발전, 사이버안보, 인공지능기술에 주목하고, 해당 기술 활용 과정에서 발생하는 위협을 신흥안보 시각에서 고찰하였다. 원자력발전은 일상적인 안전 문제가 특정한 계기를 통해 거시적 안보 이슈로 발전할 수 있는 이슈이다. 마찬가지로 사이버안보도 개인 수준의 안전 문제가 국가안보로 확대되고 있는 사례이다. 인공지능기술의 경우 그 영향력의 범위가 막대하여 로봇 전쟁, 각종 스마트 무기의 부상 등 다양한 거시적 지정학적 안보로 확대될 수 있는 이슈이다. 원자력발전, 사이버안보, 인공지능기술로 인한 새로운 위협은 미시적이거나 가상적인 위협에 그치지 않고 안보를 둘러싼 첨예한 갈등상황에 있는 남한과 북한에서 지정학적 위협 요소로 발전하고 있다. 신기술 활용과 관련된 위협을 전통적인 안보 개념과 지정학의 논리로 설명할 수 있는 부분이 존재한다. 그러나 다른 한편 신기술로 인한 위협과 이에 대한 방어 전략을 생각할 때 복합지정학적 관점이 요구된다. 예컨대 신

기술 위협과 방어는 지리적 영토와 사이버공간을 복합적으로 고려해야 한다는 점, 신기술의 경우 기술적 우위가 공격 및 방어 능력의 우위로 연결되지 않고, 오히려 기술적 우위로 인해 공격과 방어가 취약해지는 아이러니가 존재한다는 점, 신기술을 활용하는 위협의 경우 실재하는 위협과 구성되는 위협 사이에 팽팽한 긴장이 존재하며 특정한 국내외 정치상황에서 과잉 안보담론화가 발생하게 될 가능성도 충분하기 때문에 신기술 위협에 대한 적절한 안보담론의 구성이 문제시된다는 점 등을 인식하며 복합지정학적 관점에서 대응방안을 마련해야 한다는 것이다.

제7장 '인구·이주·난민 안보의 복합지정학과 한반도'(이신화)는 인구, 이주, 난민 문제와 관련된 신흥안보의 문제를 다루었다. 21세기 들어 기후변화, 테러리즘, 사이버공격, 인도적 위기상황 등과 관련된 비군사적 신흥안보 이슈들이 전통안보 못지않게 국가 차원이나 개인 차원에서 중대한 위협요인으로 부상하였다. 더욱이 신흥안보 문제가 전통안보와 연계되는 사례도 점점 늘고 있는데, 지구온난화, 무역갈등, 난민유입 문제 등이 국가 내 사회혼란이나 폭력분쟁을 야기하거나 국가 간 갈등을 초래하기도 한다. 이러한 문제들은 한반도의 맥락에서도 이미 발생하고 있지만, 정치, 군사적 이슈가 여전히 가장 중차대한 안보문제인 한국에서 신흥안보 이슈나 그와 관련된 지역 차원의 협력 문제는 부차적 관심 영역에 머물러 있는 실정이다. 하지만 군사적 전통안보의 관점만으로는 오늘날 한반도를 둘러싼 복잡한 지정학적 안보문제를 제대로 이해할 수 없으므로 '복합지정학'의 관점에서 전통-비전통 안보의 상호작용을 고찰할 필요가 있다. 이러한 맥락에서 제7장은 어떤 특정한 신흥안보 이슈가 어떠한 복잡한 과정을 거쳐 사회안보나 국가안보에 위협이 되는지, 그리고 이러한 신흥안보가 어떠한 상

황에서 지정학적, 군사적 이슈와 맞물려 심각한 국가 간 긴장이나 충돌을 야기할 수 있는 국가적, 지역적, 세계적 안보문제가 되는지에 대하여 고찰하였다. 특히 인구문제, 이주 및 난민 이슈와 관련된 위협들이 한국에는 어떠한 외교안보적 도전이슈가 되고, 남북한 관계의 맥락에서는 전통안보 이슈와의 연계성을 포함하여 어떠한 함의를 가지는지, 그리고 왜 전통안보와 연계한 '포괄안보'의 시각에서 다루어져야 하는지를 검토하였다.

제8장 '경제위기의 복합지정학과 한반도'(이왕휘)는, 경제위기에 대한 분석은 전통적인 지정학의 영역을 넘어서 지정학과 지경학을 포괄하는 복합지정학이 요구된다고 주장하였다. 21세 들어 미국에서 발생한 세계금융위기는 세계적 차원의 세력균형에도 영향을 미쳐 미국 경제의 상대적 쇠퇴와 중국 경제의 부상이라는 지정학적 결과를 초래하였다. 1997년 아시아 금융위기의 여파로 심각한 지정학적 위험을 경험하였음에도 불구하고, 2007년 세계금융위기의 희생양이 되지 않았기 때문에, 이제 경제위기는 한국과 별로 관계가 없는 문제로 생각할 수도 있다. 또한 경제위기가 한반도 안보위기로 발전할 가능성도 제한적이다. 폐쇄경제인 북한에 비해 개방경제인 한국이 경제위기의 위험에 훨씬 더 노출되어 있다. 그럼에도 불구하고 수십 년간의 정책 실패와 경제제제로 경제성장이 지체되었기 때문에 한국만 경제위기에 처하더라도 북한이 경제적으로나 안보적으로 우리를 추월할 가능성은 단기적으로는 물론 장기적으로 아주 희박하다. 그러나 2015년 이후 최대 교역국인 중국의 경제성장 둔화로 인한 금융위기 위험이 가중되고 있는 상황에서 경제위기의 가능성은 점증하고 있다. 경제위기의 지정학적 영향을 최소화하기 위해서는 새로운 유형의 거버넌스가 필요하다. 경제위기와 관련된 그 파급 범위가 무한하여 위험을 조기에

인지가 어렵기 때문에, 사전에 그 결과를 예측하고 통제하는 것이 매우 어렵다. 또한 정부가 네트워크의 주요 행위자인 다국적·초국적 기업의 활동을 제한하는 데는 한계가 있다. 이런 문제점을 극복하기 위해서는 다양한 양자간 및 다자간 네트워크를 심화·확대할 중층적 거버넌스가 필요하다는 주장이다.

제9장 '사회환경의 신흥안보와 복합지정학: 경제적 불평등·사회통합·정체성 안보'(이승주)는 최근 급격하게 정치 쟁점화되고 있는 경제적 불평등과 사회적 갈등이 21세기가 직면한 최대의 위협 요인 가운데 하나라고 주장한다. 경제적 불평등에 대한 관심과 인식이 점증하고 있는 것은 경제적 불평등이 그 자체로도 중요한 문제일 뿐 아니라, 사회적, 정치적, 안보적 차원의 문제를 초래하는 기저 요인으로 작용할 가능성이 높기 때문이다. 경제적 불평등으로 인해 초래되는 문제는 한국에게도 당면한 문제이다. 한국의 경제적 불평등이 지난 20여 년간 확대되어 온 것은 잘 알려져 있다. 한국에서 경제적 불평등의 확대는 경제적 차원을 넘어 사회적, 정치적 차원으로 확대되는 구조화의 경향을 보이고 있다는 점에서 사회통합의 문제로 전화하고 있다. 남북한 간 경제통합, 더 나아가 통일은 한국의 사회통합에 중대한 도전 요인으로 작용할 가능성이 높다. 남북한 간 경제적 격차를 고려할 때, 통일은 남북한 주민들이 경제적 불평등을 현실로 직면하게 된다는 것을 의미한다. 남북한 간 경제적 불평등은 기존 한국 사회 내에 존재하는 다양한 유형의 사회적 불평등에 더하여 새로운 문제를 초래할 가능성이 높다. 남북한 간 경제통합 또는 통일로 인해 남북한 주민들 사이의 사회적 불평등을 확대되고 사회적 갈등이 증가하며, 그 결과 남북한 주민들 사이에 이질적인 정체성이 형성될 가능성이 높다. 이러한 결과는 통일 이후 한국의 사회통합을 심각하게 저해하게 된다는 것이 제9장

의 우려이다.

　제10장 '환경의 복합지정학과 한반도'(신범식)는 자연환경의 측면에서 제기되는 다양한 도전들 가운데, 그 파급력이 가장 클 것으로 예상되는 기후변화의 도전이 야기할 수 있는 다양한 위기적 상황을 고찰하였다. 우선 기후변화와 관련하여 한반도는 강수량 변동에 따른 물부족 위험이 높아가고 있으며, 기온상승에 따른 보건적 취약점의 증대, 그리고 토지의 작황 및 바다 산물의 변화에 따른 먹거리의 문제가 제기될 가능성이 있다. 이는 자연환경의 문제에 그치지 않고 지정학적 갈등을 고조시키고 충돌을 발생시킬 위험성도 안고 있는 도전으로 인식될 필요가 있다. 그리고 기후변화의 문제가 에너지안보와 연관되어 나타날 수 있는 신흥안보의 이슈로는 에너지 가격의 급격한 상승으로 인해 발생할 수 있는 식량가격 폭등 및 그에 따른 불안정 상황을 들 수 있다. 에너지 수급 구조 자체에 대한 도전으로 나타나겠지만, 그에 못지않은 에너지 가격의 급격한 변동성이 초래할 산업에 대한 여파도 만만치 않을 것이다. 아울러 메르스 사태나 신종인플루엔자 사태로 그 심각성을 일깨운 보건안보의 문제는 동북아와 남북관계의 지정학적 변화와 연관하여 영향을 미칠 수 있는 중요한 요인으로 인식될 필요가 있다. 16억 명의 인구가 밀집해 있는 동북아에서 초국가적 보건협력 지대의 구축은 국가중심적 영토성의 원칙을 넘지 못하고 있는 가운데, 지역적 협력 기제의 미발달 또한 이 지역의 보건안보를 위한 주요한 도전거리가 될 수 있다. 따라서 다양한 자연재해와 기후변화로 촉발되는 급격한 변화에 대처하기 위해서는 우선, 자연재해 자체에 대한 대비 못지않게 그것과 연계되는 이주 및 국가 간 분쟁 가능성에 대한 대책도 마련될 필요가 있으며, 또한 수자원, 식량, 에너지 등과 같은 요인들이 어떻게 연계(nexus)되어 복합적 상호작용을 일으키는지에 대

한 모니터링과 대응체제를 구축하는 것이 필요하며, 개별 국가 수준에서의 대응을 넘어서 지역적 대응체제를 구축하는 것이 중요하다는 것이다.

\* \* \*

이 책이 나오기까지 여러 분들로부터 많은 도움을 받았다. 무엇보다도 아직 생소한 신흥안보의 개념을 동북아와 한반도의 사례에 적용하는 쉽지 않은 주제의 탐구 작업에 기꺼이 동참해 주신 여러 선생님들께 감사드린다. 사실 이 책에 담긴 한반도 신흥안보의 복합지정학에 대한 연구는 지난 4-5년 동안 진행해 온 몇 갈래의 연구가 만나는 지점에서 이루어졌다. 우선 '미래전략네트워크(일명 미전네)'라는 이름으로 진행된 공부모임이 이 책에 실린 신흥안보 연구와 관련된 문제의식이 잉태되는 둥지가 되었다. 복합지정학에 대한 이론적 발상은 '통일의 신지정학'을 주제로 내건 서울대학교·연세대학교 통일대비국가전략연구팀의 작업을 진행하는 와중에 생산되었다. 신흥안보와 복합지정학의 이론적 논제를 동북아와 한반도의 구체적인 현실에 적용하는 작업의 계기는 서울대학교 국제문제연구소가 한국연구재단의 지원을 받아 진행하고 있는 한국사회기반연구사업(SSK)의 미래세계정치센터와 복합안보센터의 '신흥권력의 부상과 중견국 미래전략' 연구에서 마련되었다. 이들 모임을 통해서 이루어진 발표와 토론, 그리고 제도적·재정적 지원은 신흥안보의 세계정치와 국가전략에 대한 담론이 세상에 나올 수 있게 한 토양이 되었다. 이상의 프로젝트들에 모두 참여하여 지난한 작업을 같이 해준 신범식 교수께 감사의 마음을 전한다. 그리고 여러 모로 격려해 주신 윤영관 선생님께도 감사드린다. 끝으로 성심껏 이 책의 출판을 맡아주신 사회평론아카데미 관계자들에 대한 고마움도 빼놓을 수 없다. 또한 이 책의 원고 교정 작업을 도와준 조문규 조교의 수고도 고맙다.

2017년 7월 1일
김상배

# 차례

머리말  5


## 제1부 신흥안보와 복합지정학의 분석틀

제1장  신흥안보의 복합지정학과 한반도: 이론적 논의   김상배
  I. 머리말  27
  II. 신흥안보의 개념  32
  III. 복합지정학의 시각  37
  IV. 신흥안보와 복합지정학의 친화성  44
  V. 한반도 신흥안보의 복합지정학  51
  VI. 맺음말  62


제2장  창발적 안보와 복잡성 패러다임: 신흥안보 개념의 비판적 고찰   민병원
  I. 들어가는 말  69
  II. 전통적 안보 개념과 '닫힌 시스템' 논리의 한계  70
  III. '열린 시스템'의 논리와 안보 개념의 확대  80
  IV. 맺는말  94


제3장  동북아시아 지역공간의 복합지정학: 안보-경제-정체성 넥서스   손열
  I. 서론  100
  II. 고전지정학적 개념으로서 동북아  102
  III. 탈-고전지정학적 흐름  106
  IV. 복합지정학의 논리: 안보-경제-정체성 넥서스  112
  V. 결론을 대신하여: 복합지정학과 균형의 작동  118

제4장 남북한 관계의 복합지정학 전재성

    I. 서론 124

    II. 서구의 고전지정학에 대한 국제정치적 조망 126

    III. 제국의 단순 고전지정학의 도래와 한반도 영토의 분할 131

    IV. 동북아 국제정치 지정학의 전개와 남북한 관계 140

    V. 결론 153


제5장 신흥안보의 부상 경로 조동준

    I. 머리말 157

    II. 신흥안보의 창발 159

    III. 집중호우의 두 얼굴: 고난의 행군 vs. 대인지뢰 문제의 부상 164

    IV. 맺음말 177


## 제2부 한반도 신흥안보의 세계정치

제6장 기술환경과 신흥안보의 복합지정학: 남북한 관계의 맥락 배영자

    I. 문제제기 187

    II. 기술환경과 신흥안보(1): 원자력발전 191

    III. 기술환경과 신흥안보(2): 사이버안보 197

    IV. 기술환경과 신흥안보(3): 인공지능기술의 위험 203

    V. 나가며 209


제7장 인구·이주·난민 안보의 복합지정학과 한반도 이신화

    I. 서론 214

    II. 안보 차원에서의 인구변화 217

    III. 안보 차원에서의 이주 및 난민 문제 227

    IV. 결론 250

제8장 경제위기의 복합지정학과 한반도  이왕휘

    I. 머리말  259

    II. 경제위기의 복합지정학: 네트워크의 창발과 전파 메커니즘  262

    III. 세계금융위기: 복합지정학적 분석  266

    IV. 경제위기와 한반도  273

    V. 맺음말  279


제9장 사회환경의 신흥안보와 복합지정학: 경제적 불평등·사회통합·

정체성 안보  이승주

    I. 서론  286

    II. 불평등의 확산: 지구적 차원  288

    III. 한국의 사회환경 변화  291

    IV. 경제적 불평등·사회통합·정체성 안보의 전화 과정  300

    V. 결론  306


제10장 환경의 복합지정학과 한반도  신범식

    I. 문제제기  314

    II. 기후변화의 도전과 한반도  316

    III. 에너지안보와 한반도  325

    IV. 보건안보와 한반도  333

    V. 맺음말  339



찾아보기  344

저자 소개  352

# 제1부

# 신흥안보와 복합지정학의 분석틀

제1장

# 신흥안보의 복합지정학과 한반도: 이론적 논의

김상배

# I. 머리말

2013년 2월 출범한 박근혜 정부는 국정목표 중의 하나로 '동북아평화협력구상'(이하 동평구)를 내세웠다(외교부 2015). 동평구는 이 글에서 다루는 신흥안보 분야가 정책 차원에서 조명된 최근의 사례로 볼 수도 있다. 이는 협력의 필요성은 큰 반면 실제 협력은 기대에 못 미치는 동북아 지역의 특성, 이른바 '아시아 패러독스' 현상을 극복하기 위해 상대적으로 민감성이 덜한 '연성안보(soft security)' 분야에서 시작해서 전통적 난제인 '경성안보(hard security)' 분야의 협력을 이끌어내자는 것을 골자로 하였다. 다시 말해 동북아 지역의 공동 위협요인이 되는 원자력 안전, 에너지 안보, 기후변화와 환경, 재난관리, 사이버공간, 마약 및 보건 분야에서의 협력 사업을 지속적으로 진전시켜 참여국가들 간에 공감대가 형성되면 점진적으로 정치군사적 갈등이 주류를 이루는 전통안보 의제로 논의를 확대시켜 나간다는 것이었다. 동평구는 안보 개념을 비전통안보(non-traditional security) 분야로 확장하여 동북아 협력을 제안했다는 점에서 기존에는 전통안보를 중심으로 진행되어온 한국 외교의 새로운 지평을 연 것으로 평가되기도 한다.

그러나 동평구는 안보 패러다임의 변화와 동북아의 특성을 제대로 반영하지 못한 구상이라는 비판을 받기도 했다. 동평구가 냉전기 유럽의 경험에서 비롯된 기능주의적 발상에서 출발하고 있어 역사적 유산, 정치체제의 이질성, 경제력의 차이, 문화적 다양성, 지역 차원의 리더십 부재 등으로 인해 전통안보 분야의 협력이 어려운 동북아의 현실을 제대로 인식하지 못했다는 것이다. 게다가 복잡한 상호작용과 밀접한 상호의존을 특징으로 하는 오늘날, 연성안보와 경성안보(또는 비전통안보와 전통안보)를 이분법적으로 나누고 하위정치 영역으로서 연

성안보에서 시작해서 상위정치 영역인 경성안보 분야로 나아가겠다는
발상 자체가 시대착오적이라는 지적도 제기되었다. 최근 동평구에서
연성안보로 설정한 분야를 경성안보 분야에 비해서 국가 간 협력이 좀
더 용이한 영역이라고 규정하기에는, 연성안보 분야 자체도 나름대로
독자적이고 상당히 복잡한 이해갈등의 요소들을 안고 있기 때문이다.
따라서 연성안보로부터 경성안보로 나아가겠다는 동평구의 기능주의
적 전제 자체를 다시 생각해 봐야 한다는 것이다.

　　최근 초국적으로 발생하는 새로운 안보위험들이 21세기 세계정치
의 전면에 급속히 부상하고 있다. 사이버안보, 원자력안보, 보건안보,
환경안보, 난민안보 등은 전쟁이나 자연재해 등과 같은 전통안보 위험
만큼이나 우리 삶을 위협하는 요소로 등장하고 있다. 연성안보의 협력
을 통해서 경성안보 문제 해결의 실마리를 마련하겠다는 동평구의 접
근과는 반대로, 새로운 안보위험을 간과하고 방치하면 그것이 오히려
전통안보 분야의 위기를 촉발할 정도로 안보 패러다임의 무게중심이
바뀌고 있다. 그야말로 위험의 대상과 성격 및 해결주체, 그리고 여기
서 파생되는 안보게임의 양상이 기존의 전통안보 위주의 시대와는 크
게 다른 새로운 안보 패러다임이 출현하고 있는 것이다(민병원 2007).
연성안보 또는 비전통안보와 같은 기존의 소극적인 개념화로는 새로
운 안보 패러다임의 내용을 적극적으로 담아 낼 수 없다. 이러한 문제
의식을 발전시켜 최근 국내 학계에서는 새로운 안보 패러다임을 이해
하는 이론적 분석틀로서 신흥안보(emerging security)의 개념이 제시
된 바 있다(김상배 편 2016).

　　신흥안보의 개념은 복잡계 이론과 네트워크 이론, 진화생물학 등
에서 생산된 이론적 자원을 기반으로 한다. 신흥안보는 시스템 내 미
시적 상호작용이 양적으로 늘어나고 질적으로 변화하여 이른바 '양질

전화(量質轉化)'의 임계점을 넘어서게 되면, 거시적 차원에서 국가안
보를 위협하는 심각한 문제로 전화되는 현상을 지칭한다. 게다가 신
흥안보는 다양한 분야에서 발생하는 위험들의 '이슈연계성'이 높아지
면, 어느 한 부문에서는 미시적 안전의 문제였던 것이 국가 전체의 거
시적 안보 문제가 되는 현상을 지칭한다. 다시 말해, 이러한 문제들은
여태까지 알려져 있지 않았던 종류의 재난을 야기할 가능성이 클 뿐만
아니라 시스템 내 여러 요소들이 서로 밀접하게 연계된 복잡계 현상을
배경으로 하고 있다는 점에서 해당 분야의 안전문제를 넘어서 국가안
보 전반에 피해를 주는 새로운 위험으로 인식되고 있다. 이렇게 양질
전화와 이슈연계성의 사다리를 타고서 창발(emergence)하는 종류의
위험에 대해서 전통안보인지 비전통안보인지를 묻고 구별하는 것 자
체가 무색할 수도 있다. 창발의 가능성을 지니고 있는 신흥안보의 이
슈들은 지금 현재는 아무리 미미하더라도 언제 어떻게 국가적으로 중
대한 사안이 되어 국가 간 갈등의 빌미가 될지도 모르기 때문이다.

　이 글은 이러한 신흥안보 연구의 연속선상에서 기존의 비전통안
보론에서 상대적으로 소홀히 취급된 다음의 두 가지 논제에 주목하였
다(Buzan and Hensen 2009). 첫째, 기존의 비전통안보론은 글로벌 맥
락에서 발생하는 신흥안보의 문제들에 주목한 반면, 실제로 동북아
나 한반도의 맥락이 발생하는 신흥안보 문제들을 제대로 다루지 못했
다(이신화 2006). 지난 5년여 동안 동북아에서 발생한 사례만 보아도,
중국발 스모그와 미세먼지의 초국경적 피해, 일본에서 발생한 쓰나미
와 후쿠시마 원전사태, 중국의 원전 건설 붐에 대한 우려 및 한국 고리
원자로의 노후화에 따른 불안, 북한의 사이버공격과 미·중 사이버 갈
등, 동남아와 한국에서 발병한 사스(SARS, Severe Acute Respiratory
Syndrome)와 메르스(MERS, Middle East Respiratory Syndrome), 그

리고 주기적으로 반복되는 조류독감(AI, Avian Influenza)의 공포, 북한의 인권과 탈북자 문제 및 이주노동자 문제 등이 있다. 그런데 기존의 연구들은 주로 글로벌 맥락에서 발생한 신흥안보 이슈들의 일반적 성격과 글로벌 차원의 협력 필요성을 강조했지만, 정작 우리 주변에서 발생하는 신흥안보 위험의 특성과 구체적인 해법에 대한 고민은 부족했던 것이 사실이다.

둘째, 기존의 비전통안보론은 새로운 안보 이슈들을 조명하는 데는 성과가 있었으나 새로운 안보위험이 전통안보의 이슈와 어떠한 관계를 맺으면서 위험을 증폭시키고 있는지를 면밀히 살피지는 못했다. 신흥안보론의 과제는 전통안보와 구분되는 비전통안보 영역의 독자성을 밝히는 데만 있는 것이 아니라 양자가 상호작용하는 메커니즘을 분석하는 데 있다. 게다가 동북아와 한반도는 유럽에 비해서 훨씬 더 많은 전통안보의 지정학적 요소가 잔재하고 있는 지역이다. 북한의 핵실험과 미사일 발사, 미중 남중국해 갈등, 중일 조어도 분쟁, 한일 독도 영유권 분쟁, 일러 북방도서 분쟁 등과 같은 지정학적 쟁점들이 상존한다. 이런 상황에서 글로벌 차원에서는 탈(脫)지정학적 배경을 가진 신흥안보의 쟁점이라고 할지라도 동북아와 한반도 차원에서는 오히려 지정학의 논리를 따라서 발생하고 전개될 가능성이 크다. 이러한 점에서 동북아와 한반도의 맥락에서 전통안보와 비전통안보가 상호작용하는 복합의 공식을 구체적으로 탐구하는 노력이 필요하다.

이 글은 이러한 문제의식을 담기 위한 시도로서 복합지정학(complex geopolitics)의 시각을 원용하였다. 시대가 아무리 변하더라도 국제정치의 분석에 있어서 지정학적 시각은 사라지지 않고 꾸준히 남아 있을 것이다. 특히 동아시아와 한반도 주변 국제정치에서는 더욱 그러할지도 모른다. 그러나 19세기 국제정치 현실에서 잉태된 고전지정학의 시각을 복원하여 21세기 세계정치의 현실에 그대로 적용하려는 시도는 경계해야 한다. 특히 글로벌 차원에서 초국적으로 발생하는 신흥안보 위험을 제대로 파악하고 대응하기 위해서는 전통적인 지정학의 시각만으로는 미흡하기 때문이다. 앞서 언급한 바와 같이 복잡한 양상으로 전개되는 새로운 안보 패러다임을 이해하기 위해서는 지정학의 시각 이외에도 이를 비판적으로 보완하고 건설적으로 발전시키는 다양한 이론적 시각들을 복합적으로 동원할 필요가 있다. 이 글에서 고전지정학과 비판지정학, 그리고 더 나아가서 비(非)지정학과 탈(脫)지정학 등을 포괄하는 의미로 개념화한 복합지정학의 시각을 원용한 것은 바로 이러한 문제의식을 바탕으로 한다(김상배 2015).

　　이 글은 크게 네 부분으로 구성되었다. 제2장은 미시적 안전에서 거시적 안보로 창발하는 세 단계의 과정, 즉 양질전화, 이슈연계성, 지정학적 연계성의 관점에서 신흥안보의 개념을 살펴보았다. 제3장은 신흥안보와 중첩되는 지정학의 복합적 차원, 즉 고전지정학, 비판지정학, 비지정학, 탈지정학 등을 파악하는 분석틀로서 복합지정학의 시각을 제안하였다. 제4장은 신흥안보와 복합지정학의 상호작용을 규명하는 차원에서 신흥안보의 유형별 성격과 이에 친화성을 갖는 거버넌스와 지정학의 유형에 대한 이론적 논의를 펼쳤다. 제5장은 최근 동북아와 한반도 지역에서 발생하는 신흥안보의 복합지정학을 전통적인 자연재해뿐만 아니라 기술시스템과 사회시스템 및 자연시스템에서 발생하는 신흥안보 위험의 사례를 통해서 살펴보았다. 끝으로, 맺음말에서는 이 글의 논의를 종합·요약하고 향후 연구과제로서 신흥안보의 거버넌스와 국제협력에 대한 연구가 필요함을 지적하였다.

## II. 신흥안보의 개념[1]

이 글에서 원용하는 '신흥안보(新興安保, emerging security)'라는 말
은 단순히 '새로운 안보'라는 의미만은 아니다. '신흥(新興)'은 복잡계
이론에서 말하는 'emergence'의 번역어이다. 국내 자연과학계에서는
흔히 '창발(創發)'이라고 번역하는데 여기서는 안보라는 말과의 합성
을 고려하여 신흥이라고 번역하였다. 개념어로서의 신흥 또는 창발이
란 미시적 단계에서는 단순하고 무질서한 존재에 불과했던 현상들이
복잡한 상호작용을 벌이는 가운데 상호 연계성을 증대시킴으로써 거
시적 단계에 이르러 일정한 패턴과 규칙성, 즉 질서를 드러내는 현상
을 의미한다. 이를 안보의 개념과 연결시키면, 신흥안보란 미시적 차
원에서는 단순히 소규모 단위의 안전(安全, safety)의 문제였는데 거시
적 차원으로 가면서 좀 더 대규모 단위의 안보(安保, security) 문제가
되는 현상을 의미한다.

　　이러한 신흥안보의 복합적인 성격과 그 창발 과정을 간략히 설명
하면 〈그림 1-1〉과 같다. 이러한 신흥안보 부상의 과정을 이해하는 데
있어서 중요한 것은 미시적 안전이 거시적 안보로 창발하는 조건, 또
는 양자를 가르는 임계점(critical point)이 어디인가를 파악하는 것이
다(박 2012). 복잡계 이론의 논의를 원용하면, 신흥안보의 위험은, 〈그
림 1-1〉에서 보는 바와 같이, 3단계로 형성되는 '임계성(criticality)의
사다리'를 따라 창발한다. 전통안보의 위험이 대체로 수면 위에서 보
이는 경우가 많다면, 신흥안보의 위험은 대부분의 경우 아직 수면 위
로 떠오르지 않은, 그래서 잘 보이지 않는 위험이기 때문에 드러나는

---

1　이 절에서 다룬 신흥안보 개념에 대한 논의는 주로 김상배(2016), pp. 81-88의 내용을
　요약·재구성하여 작성하였다.

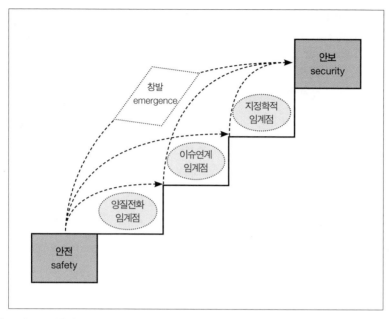

**그림 1-1.** 신흥안보의 3단계 창발　　　　　　　　　출처: 김상배(2016), p. 83.

특성을 지닌다. 이 글에서는 다음과 같은 세 가지 특성에 주목하였다.

첫째, 양질전화의 임계점이다. 가장 포괄적인 의미에서 신흥안보의 위험은 이슈 영역 내의 안전사고가 양적으로 증가하여 일정한 수준을 넘는 경우에 창발한다. 이는 양적 증대가 질적 변화를 야기하는, 이른바 양질전화의 현상을 의미한다. 평소에는 개별 단위 차원의 안전이 문제시될 정도의 미미한 사건들이었지만, 그 발생 숫자가 늘어나서 갑작스럽게 양질전화의 임계점을 넘게 되면 국가와 사회의 안보를 위협하는 심각한 문제가 된다. 이러한 와중에 미시적 안전과 거시적 안보를 구분하던 종전의 경계는 무너지고, 사소한 일상생활 속의 안전문제라도 거시적 안보의 관점에서 다루어야 하는 일이 벌어진다.

이렇게 양질전화의 임계성이 문제시되는 사례는 신흥안보 분야에서 다양하게 나타난다. 일인당 에너지 소비량의 증가는 어느 순간에 빙하를 녹이고 해수면을 상승시키는 지구온난화의 주범이다. 어느 가족 중의 한 명이 감기에 걸리는 것은 큰 위험은 아니지만 거대 도시 전체에 감기, 그것도 치사율이 높은 신종플루가 유행하는 것은 국가안보의 문제이다. 컴퓨터 한 대에서 발견된 악성코드는 무시될 수도 있겠지만 국가 기반시설을 통제하는 컴퓨터 시스템에 대한 해킹은 국가적 차원에서 그냥 지나칠 수 없는 중대한 위험이다. 국경을 넘는 난민의 증가는 어느 지점을 넘으면 사회안보의 문제가 된다.

이렇게 양질전화의 메커니즘을 따르는 신흥안보 분야의 위험은, 많은 경우 X-이벤트(extreme event)로 불리는 극단적 사건의 형태로 발생한다. X-이벤트는 기존 사고방식으로는 발생할 확률이 매우 낮아서 예측할 수 없기 때문에 만약에 실제로 발생할 경우 그 파급효과가 엄청난 종류의 붕괴(avalanche) 또는 격변(catastrophe) 현상이다 (Casti et al. 2011). X-이벤트의 발생 원인은 시스템에 내재되어 있는 복잡성에 있다. 즉 하나의 시스템을 이루는 세부 시스템 간 복잡성의 진화 정도가 차이가 날 때, 이 차이를 극복하기 위해(아니면 견디지 못해) 극단적 사건이 발생한다는 것이다. 예를 들어, 후쿠시마 원전사태는 대표적인 X-이벤트인데, 후쿠시마 원전의 설계자는 정규분포 내에서 발생 가능성이 있는 지진의 강도만을 고려하여 시스템을 디자인했지만, 예상치 못했던 강도의 쓰나미가 발생하여 기술시스템의 복잡성을 능가하게 되자 큰 재난이 발생했다(캐스티 2012).

둘째, 이슈연계의 임계점이다. 신흥안보 이슈들 간의 질적 연계성이 높아지게 되면, 어느 한 부문에서 발생한 안전의 문제가 임계점을 넘어서 거시적 안보의 문제가 될 가능성이 커진다. 이러한 이슈연계의 문제는 양적인 차원에서 단순히 링크 하나를 더하는 차원이 아니라 신흥안보의 이슈 네트워크에서 발견되는 '구조적 공백(structural hole)'을 메우는 질적인 변화의 문제이다(Burt 1992). 다시 말해 끊어진 링크들이 연결됨으로써 전체 이슈구조의 변동이 발생하게 되고 그 와중에 해당 이슈의 '연결 중심성'이 커지는 것을 의미한다.

　　이슈연계 임계점을 넘어서 신흥안보 위험이 창발하는 사례는 여러 분야에서 발견된다. 기후변화, 홍수, 가뭄 등과 같은 자연재해뿐만 아니라 수자원 및 식량위기 등과 연계되면서 환경안보의 문제로 인식된다. 이주와 난민 문제는 그 자체로서는 크게 문제될 것은 없을지 모르나, 실업 문제, 사회질서 불안정, 문화적 정체성, 그리고 더 심한 경우에는 인간안보의 위협과 테러의 발생 등과 연계되는 경우 국가적 차원에서 좌시할 수 없는 안보 문제이다. 식량 문제도 최근 에너지 문제 해결을 위해 곡물을 이용한 바이오 연료의 생산 문제와 연계되면서 심각한 안보 문제가 된다. 해킹 공격이 원자력 발전소의 컴퓨터 시스템에 대해서 감행될 경우는 그 위험은 더욱 커지며, 이러한 해킹이 정치적 목적과 결부된 테러의 수단이 될 경우 그 위험성은 더욱 증폭된다.

　　끝으로, 지정학적 임계점이다. 양질전화나 이슈연계성을 통해서 창발하는 신흥안보 이슈가 전통안보 이슈와 연계되는 경우 이는 명실상부한 국가안보의 문제가 된다. 여기에 이르면 국가 행위자가 개입할 근거가 발생하게 되고 문제의 해결을 위한 국제협력의 메커니즘이 가동된다. 신흥안보의 이슈가 양질전화와 이슈연계성의 사다리를 타고서 순차적으로 창발하여 지적학적 임계점에 도달할 수도 있지만, 원래부터 지정학적 갈등의 관계에 있던 국가들 간에는 이러한 창발의 메커니즘이 다소 급진적 경로를 타고서 발현될 가능성도 크다. 이러한 관점에서 보면 신흥안보는 비전통안보의 개념과는 달리 전통안보의 문제를 좀 더 적극적으로 포함시켜서 이해해야 하는 개념이라고 할 수 있다.

이렇게 신흥안보의 이슈가 전통안보의 영역으로 진입하는 사례는 많이 있다. 자연재해와 환경악화로 인한 난민의 발생은 지정학적 차원에서 국가 간 갈등을 야기하기도 하며, 경우에 따라서는 국가 간 무력충돌도 유발하는 위험요인이 있다. 최근 종교적·문화적 정체성의 문제는 테러 등의 문제와 연계되면서 국가 간 분쟁 또는 전쟁의 중요한 원인으로 등장했다. 평화적 목적의 원자력발전이 군사적 목적의 핵무기 개발과 연계되는 문제, 해커들의 장난거리였던 해킹이 최근 국가 간 사이버전쟁으로 전화되는 문제, 보건안보 분야에서 생화학무기의 사용을 둘러싼 논란 등은 신흥안보가 전통안보와 만나는 사례들이다.

이러한 논의의 연속선상에서 좀 더 고민해야 할 과제는 이렇게 창발하는 신흥안보의 위험이 해당 지역의 전통안보와 관련된 지정학적인 메커니즘과 구체적으로 어떻게 연동하면서 실제적인 분쟁으로 비화되는지를 밝히는 문제이다. 특히 유의할 점은 이들 신흥안보의 이슈들이 지정학과 만나는 접점이 전통적인 고전지정학과의 단면적인 차원만은 아니라는 사실이다. 다시 말해, 신흥안보 이슈들이 모두 획일적인 방식으로 지정학적 임계점을 넘는 것은 아니고 각기 지니고 있는 속성에 따라 지정학 현상과 복합적인 접점을 형성한다. 이러한 관점에서 보면, 오늘날 동북아와 한반도의 지역적 특성을 반영한 지정학의 시각도 변화하는 세계정치의 상황에 부합하는 방향으로 새로워질 필요가 있다. 이러한 맥락에서 다음 절은 신흥안보의 문제를 보는 이론적 분석틀로서 복합지정학의 시각을 제안했다.

## III. 복합지정학의 시각[2]

정치가 지리의 영향을 받고 있음을 강조하여 지리적 맥락에서 정치를
이해하려는 사고는 오랫동안 있어 왔던 일이지만, 정치의 지리적 차원
에 대해서 특별히 관심을 기울이고 이를 체계적인 학(學)으로 세우려
는 노력이 벌어진 것은 19세기 후반과 20세기 초반의 일이다. 지정학
(地政學, geo-politics)이라는 용어 자체도 1890년대에 만들어졌다. 그
이후 지정학은 2차대전 종전까지 많은 정치가와 관료 및 학자들에게
영향을 미쳤다. 한때 지정학은 제국주의의 이데올로기라는 비판을 받
으며 역사의 뒤안길로 사라진 듯이 보였다. 그런데 1980년대부터 지
정학 혹은 정치지리학의 주요 논의를 받아들이면서 고전지정학의 굴
레를 벗어던지려는 새로운 시도가 등장했다. 일군의 학자들은 비판지
정학이라는 이름을 내걸고 지정학의 근본적 가정을 새롭게 재검토하
는 작업을 펼치기도 했다.

　2010년대에 들어 러시아의 크림반도 점령, 중국의 공격적 해상활
동, 중동 지역의 고질적인 분쟁 등을 배경으로 하여 국제정치학에서 지
정학에 대한 논의가 부활하는 조짐을 보이고 있다. 미·중·일·러의 전
통 4강(强)의 틈바구니에서 생존과 번영의 길을 모색해야 하는 한반도
도 이러한 지정학 부활의 연구관심으로부터 자유로울 수 없다. 득히 최
근 북한이 벌이고 있는 행보는, 아무리 탈냉전과 지구화, 정보화, 민주
화의 시대가 되었다 해도 한반도 국제정치는 여전히 지정학적 분석의
굴레에서 벗어날 수 없음을 보여주는 듯하다. 그러나 21세기 국제정치
를 이해하기 위해서 지정학의 시각을 다시 소환한다고 할지라도, 19세

---

2　이 절에서 다룬 복합지정학의 시각에 대한 논의는 주로 김상배(2015), pp. 6-11의 내용
　을 요약·재구성하여 작성하였다.

기 후반과 20세기 전반의 국제정치 현실에서 잉태된 고전지정학의 시
각을 그대로 복원하여 적용하려는 시도는 경계해야 한다. 이 글에서 제
안하는 복합지정학의 시각은 이러한 문제의식을 배경으로 한다.

복합지정학의 시각에 대한 효과적인 이해를 위해서는 지정학에
대한 기존 논의의 구도를 〈그림 1-2〉와 같이 대별해 볼 필요가 있다.
가로축은 지정학에 작동하는 구성요소들의 성격이라는 차원에서, 물
질적 자원에 기반을 두는 '영토(地, territory) 발상'과 비(非)물질적 자
원에 기반을 두는 '흐름(流, flows) 발상'으로 나눈다(Castells 2000). 세
로축은 지정학 게임이 벌어지는 관계적 맥락의 성격이라는 차원에서 2
차원적이고 구체적인 '장(場, place)'의 발상과 3차원적이고 추상적인
'공(空, space)'의 발상으로 나눈다(Giddens 1991). 이러한 두 가지 기
준에 의거해서 볼 때, 기존의 지정학은 영토 발상을 기반으로 한 고전
지정학1.0과 고전지정학2.0, 영토 발상을 넘어서려는 시도로서 비판
지정학, 더 나아가 흐름 발상에 기반을 새로운 공간 논의를 펼치는 비
(非)지정학, 탈(脫)지정학 등의 다섯 가지 유형으로 대별해 볼 수 있다.

먼저, 〈1-영역〉은 영토[地] 발상을 바탕으로 하여 2차원적[場]으
로 파악된 '영토로서의 장소(place as territory)'를 탐구하는 지정학이
다. 고전지정학1.0이라고 불러볼 수 있는 이 시각은 권력의 원천을 자
원의 분포와 접근성이라는 물질적 또는 지리적 요소로 이해하고 이러
한 자원과 시장을 확보하기 위한 경쟁이라는 차원에서 국가전략을 이
해한다(지상현·플린트 2009, 167-168). 영토 자체가 가치이며 동시에
의미를 갖는 변수이다. 이는 물질적 권력의 지표를 활용하여 국가 행
위자 간의 패권경쟁과 세력전이를 설명하는 현실주의 국제정치이론의
인식과 통한다(Gilpin 1981; Organski and Kugler 1980). 국가정책이
나 국가 통치전략에 대한 서술이 위주가 되는데, 이는 강대국의 권력

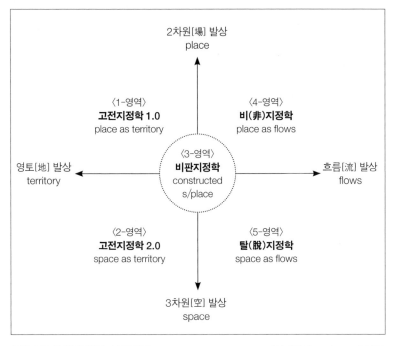

**그림 1-2.** 복합지정학 논의의 구도    출처: 김상배(2015), p. 92에서 응용.

정치(power politics)의 부정적 이미지를 피하고자 지정학이라는 다소 완곡한 표현을 사용한 헨리 키신저의 용례와도 통한다. 1990년대까지 지정학을 강대국의 세계전략 혹은 지전략(geo-strategy)을 중심으로 설명하는 고전지정학 연구에 기반을 두고 이루어져 왔는데 최근에는 '지정학의 귀환(the return of geopolitics)'이라는 이름으로 재등장하였다(Mead 2014).

둘째, 〈2-영역〉은 영토 발상을 바탕으로 하여 3차원적[空]으로 파악된 '영토로서의 공간(space as territory)'을 탐구하는 지정학이다. 〈1-영역〉의 고전지정학과 구별한다는 의미에서 잠정적으로 고전지정학2.0이라고 명명했지만, 실제로 이 양자는 엄격하게 구별되는 것

은 아니다. 다만 이 글에서는 지정학의 논리적 구도를 보여주기 위해
서 편의상 양자를 구별하였다. 국제정치이론에서 이러한 고전지정학
2.0의 발상을 보여주는 대표적 사례는 세계체제론을 비롯한 정치경제
학적 접근(Agnew and Corbridge 1995; Flint and Taylor 2007; Harvey
2003)이나 세계정치 리더십의 장주기이론(Modelski 1978; Rapkin
and Thompson 2003) 등이 있다. 다시 말해 비록 단순계적 발상이기
는 하지만 세계정치를 '구조'와 '체제', 즉 입체적인 3차원 공간의 맥락
에서 파악하고 국가 행위자들이 그 안에서 차지하는 지정학적 위상을
탐구한다는 점에서 의의가 있다. 이러한 시각은 최근 한반도의 맥락에
서 거론되는, 미국을 중심으로 한 해양세력의 패권과 중국을 중심으로
하는 대륙세력의 도전 사이에서 펼쳐지는 해륙복합국가로서 한국의
지정학적 위상에 주는 시사점이 크다고 할 것이다.

셋째, 〈3-영역〉은 영토 발상과 흐름 발상, 그리고 2차원 발상과
3차원 발상을 구성 및 재구성하는 과정에서 '구성된 공간/장소(con-
structed s/place)'를 탐구하는 지정학이다. 포스모더니즘과 구성주의
의 영향을 받아 기존의 지정학 담론을 해체하는 방법론을 원용한다는
점에서 비판지정학이라고 부를 수 있겠다. 1980년대에 등장한 비판지
정학은 지정학을 담론적 실천으로 재규정하고 텍스트의 해체와 같은
포스트모더니즘 연구방법을 채택하여 지정학적 지식이 어떤 특정 정
치집단에 의해 이용되고 생산되고 왜곡되는지에 대한 권력과정을 분
석한다. 이들은 지정학을 문화적 현상으로 규정하고 국가 중심의 지정
학 서술에서 벗어나 다양한 지정학적 주체가 다층위의 공간 속에서 지
정학을 전략적으로 이용하는 과정을 분석한다. 비판지정학자에게 지
정학이란 더 이상 단순한 지리와 정치의 상관관계를 설명하는 학문이
아니다. 비판지정학에서 지정학이란 특정한 발언이나 재현이 영향력

을 가지게 되는 담론의 실천이다. 비판지정학의 시각에서 세계는 단순히 존재하는 것이 아니라 재현되고 해석되는 대상이기 때문이다(ÓTuathail and Agnew 1992; ÓTuathail 1996; Dodds 2001; Kelly 2006).

이러한 비판지정학의 시각은 신흥안보에 대한 논의와 통하는 바가 크다. 신흥안보 위험이 수면 아래에 있어 보이지 않는다는 사실, 즉 비가시성은 신흥안보 문제를 보는 비판지정학의 시각에 근거를 제공한다. 비판지정학의 시각에서 볼 때, 신흥안보 이슈는 객관적으로 '실재하는 위험'이기도 하지만 안보 행위자에 의해서 '구성되는 위험'의 성격이 강하다. 코펜하겐학파로 불리는 국제안보학자들은 이러한 과정을 안보화(securitization)라는 개념으로 설명하였다(Hansen and Nissenbaum 2009).

사실 신흥안보 이슈는 미래의 위험에 대비하는 문제이기 때문에 적절한 정도의 안보화가 필요한 것이 사실이다. 구성되는 위험으로서 신흥안보 위험은 동일한 종류의 위험이라도 지역에 따라서 또는 해당 이슈의 구체적 성격에 따라서 그 창발을 결정하는 수면의 높이가 다르게 나타난다. 그러나 수면 아래의 보이지 않는 잠재적 위험을 논하는 경우 항시 '과잉 안보화(hyper-securitization)'의 우려를 안고 있다는 사실도 잊지 말아야 한다. 한국에서 발생한 과잉 안보화의 경우를 보면, 2008년 미국산 쇠고기 수입에 반대하는 촛불집회 당시 유포된 '광우병 괴담', 후쿠시마 원전사태 이후 국내에서 일었던 '방사능 괴담', 유전자조작농산물(GMO)과 관련된 보건안보 괴담, 2014년 한국수력원자력(한수원) 사태 이후 사이버 심리전 논란을 야기했던 사이버 안보 괴담 등을 들 수 있다.

넷째, 〈4-영역〉은 비(非)영토적인 흐름[流] 발상을 바탕으로 하여 2차원적[場]으로 파악한 '흐름으로서의 장소(place as flows)'를 탐구하는 지정학이다. 엄밀한 의미에서 보면 영토의 발상을 넘어선다는 의미에서 지정학이 아니라고 할 수 있어 '비(非)지정학'이라고 불렀다. 이러한 발상은 냉전의 종식 이후 지정학이 사라질 것이라는 자유주의자들의 글로벌화 담론과 통한다. 국가영토의 경계를 넘어서 이루어지는 흐름의 증대를 통해서 발생하는 '상호의존'과 글로벌 거버넌스의 담론과도 일맥상통한다. 사실 이러한 비지정학의 시각에서 보면, 탈냉전기에 접어들어 프랜시스 후쿠야마 등과 같은 학자들이 주장한 '역사의 종언'이나 '지정학의 소멸'과 같은 테제가 실현되는 것으로 보였다. 국제정치의 초점이 지정학적 긴장과 갈등으로부터 개발경제, 비확산, 기후변화, 무역 등과 같이 각국 단위를 넘어서는 국제규범의 형성으로 이동했다고 평가되었다. 특히 이러한 시각은 미국 학자들에 의해서 정교화되어 전 세계로 전파되었다. 그러나 최근 들어 탈냉전 이후의 평화를 가능하게 했던 지정학적 기반이 흔들리면서 '지정학의 부활'이 거론되기도 하지만 자유주의적 성향의 미국 학자들은 여전히 '지정학의 환상(the illusion of geopolitics)'을 경계하는 논지를 펴고 있다(Ikenberry 2014).

끝으로, 〈5-영역〉은 비영토적인 흐름[流] 발상을 바탕으로 하여 3차원적으로[場] 파악한 '흐름으로서의 공간(space as flows)'을 탐구하는 지정학에 해당된다. 공간의 형성 자체가 지리적 차원을 초월해서 가능하다는 의미에서 탈지정학이라고 불러 볼 수 있다. 이러한 탈지정학의 논의가 우리의 인식에서 가시화된 것은 사이버공간의 등장 때문이다(Luke 2003; Steinberg and McDowell 2003). 사이버공간은 1990년대 중후반 이후 컴퓨터와 정보인프라, 인터넷과 소셜 미디어 등의 급속한 성장과 함께 국제정치적 삶의 공간으로 자리매김하고 있다. 사이버공간의 등장은 새로운 기술공간이 출현하는 것 이상의 의미를 가진다. 사이버공간의 등장은 정보혁명의 개념에 입체성을 부여하는 동시에 안보현상이 발생하는 공간을 좀 더 복합적인 형태로 변환시키고 있다. 사이버공간은 물리적 인프라와 기술, 정보, 지식, 문화 등의 변수가 복합적으로 관여하여 만들어내는 '복합 네트워크의 공간'이라고 할 수 있으며 최근 신흥안보 이슈들의 많은 부분이 이러한 사이버공간을 경유하여 발생하고 있다. 이러한 문제의식을 공유하여 기존의 학계에서도 사이버공간의 '지정학'에 대한 연구가 진행되어 왔다(김상배 2014).

사이버공간과 탈지정학의 시각에서 본 신흥안보의 특징은, 위험 발생의 주체로서 인간 행위자 이외에도 물리적 환경을 이루는 수많은 사물 변수들이 중요한 역할을 한다는 데서 발견된다. 행위자-네트워크 이론(ANT, actor-network theory)은 이러한 사물 변수를 비인간 행위자(non-human actor)로 개념화한다(홍성욱 편 2010). 인간이 다른 인간의 행위에 영향을 미치는 것처럼 비인간 행위자도 인간의 행위에 영향을 미치는 행위능력(agency)을 가진다는 주장이다. 이를 신흥안보의 사례에 적용하면 이 분야에서 발생하는 위험은 인간 행위자에 의해서만 생성되는 것이 아니라 비인간 행위자 변수에 의해서 생성되는 성격을 지닌다.

신흥안보 분야에서 탈지정학적으로 작동하는 비인간 행위자의 사례는 매우 다양하다. 사이버안보 분야의 컴퓨터 바이러스, 악성코드, 디도스(DDoS, Distributed Denial of Service) 공격에 동원되는 좀비 컴퓨터와 봇넷 등은 대표적인 사례이다. 보건안보 분야에서 전염병 바이러스는 행위능력을 갖는 비인간 행위자이다(이종구 외 2015). 비인간 행위자 변수는 위험의 원인이기도 하면서 해결의 주체이기도 한다. 예를 들어 신흥안보 분야에서 미시적 안전이 거시적 안보로 창발하는 상승의 고리를 끊는 차원에서 비인간 행위자, 특히 과학기술 변수가 중요한 역할을 할 수 있다. 예를 들어, 최근 휴대폰이나 인터넷, 소셜 미디어 등에서 생성되는 빅데이터를 활용하여 자연재난 및 전염병 발생 징후를 조기에 감지하거나, 또는 재난 발생 후에도 인구의 이동 패턴과 실시간 주민 필요성을 파악하고, 나아가 조기경보를 통한 신속한 대응책을 마련하려는 노력이 이루어지고 있다(Hansen and Porter, 2015).

요컨대, 오늘날 우리 주위에서 발생하는 수많은 위험들은 이상에서 제시한 복합지정학적인 특성을 지닌 신흥안보의 문제들이다. 이러한 신흥안보의 부상은 안보담론의 변화뿐만 아니라 안보게임에 관여하는 행위자의 성격과 이들이 벌이는 안보게임의 권력정치적 양상까지도 변화시키고 있다. 이러한 점에서 신흥안보의 부상은 단순히 안보영역의 문제만이 아니라 21세기 세계정치 전반의 변환과 밀접하게 연관되어 있는 현상이다. 신흥안보의 부상은 단순히 전통안보를 대체하는 새로운 안보현상의 등장이라는 차원을 넘어서 전통안보와 비전통안보를 모두 아우르는 의미로 이해하는 새로운 안보 패러다임의 부상이라고 할 수 있다. 다음 절에서는 이러한 복합지정학적 성격을 갖는 신흥안보 이슈들이 구체적으로 21세기 세계정치의 과정과 어떠한 방식으로 만나는지에 대해서 살펴보았다.

## IV. 신흥안보와 복합지정학의 친화성

신흥안보의 복합지정학에 대한 논의를 펼쳐가는 데 있어서 가장 중요한 이론적 과제 중의 하나는 아마도 어떠한 유형의 신흥안보 위험들이 어떠한 종류의 복합지정학적 갈등을 유발하는지를 설명하는 문제일 것이다. 신흥안보의 성격과 복합지정학의 논리 간에는 일종의 상호 친화성이 존재하는 것은 아닐까? 다시 말해, 특정한 유형의 신흥안보 이슈들이 복합지정학 중에서도 특정한 유형의 '지정학'을 요구하거나 또는 그러한 '지정학'이 발현되는 범위를 규정하는 것은 아닐까? 예를 들어, 어떤 종류의 신흥안보 이슈는 고전지정학의 논리를 내재하고 있어 필연적으로 국가 간 갈등으로 귀결되지만, 어떤 종류의 신흥안보 위험은 국가 간 갈등으로 비화되지 않는 비지정학 또는 탈지정학적 속성을 지니고 있는 것은 아닐까?[3]

이러한 연속선상에서 던져 볼 수 있는 또 하나의 이론적 질문은, 특정한 유형의 신흥안보의 위험과 거기에 유발된 복합지정학적 문제를 해결하는 데 적합한 거버넌스의 양식을 유추해 볼 수 있느냐의 문제이다. 신흥안보의 유형과 이에 친화적인 거버넌스의 양식을 이론적으로 예견하는 것은 가능할까? 다시 말해 신흥안보의 유형에 따라서 이에 적합한 대응모델을 상정할 수 있을까? 예를 들어, 어떤 종류의 신흥안보 이슈는 국가 행위자들이 참여하는 국제협력 모델의 도입이 효과적이지만, 어떤 종류의 신흥안보 위험에 대응하기 위해서는 초국적 또는 지역적 민간 모델의 도입이 필요하다는 식의 설명과 처방을 내릴 수는 없을까? 요컨대, 신흥안보와 복합지정학, 그리고 거버넌스 양식 간에는 어떠한 상관관계 또는 친화성이 존재하는 것은 아닐까?

이 글은 이러한 문제의식을 가지고 신흥안보의 유형별 성격과 이

---

3    신흥안보 위험이 3단계 임계점을 넘어 거시적 안보위험이 되는 것은 각 신흥안보 이슈의 내부 창발과정 때문에 발생하기도 하지만, 오히려 외부에 존재하는 지정학적 요소가 이러한 창발과정을 더욱 촉진(또는 제약)할 수도 있을 것이다. 이렇게 보면, 복합지정학적 성격이 각 신흥안보 이슈가 창발하는 과정에 역으로 영향을 미치는 인과적 친화성을 상정할 수도 있다.

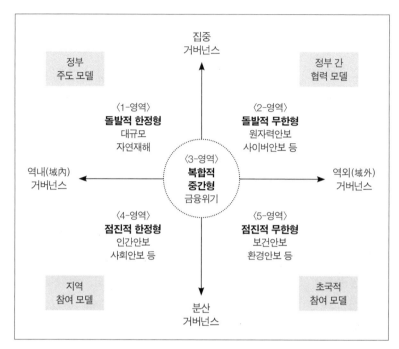

**그림 1-3.** 신흥안보의 유형별 성격과 적합 거버넌스 모델
출처: Yoon(2015), p. 198와 김상배(2016), p. 92에서 응용.

에 대응하는 복합지정학(또는 거버넌스)의 상호 친화성을 분석하는 이론적 단초를 마련해 보고자 한다. 구체적으로 신흥안보의 각 분야에서 발생하는 위험들의 성격을 규명하고, 이어서 이를 둘러싸고 벌어지는 복합지정학과 이에 대응하는 적합 거버넌스의 내용을 살펴보는 작업을 펼쳐보고자 한다. 이러한 분석틀의 마련을 위해서 이 글은 신흥안보의 유형과 거버넌스 유형의 친화성에 대한 김상배(2016)의 이론적 논의를 원용하였다. 그에 따르면, 신흥안보 분야에서 발생하는 위험은, 〈그림 1-3〉에서 보는 바와 같이, 다섯 가지 범주로 나누어 볼 수 있는데, 이들 신흥안보 사례들은 크게 대규모 전통재해와 기술시스템,

경제시스템, 사회시스템, 자연시스템 등에서 비롯되는 위험들이다. 이들 다섯 가지 범주는 이에 적합한 거버넌스의 양식과 대응하고 더 나아가 특정한 복합지정학의 논리와 친화성을 갖는다.

첫째, 지진, 화산폭발, 쓰나미, 홍수 등과 같이 돌발적으로 발생하는 대규모 자연재해이다. 이들은 시스템의 결합도가 높아 위험이 돌발적으로 발생할 가능성이 높지만, 상호작용의 복잡도는 낮아 위험의 파급범위가 한정되어 있어서, 위험을 즉각 인지하고 그 결과를 예측하는 것이 어렵지 않은 〈1-영역〉에 속하는 유형이다. 이러한 '돌발적 한정형 위험'에는 집중 거버넌스와 역내(域內) 거버넌스의 조합이 적합하다. 예를 들어, 자연재해의 경우에는 정치적 책임소재 규명보다는 신속하고 체계적인 재난의 복구가 우선시될 뿐만 아니라 일정한 경계 내에서 발생하기 때문에 사안의 시급성을 고려하여 정부 주도하에 신속한 의사결정을 하고 이에 따라 집중적으로 자원을 동원함으로써 일사불란한 대응체제를 구축할 수 있는 '정부 주도 모델'이 적합하다. 이러한 논의의 연속선상에서 볼 때 이들 신흥안보 위험은 대체로 영토 발상을 기반으로 하는 고전지정학과 유사한 방식으로 작동하고 이에 대한 해법도 대략 그러한 논리를 따라서 모색되지만 그 재해의 규모에 따라서 영토국가의 경계를 넘는 지역 참여의 거버넌스(즉 고전지정학 2.0의 논리)가 모색될 수도 있다.

둘째, 원자력안보, 사이버안보, 포스트 휴먼(post-human) 위협 등과 같이 기술시스템에서 비롯되는 신흥안보 위험이다. 이들은 시스템의 결합도가 높아 위험이 돌발적으로 발생할 가능성이 높고, 상호작용의 복잡도도 높아서 위험의 파급범위가 무한하여 위험을 조기에 인지가 어렵고 그 결과를 예측하여 통제하는 것도 쉽지 않은 〈2-영역〉에 속하는 유형이다. 이러한 '돌발적 무한형 위험'에는 집중 거버넌스와 역외(域外) 거버넌스의 조합이 적합하다. 돌발적으로 발생하는 재난이어서 그 피해를 조기에 감지하는 것이 쉽지 않고, 일단 재난이 발생하고 나면 그 피해가 낳을 결과를 예측하는 것이 용이하지 않다. 따라서 신속하고 체계적인 재난의 복구가 중점이 되지만 일국 차원의 노력으로는 한계가 있기 때문에 책임 있는 당국자들이 국제적으로 협력하는 '정부 간 협력 모델'이 적합하다. 이러한 논의의 연속선상에서 볼 때, 이들 신흥안보 위험은 일차적으로는 영토의 발상을 기반으로 하는 고전지정학의 논리를 따라서 작동함으로써 국가 간 갈등의 소지를 낳을 수도 있지만, 다른 한편으로 영토의 경계를 넘어서는 비지정학적 국제협력, 특히 국가 행위자들 간의 협력 메커니즘이 해법으로 모색될 가능성이 크다.

셋째, 글로벌 금융위기(또는 경제위기)와 같이 경제시스템에서 발생하는 신흥안보 위험이다. 이들은 시스템의 결합도가 중간 정도여서 위험의 발생이 때로는 점진적이지만 때로는 돌발적으로 발생하고, 상호작용의 복잡도도 중간 정도여서 위험의 파급범위가 때로는 한정적이라 조기에 인지할 수도 있지만 경우에 따라서는 무한하여 그 결과를 예측하고 통제하는 것이 쉽지 않은 〈3-영역〉에 속하는 유형이다. 이러한 '복합적 중간형 위험'에는 집중과 분산 그리고 역내와 역외의 복합 거버넌스가 적합하다. 인간이 관여하는 사회시스템의 일부이기는 하지만 글로벌 금융시스템과 같은 기술시스템을 기반으로 작동하기 때문에, 〈그림 1-3〉에서 거론하는 네 가지 모델이 상황에 따라서 복합적으로 원용될 수 있다. 돌발적으로 발생하지만 경제위기의 조짐들은 개별 국가나 지역 차원에서 미리 감지되는 경우가 많기 때문에 일국이나 지역 차원에서 미연에 방지할 가능성이 있지만, 위험의 창발이 일단 어느 정도의 임계점을 넘으면 그 위기의 파장이 초국적이고 글로벌한 차원으로 미치기 때문에 정부 간 협력이나 초국적 참여가 요구된다. 이러한 논의의 연속선상에서 볼 때, 이들 신흥안보의 위험은 전형적인 복합지정학의 메커니즘을 따라서 발생한다고 볼 수 있다.

넷째, 인구안보, 이민안보, 사회양극화, 경제적 불평등, 종교와 정체성, 사회통합 등과 같이 사회시스템, 좀 더 구체적으로 말하면 경제·문화·정치·사회 시스템에서 발생하는 신흥안보 위험이다. 이들은 시스템의 결합도가 낮아서 위험의 발생이 점진적으로 발생하고, 상호작용의 복잡도도 낮아서 위험의 파급범위가 한정되어 있어 위험을 즉각 인지하고 예측하여 대응하는 것이 어렵지 않은 〈4-영역〉에 속하는 유형이다. 이러한 '점진적 한정형 위험'에는 분산 거버넌스와 역내 거버넌스의 조합이 적합하다. 예를 들어, 인간안보나 난민안보는 점진적이지만 국경을 넘는 사고로 확대될 경우 지역 차원에서 사고에 대한 책임과 보상 문제를 유발할 가능성이 높다. 따라서 국제사회의 원조와 협력을 얻더라도 결국 일국 단위 또는 지역 공동체 차원에서 사고수습의 주도권을 쥐고 민간 행위자들과 시민사회 등이 모두 참여하는 '지역 참여 모델'이 적합하다. 이러한 논의의 연속선상에서 볼 때, 이들 신흥안보 위험은 기본적으로 광범위한 영토공간을 상정하는 고전지정학2.0의 논리와 친화성을 갖지만, 국경과 지역의 차원을 넘어선 현상이라는 점에서 비지정학적 협력, 특히 국가 및 비국가 행위자들의 다양한 참여가 해법으로 모색되기도 한다.

끝으로, 환경안보와 기후변화안보, 식량안보와 에너지안보, 보건안보 등과 같이 자연시스템에서 비롯되는 신흥안보 위험이다. 이들은 시스템의 결합도가 낮아서 위험의 발생이 점진적으로 발생하지만, 상호작용의 복잡도는 높아서 위험의 파급범위가 무한하여 조기에 인지가 어렵고 그 결과를 예측하여 통제하는 것이 쉽지 않은 〈5-영역〉에 속하는 위험이다. 이러한 '점진적 무한형 위험'에는 분산 거버넌스와 역외 거버넌스의 조합이 적합하다. 이 재난은 위험의 발생이 점진적, 단계적, 연쇄적으로 발현되는 동시에 초국적으로 발생하기 때문에 재난의 최종적인 피해규모와 시급성을 놓고 정부 간에 이견이 나타날 수 있다. 따라서 정부뿐만 아니라 민간기업, 시민사회, 국제기구 등 다양한 이해당사자들이 거버넌스에 참여하는 '초국적 참여 모델'이 적합하다. 이러한 논의의 연속선상에서 볼 때, 이들 신흥안보 위험은 기본적으로 영토 단위를 넘어서는 비지정학의 메커니즘을 따라서 발생하고 이에 대한 해법도 영토의 경계를 넘어서 모색된다. 그러나 발생의 주체라는 점에서 볼 때 비인간 행위자들이 관여하는 탈지정학의 메커니즘이 주요 변수로 작동하며, 해결의 주체라는 점에서 볼 때 국가 행위자의 핵심적 역할이 요구된다는 점에서 고전지정학의 변수도 주요하게 작동하는 그야말로 복합지정학적인 성격을 지니는 것으로 파악된다.

이렇게 구분된 다섯 가지 유형의 신흥안보 위험들에 효과적으로 대처하기 위해서는 각각의 유형들이 지니고 있는 시스템적 속성과 복합지정학적 논리를 제대로 파악한 적합 거버넌스 양식이 모색되어야 한다. 각각의 유형별 위험의 속성이나 각 위험이 내재하고 있는 복합지정학적 논리가 유일한 인과적 변수로서 적합 거버넌스 양식을 결정하는 것은 아니지만, 적합 거버넌스 양식의 도입이 해당 위험에 효과적으로 대응할 수 있는 가능성을 높여준다는 상관관계 정도는 설정할 수 있다. 이렇게 신흥안보의 유형별 성격과 여기서 파생하는 거버넌스 모델의 성격, 그리고 이러한 과정에 내재한 복합지정학의 논리 간의 상관관계 또는 인과적 친화성을 살펴보는 작업은 단순히 이론의 개발이라는 취지를 넘어서 실천적 방안의 마련이라는 차원에서 큰 의미를 갖는다. 다시 말해 이러한 상관관계와 친화성의 메커니즘을 보는 작업이 중요한 이유는 특정 신흥안보 이슈가 전통적인 지정학의 임계점을 넘어서 갈등으로 치달을 수 있는 가능성을 미리 탐지하고 이에 대한 대응책을 마련할 수 있을 것이기 때문이다.

## V. 한반도 신흥안보의 복합지정학

사실 동북아와 한반도는 신흥안보보다는 전통안보의 위협이 더 두드러진 지역이다. 남북한의 정치군사적 대결, 중국과 대만의 양안갈등, 중일과 러일의 해양도서 분쟁, 한일의 독도영유권 문제 등과 같은 지정학적 갈등이 벌어지고 있어서 지역 차원의 협력이 난항을 겪고 있다. 머리말에서 언급한 한국 정부의 동평구가 연성안보 분야에서 시작해서 경성안보 분야의 협력을 유도하자고 방향을 설정한 이유도 그만큼 전통안보 분야에서 동북아 국가들의 고질적인 불신과 갈등이 산재하고 있기 때문이다. 이러한 상황에서 신흥안보 분야의 위험 발생이 이 지역에서는 더 쉽게 지정학적 임계점을 넘을 가능성을 안고 있는 것이 사실이다. 게다가 지정학적 임계점을 넘는 것이 각 신흥안보 이슈의 내부 창발과정 때문에 발생하기도 하겠지만, 만약에 외부에 존재하는 지정학적 요소가 이러한 창발과정을 더욱 촉진하는 경우가 있다면, 아마도 동북아와 한반도는 그러한 위험발생의 소지를 가장 많이 안고 있는 지역일 것이다.

신흥안보의 복합지정학이 수행해야 할 향후 연구과제 중의 하나는, 동북아와 한반도의 지정학적 특수성을 염두에 두고, 앞서 살펴본 신흥안보의 복합지정학이 이 지역에서 실제로 전개되고 있는 양상, 즉 신흥안보의 위험들이 양질전화와 이슈연계성의 사다리를 타고서 창발하여 지정학적 임계점을 넘게 되는 양상을 구체적인 경험적 사례를 통해서 살펴보는 작업일 것이다. 이 절에서는 복합시스템 환경에서 발생하는 사례들을 개괄적으로 보여주는 차원에서 한반도 신흥안보의 복합지정학이 여태까지 전개된 양상과 향후 발생할 가능성에 대해서 간략히 살펴보고자 한다. 앞서의 이론적 논의의 연속선상에서 신흥안보의 이슈들을 전통 자연재해, 기술시스템, 경제시스템, 사회시스템, 자연시스템 등에서 야기되는 위험의 다섯 가지 범주로 나누어 살펴보았으며, 이들 범주에 속하는 구체적인 사례들로는 대규모 자연재해, 원자력안보, 사이버안보, 포스트 휴먼 위험, 동아시아 및 글로벌 금융위기, 인구안보, 이주·난민 안보, 사회안보, 기후변화안보, 에너지·식량·자원 안보, 보건안보 등의 이슈를 선별하였다.

첫째, 대규모 자연재해에서 비롯되는 신흥안보의 복합지정학이다. 최근 부쩍 발생 빈도가 늘어나고 있는 지진에 주목할 필요가 있다. 지진이 많이 발생했던 일본 이외에도 중국(쓰촨성)이나 한국(경주)에서도 지진의 발생이 늘어나고 있다. 대규모 자연재해로서 백두산 화산이 폭발할 가능성이 거론되는데, 이는 최근 북한의 핵실험이 다섯 차례나 이루어지면서 우려가 증폭되었다. 또한 2016년 두만강 유역에서 발생한 큰 홍수도 대규모 자연재해가 줄 충격을 걱정케 했다. 특히 이러한 자연재해들은 여타 신흥안보 위험과 연계될 때 그 파괴력이 증폭될 가능성이 커진다. 예를 들어, 대규모 지진이나 쓰나미가 원자력 발전소 지역에서 발생한다거나 큰 홍수나 화산폭발이 유발하는 환경악화, 질병발생, 식량위기 등의 문제는 모두 신흥안보 이슈의 상호 연계가 낳을 충격을 예견케 한다. 아울러 여기서 비롯되는 사회갈등과 난민 발생 등이 연계되면서 궁극적으로 국가 간 지정학적 갈등을 유발할 가능성도 없지 않다.

기본적으로 특정국가의 국경 안에서 발생하는 대규모 자연재해에 대한 대책 마련은 각국 정부의 몫으로 인식되어 왔다. 앞서 〈그림 1-3〉에서 제시한 바와 같이 대규모 자연재해는 '돌발적 한정형 위험'에 해당되는 것으로, 일정한 경계 내에서 발생하기 때문에 정치적 책임소재를 규명하는 것이 관건이 아니기 때문에, 이 문제에 시간을 허비하지 않고 신속하고 체계적인 재난의 복구를 위한 체제구축이 우선시 된다. 따라서 정부 주도하에 신속한 의사결정을 하고 이에 따라 집중적으로 자원을 동원함으로써 일사불란한 대응체제를 구축할 수 있는 '정부 주도 모델'이 적합한 것으로 알려져 있다. 그러나 그 피해의 규모가 국경을 넘어설 정도로 크거나 혹은 그 파급의 범위가 광범위할 경우, 주변 국가들도 나서서 예방과 구호 및 복구를 위한 협력 체제를 가동하기도 한다. 예를 들어, 최근 백두산 화산의 폭발에 대비하는 국제적 차원의 조사와 대응체제 마련을 위한 논의가 이루어지고 있음에 주목할 필요가 있다.

둘째, 원자력안보, 사이버안보, 포스트 휴먼 위험 등과 같이 기술 시스템에서 비롯되는 신흥안보의 복합지정학이다. 원자력안보의 경우, 일본의 후쿠시마 원전사태 이후 원자력안보에 대한 경각심이 커지는 가운데, 중국의 원전건설 붐이나 한국의 고리원전 1호기의 노후화에 대한 우려가 누적되고 있다. 원전 자체의 안전성 문제를 넘어서, 후쿠시마 원전사고의 경우처럼, 대규모 쓰나미나 지진과 같은 자연재해와 연계되거나 한수원 사태에서 나타났던 것처럼 원자력 발전소의 컴퓨터 시설에 대한 사이버공격이 발생할 경우 원자력과 관련된 위험은 증폭될 가능성이 있다. 게다가 중국 동북부의 활발한 원전건설은 동북아 국가들 간의 잠재적 갈등요인으로 잠재해 있으며, 원자력 시설에 대한 사이버공격에 특정 국가가 개입했다는 증거가 드러날 경우 국가 간 갈등으로 비화될 가능성이 높다.

　　사이버안보의 경우, 최근 들어 해킹, 컴퓨터 바이러스 및 악성코드의 유포, 북한의 사이버공격, 첩보와 감시를 목적으로 하는 사이버 스파이 활동 등이 부쩍 늘어나고 있다. 앞서 언급한 바와 같이, 이러한 사이버공격과 해킹이 원자력 시설을 포함한 주요 국가시설을 겨냥할 경우 민감한 국가안보의 사안으로 비화될 것이며, 이러한 사이버공격이 경제적 가치가 높은 산업기밀과 지적재산의 도용과 관련될 경우 경제안보의 이슈로 연계될 것이다. 최근에는 사이버안보 분야의 국가 간 갈등이 늘어나고 있는데, 중국 해커들의 활동과 미국 정보기관의 도청 활동 등은 이미 미중관계의 큰 쟁점이 되었다. 한편 최근 북한이 감행한 소니 해킹 사건은 사이버안보가 남북한 갈등을 넘어서 북미 간의 분쟁으로 발전할 가능성마저도 보여주었다. 이러한 과정에서 중국의 협조와 책임 문제가 외교적 쟁점으로 부각된 바 있다.

　　포스트 휴먼 위험의 경우, 인공지능, 로봇, 빅데이터, 클라우드 컴퓨팅, 사물인터넷 등으로 대변되는 정보통신기술의 급속한 발달로 인해서 인간 행위자가 아닌 이른바 비인간 행위자가 야기할 수 있는 위험에 대한 우려가 늘어나고 있다. 실제로 포스트 휴먼 기술의 발달 과정에서 개인정보의 과도한 침해와 네트워크의 오작동이 야기하는 안전사고 발생 가능성이 염려되고 있다. 또한 포스트 휴먼 기술의 발달에 따른 고용불안과 사회양극화, 그리고 이주난민 문제의 악화 등의 가능성이 있으며, 더 나아가 인간안보의 차원에서 신체의 안정성 위협, 인간 정체성의 혼란과 새로운 인류 종(種)의 출현 가능성에 대한 우려 등도 제기된다. 지정학적 차원에서도 드론 기술을 활용한 군사무기의 개발 경쟁과 이를 활용한 분쟁 가능성이 늘어나는 가운데, 킬러 로봇의 등장과 로봇 전쟁의 가능성마저도 점쳐지는 실정이다. 이러한 상황에서 포스트 휴먼 기술의 발전 방향에 대한 정치·사회·경제적 갈등이 부상하고 있다.

이렇게 기술시스템에서 비롯되는 신흥안보 위험들은 대체로 〈그림 1-3〉에서 본 '돌발적 무한형 위험'의 성격을 갖는다. 다시 말해 이렇게 돌발적으로 발생하는 재난의 경우 그 피해를 일찌감치 감지하는 것이 어렵고, 발생한 재난에 대해서도 그 파급 결과를 예측하는 것이 쉽지 않다. 따라서 일차적으로는 피해가 발생한 국가 차원에서 신속한 재난 복구가 우선적 대책이 될 수 있다. 그러나 이러한 일국 차원의 노력에는 한계가 있을 수밖에 없기 때문에 주변 국가들과의 양자간, 그리고 가능한 경우 다자간 국제협력을 펼치는 것이 보완책이 된다. 이런 점에서 영토의 경계를 넘어서는 비지정학적인 차원에서 이루어지는 국가 간의 협력 메커니즘에 주목할 필요가 있다. 이러한 유형의 위험에 대응하는 거버넌스 모델로서 '정부 간 협력 모델'을 지적한 것은 바로 이러한 맥락이다.

셋째, 동아시아 지역이나 글로벌 차원에서 발생하는 금융위기와 같은 경제시스템에서 비롯되는 신흥안보의 복합지정학이다. 1998년 태국에서 시작되었던 동아시아 경제위기의 여파로 한국은 이른바 IMF 경제위기를 호되게 치른 바 있다. 다행히도 2008년 글로벌 금융위기의 영향은 크게 받지는 않았지만, 한국 경제는 그 대외의존성으로 인해서 글로벌 금융시스템의 불안정성으로 인한 위기의 발생 가능성을 항상 마주하고 있다고 지적된다. 특히 최근 2015년 이후 중국의 경제성장 둔화로 인한 금융위기 가능성이 우려되고 있다. 사실 2008년 미국발 글로벌 금융위기는 경제위기의 새로운 차원을 보여주었다. 멕시코와 아르헨티나 등에서 1980년대 주기적으로 발생했던 외환위기나 1990년대 동아시아 경제위기 등이 특정 국가나 지역에 한정되었으며 그 피해도 주로 경제분야에 한정되었던 반면에, 2008년 글로벌 금융 위기는 전 세계로 확산되어 유럽의 재정위기를 야기하기도 했다.

이러한 배경에는 이 글에서 강조하는 다양한 이슈연계성이 작용한다. 경제시스템에서 발생하는 위험은 자산거품, 에너지 가격변동, 무역수지 불균형, 금융제도의 불건전성, 디플레이션, 관리 불가능한 인플레이션, 재정위기, 실업 또는 고용불안 등의 문제와 연계되어 증폭될 가능성이 있다. 이들 경제적 위험들은 여타 사회시스템과 자연시스템, 기술시스템에서 발생하는 위험들과 상호 연계되어, 더 크고 심각한 위기를 발생시킬 수도 있다. 예를 들어 최근 국제금융거래 네트워크인 스위프트(SWIFT)에 대한 해킹 사건에서 보는 바와 같이 사이버안보의 이슈와 연계될 경우 단순한 경제위기가 아닌 새로운 종류의 신흥안보 문제로 비화될 가능성이 있다. 더 나아가 경제시스템의 위기에서 발생하는 문제들은 지정학적 이슈로 연계될 가능성을 항시 안고 있는데, 미국에서 발생한 2008년 글로벌 금융위기는 국제정치의 지정학에도 영향을 미쳐 미국의 상대적 쇠퇴와 중국의 부상이라는 패권변동의 가능성에 불을 지폈다. 이러한 미중경쟁의 가속화로부터 한반도의 지정학적 운명도 영향을 받을 수밖에 없다.

이렇게 경제시스템에서 비롯되는 신흥안보 위험들은 대체로 〈그림 1-3〉에서 본 '복합적 중간형 위험'의 성격을 갖는다. 기술시스템에서 발생하는 위험과 사회시스템에서 발생하는 위험의 중간 정도의 성격을 지니고 있어, 앞서 언급한 거버넌스 모델들이 모두 관여하는 복합적 또는 중층적 거버넌스 모델이 필요하다. 경제위기에서 발생하는 위험은 라틴 아메리카나 동아시아 위기처럼 지역적으로 한정될 수도 있고 2008년 위기처럼 글로벌 차원에서 발생할 수도 있다. 이 유형의 위험은 돌발적으로 발생해서 조기에 인지가 어렵기도 하지만, 대부분의 경우 경제위기가 발생하는 원인은 각국 또는 지역 및 글로벌 차원에서 잠재하고 있어서 위기 발생을 진단하고 확률적으로나마 예측하는 것이 아예 불가능한 것은 아니다. 이러한 관점에서 볼 때, 2008년 글로벌 금융위기의 해결 과정에서 등장했던 것처럼, G20과 같은 정부간협의체가 출범하여 문제의 해법을 공동으로 찾거나, 또는 지역 차원에서 양자간 및 다자간 네트워크를 심화·확대하고, 더 나아가 비국가 행위자들이 나서는 초국적 참여 거버넌스 등을 복합적으로 원용하여 문제를 풀어나가는 노력이 적합하다.

　　넷째, 인구안보, 이주·난민 안보, 사회안보 등과 같이 사회시스템에서 비롯되는 신흥안보의 복합지정학이다. 인구안보의 경우, 세계적인 인구과잉과 동북아 차원의 인구부족 문제가 역설적으로 공존하는 가운데, 저출산 고령화로 인한 경제와 소비 규모의 감소, 생산연령 비중 하락으로 인한 경제성장 지체 등이 심각한 문제로 거론되고 있다. 인구과잉으로 인해 식량과 자원이 부족해짐으로써 빈곤과 기아 및 사회불안 등의 증대되고, 여기에 연계되어 소득절벽, 경제침체 등과 같은 현상이 발생할 가능성이 크다. 한편 인구감소로 인한 병력감소, 저출산 고령화로 인한 노동력 감소 등의 문제가 동시에 발생하고 있다. 인구유입 필요성의 지역적 증대, 인구과잉 저개발국과 인구감소 산업국 간 인구양극화, 이주난민 문제 등으로 인한 국가 간 갈등과 분쟁의 가능성이 조만간 동북아와 한반도에서도 발생하리라는 우려가 커지고 있다.

　　이주·난민 안보의 경우, 북한의 체제 불안정과 경제적 궁핍으로 인해 국내로 유입되는 탈북자의 수가 증가하고 있으며, 중국 내 한인 동포나 동남아 노동인력이 국내로 이동하는 숫자도 늘어나고 있다. 이에 따라 탈북자의 유입으로 인한 사회갈등의 발생 가능성, 불법이주자

문제가 야기할 사회불안 증대의 가능성, 그리고 이들 이주 노동인력과 내국인 노동자와의 일자리 경합 가능성 등이 우려되고 있다. 더 나아가 문화적·종교적 갈등 가능성 또는 인력의 빈번한 이동에 수반하는 전염병의 전파 가능성 등도 문제가 되고 있다. 이 중에서도 특히 탈북자의 증대로 인한 동북아 국가 간 갈등 가능성이 상존하는 가운데 지역 차원에서 이주·난민 문제를 다루는 지역레짐의 부재도 지정학적 갈등의 발생 가능성을 점치게 하고 있다.

사회안보의 경우, 동북아 국가들의 고질적인 문제인 경제적 불평등과 교육 및 사회양극화의 확대는 정치적·사회적·이념적 갈등을 증폭시키고, 더 나아가 종교적·문화적 정체성을 둘러싼 갈등마저도 발생할 여지를 열어 놓고 있다. 여기에 로봇과 인공지능의 도입 문제까지 겹치면서 기존 아날로그 시대 경제양극화 문제가 디지털 시대로 전이·증폭될 가능성도 있다. 한반도에서 사회안보 문제는 남북한 관계 차원에서 탈북자 문제나 통일 준비과정 또는 통일 이후에 발생할 사회통합의 문제로 나타날 것이 예견된다. 게다가 글로벌 차원에서 진행되고 있는 사회양극화와 경제적 불평등의 문제가 보호주의적 경향을 강화시킴으로써 동북아 국가들 간에도 경쟁을 가속화시켜서 긴장을 야기할 가능성이 크다. 종교적·문화적 요인에 기반을 둔 정체성의 갈등이 동북아에서 지정학적 갈등과 테러의 발생을 유발할 가능성도 있다.

이렇게 사회시스템에서 비롯되는 신흥안보 위험들은 〈그림 1-3〉에서 구분한 '점진적 한정형 위험'에 속한다. 사실 인구안보의 문제는 돌발적으로 발생하는 것이 아니라 구조적 추세로서 나타나는 점진적 변화이다. 이주 문제도 경우에 따라서는 사회안보를 위협하는 난민 문제로 제기되기도 하지만 평상시에는 점진적인 인구이동의 형태로 나타나는 경우가 많다. 이주와 난민이 발생하더라도 지리적으로 인접한 지역에 국한될 수도 있다. 그러나 이들 신흥안보 위험들이 정치적·사회적·경제적 문제와 연계되면서 급속히 국경을 넘는 문제로 비화될 경우 지역 차원에서 책임과 보상을 묻는 문제가 될 가능성도 없지 않다. 이런 점에서 이들 신흥안보 이슈는 주로 정부 간 관계의 쟁점이 되겠지만 그 속성상 민간 행위자들과 시민사회의 참여를 요구하는 특성을 지닌다. 이런 점에서 이 글은 이러한 신흥안보 위험에 적합한 거버넌스 모델을 '지역 참여 모델'이라고 파악하였다.

끝으로, 기후변화안보, 에너지·식량·자원 안보, 보건안보 등과 같이 자연시스템에서 비롯되는 신흥안보의 복합지정학이다. 기후변화안보의 경우, 현재 동북아에서는 지구온난화에 따른 아열대화, 강수 패턴의 변화, 홍수와 가뭄의 빈발 등의 문제가 발생하고 있으며, 중국발 스모그와 미세먼지의 초국경적 피해와 같은 대기오염도 큰 문제가 되고 있다. 이러한 기후변화의 양상은 수자원 활용의 난조, 전염병의 확산과 질병패턴의 변화, 글로벌 식량시장의 수급변동, 식량무기화 현상의 발생, 새로운 에너지 소비패턴의 등장 등을 야기할 가능성이 있다. 지정학적 시각에서 보면, 동북아 국가들 간의 수자원 갈등, 대량방수로 인한 수공 가능성, 미세먼지와 황사로 인한 국가 간 갈등 고조 가능성 등도 심각한 문제가 아닐 수 없다.

에너지·식량·자원 안보의 경우, 글로벌 차원에서 관찰되는 에너지 수급문제와 가격변동의 빈번한 발생, 화석연료의 제한으로 인한 조정문제, 그리고 에너지 수출국의 정치·안보·사회적 불안정성과 강대국의 에너지 세력 확보경쟁 등은 이들 이슈가 신흥안보의 위험으로 창발할 가능성을 보여주는 사례들이다. 게다가 이들 신흥안보 이슈들은 상호간에 매우 밀접한 이슈연계성을 갖는데, 바이오 연료의 생산증대를 통한 식량 부족과 식량 가격의 폭등은 식량 안보와 에너지 문제의 연계성을 보여주고 있다. 또한 식량문제가 온실가스 감축 노력과 연동되면서 발생할 경제성장 동력 상실 가능성이라든지 에너지 수급 조정 과정에서 나타나는 경제적 부담의 문제 등은 기후변화와 경제안보가 연계되는 현상을 보여준다. 지정학적 시각에서 보아도, 화석연료와 신재생 에너지의 적절한 에너지 믹스 경쟁성을 둘러싼 국가 간 갈등, 남중국해 관련 에너지 운송로 문제와 에너지 가격 불안정 및 안보 위협 등이 늘어나고 있다.

보건안보의 경우, 글로벌 차원뿐만 아니라 동북아와 한반도에서도 신종 전염병의 발생이 눈에 띄는데, 신종플루, 사스, 메르스, 에볼라, 지카 바이러스, 각종 구제역 등의 발생과 전파가 양적으로 늘어나고 있다. 특히 전염병의 발생이 이민·난민의 문제와 연결될 때 심각한 정치사회적 문제가 발생할 것이 우려되며, 이러한 보건안보의 문제는 북한의 식량문제나 탈북자문제 등과 연동될 가능성이 있다. 지정학적 시각에서 볼 때, 동북아 각국, 특히 남북한의 사회경제적 조건의 차이로 인한 면역력의 국가별 차이는 향후 전염병의 발생이 국가 간 지정학적 분쟁을 낳을 가능성을 예견케 한다. 이러한 와중에 국가 거버넌스 능력에 대한 신뢰가 문제시되고 과잉 안보화의 가능성도 우려되는 변수로서 인식되고 있다. 특히 국가 내 대응능력 차이에서 비롯되는 정치적 갈등과 사회양극화도 발생 가능한 문제라고 할 수 있다.

이렇게 지연시스템에서 비롯되는 신흥안보의 위험들은 점진적, 단계적, 연쇄적으로 발현되는 동시에 초국적으로 발생하는 특성을 갖는다. 이는 〈그림 1-3〉에서 구분한 바와 같이, 일종의 '점진적 무한형 위험'이라고 할 수 있는데 기본적으로 영토 단위를 넘어서 영향을 미치고 그 해법도 국가 단위를 넘어서 모색될 수밖에 없는 속성을 지니는 것으로 파악된다. 게다가 재난의 최종적인 피해 규모와 시급성을 놓고 관련 당사국들 간에 매울 수 없는 이견이 나타날 가능성이 크기 때문에 국가 행위자뿐만 아니라 민간기업, 시민사회, 국제기구 등과 같은 다양한 이해당사자들이 참여하는 '초국적 참여 모델'을 모색하게 된다. 여기에 이 분야의 신흥안보 위험의 발생의 주체로서 비인간 행위자들까지도 관여하는 특성 때문에 통상적으로 떠올리게 되는 정부 주도 모델을 넘어서는 글로벌 거버넌스 차원의 해법을 찾게 된다.

이상에서 살펴본 다섯 가지 유형의 신흥안보 위험들에 효과적으로 대처하기 위해서는 각각의 유형들이 지니고 있는 시스템적 속성과 거버넌스 및 복합지정학적 논리를 제대로 파악하는 것이 중요하다. 그러나 모든 나라들이 저마다 상이한 자국 나름의 위험 대응시스템을 발전시켜 왔기 때문에 그때그때 다양한 위험유형에 적합한 거버넌스를 선택하여 도입한다는 것은 쉽지 않다. 따라서 궁극적으로 관건이 되는 것은 새로운 위험의 발생했을 때 그 위험의 속성을 인지하고 그에 맞는 거버넌스의 형태를 적재적소에 신속하게 동원하는 메타 거버넌스(meta-governance)의 역량을 구비하는 것이다. 이러한 메타 거버넌스 역량의 핵심은 다양한 행위자들의 활동을 적절한 수준에서 조율하면서 시스템 내 요소들의 다양성과 유연성을 유지하는 데 있다(Jessop 2003). 향후 신흥안보 위험에 효과적으로 대응하기 위해서는 이러한 메타 거버넌스의 역량이 각국 차원뿐만 아니라 지역 차원에서도 구축되어야 할 것이다.

## VI. 맺음말

신흥안보 이슈들은 일상생활의 미시적 차원에서 발생하는 안전의 문제들이 특정한 계기를 만나서 거시적 국가안보의 문제로 증폭되는 특징을 지닌다. 다양한 국가 및 비국가 행위자, 하물며 비인간 행위자까지도 관여하기 때문에 그 발생 원인과 확산 경로 및 파급 효과를 예측하는 것이 쉽지 않다. 신흥안보 분야의 위험은 전례 없던 극단적 사건의 형태로 발생할 가능성이 높을 뿐만 아니라 그 위험의 발생 및 확산의 양상도 개별 신흥안보 분야들 간의 상호 연계성이 증폭되는 과정에서 발생하는 경향이 있다. 이러한 특징들은 개별 신흥안보 이슈에 따라서 다르게 나타나기까지 해서 보편적 해법의 마련을 더욱 어렵게 한다. 잘 알려지지 않은 위험이다보니 당연히 그 위험의 정체를 놓고 다양한 담론과 억측이 난무하는 경우가 발생하기도 한다. 게다가 이들 신흥안보 분야의 갈등이 전통안보 이슈들과 연계되면서 국가 간 갈등으로 비화될 가능성이 크게 높아지고 있다.

신흥안보 분야에서도 이러한 국가 간 갈등의 지정학적 시각은 사라지지 않고 꾸준히 남아 있을 것이다. 특히 동아시아와 한반도 주변 국제정치에서는 더욱 그러할지도 모른다. 그러나 19세기 국제정치 현실에서 잉태된 고전지정학의 시각을 그대로 복원하여 적용하려는 시도는 경계해야 한다. 초국적 차원에서 발생하는 신흥안보와 같은 현상을 제대로 담아내려는 새로운 이론적 시각의 모색이 필요하다. 새로운 이론의 과제는 전통안보와 구분되는 비전통안보 영역의 독자성을 밝히는 데만 있는 것이 아니라 양자가 상호작용하는 동태적인 메커니즘을 분석하는 데 있다. 다시 말해, 신흥안보의 세계정치를 이해하기 위해서는 기존의 고전지정학 시각을 비판적으로 보완하는 작업의 일환

으로서 비판지정학과 비지정학, 탈지정학을 엮는 이론적 시각이 필요
하다. 이러한 맥락에서 이 글은 이러한 동학을 담기 위한 개념으로 복
합지정학(complex geopolitics)의 시각을 원용하였다.

신흥안보의 창발이 복합지정학의 세계정치에서 발현되는 과정에
는 신흥안보의 유형별 성격과 복합지정학의 논리 간에는 일정한 친화
성이 있음을 인식할 필요가 있다. 사실 복합지정학적 시각에서 볼 때,
신흥안보 이슈들은 어떠한 과정을 통해서 세계정치의 쟁점으로 창발
하는가를 분석하는가는 중요한 문제이다. 특정 신흥안보 이슈의 특정
한 성격은 이에 관여하는 지정학 차원의 성격을 규정하거나 혹은 특정
한 지정학의 논리가 발현되는 범위를 규정하는 경향이 있다. 다시 말
해, 신흥안보 이슈들의 성격상 차이는 각 이슈별로 상이한 복합지정학
적 성격의 발현, 경로, 정도 등에 영향을 미친다. 어떤 신흥안보 이슈
는 국가 간 전쟁까지 비화될 가능성을 내재하고 있지만 어떤 이슈는
그러한 정도에까지는 이르지 않는다. 다시 말해 모든 신흥안보 이슈가
창발하게 되더라도 모두 국가 간 전쟁으로 이르지는 않을 것이기 때문
이다. 이러한 양자의 관계를 좀 더 분석적으로 살펴보는 작업이 향후
연구과제로 남는다.

신흥안보 위험의 발생과 확산은 기존의 전통안보 경우와는 다른
방식으로 세계정치에 영향을 미친다. 특히 신흥안보의 부상은 새로운
위험요인의 출현뿐만 아니라 안보 문제의 해결주체라는 점에서 기존
의 국가 행위자 위주의 안보 관념이 조정될 조건을 마련하고 있다. 신
흥안보의 부상은, 전통안보를 대체하는 새로운 안보 이슈들의 출현이
라는 단편적인 차원을 넘어서, 전통안보와 비전통안보를 모두 아우르
는 새로운 안보 패러다임의 부상을 예견케 한다. 이러한 문제의식을
바탕으로 이 글은 새로운 안보 패러다임의 부상이 동북아와 한반도에

어떠한 의미를 주는지를 검토하였다. 유럽 지역과는 성격을 달리하는 동북아와 한반도 지역의 특성상 신흥안보 패러다임의 부상과 작동 과정에 전통적인 지정학의 논리가 다방면에 투영되어 있다. 따라서 정도 차이는 있겠지만 양질전화와 이슈연계성의 경로를 따라서 창발하는 신흥안보의 고리를 제때 끊지 않으면 동북아와 한반도에서 국가 간 갈등을 유발할 소지가 있음을 명심할 필요가 있다.

이 글에서 시도한 이론적 논의의 화두를 발전시키는 차원에서, 한반도 신흥안보의 복합지정학 연구가 안고 있는 향후 연구과제를 두 가지 차원에서 제시해 보고자 한다. 첫째, 국내적 차원에서 신흥안보 거버넌스의 구체적인 실천방안에 대한 연구가 필요하다. 전통안보 위주로 짜인 기존의 안보 추진체계를 개혁할 과제의 당위성에 대해서는 사회적 합의가 존재함에도 불구하고, 실제로 신흥안보 이슈별 거버넌스를 어떻게 마련할지에 대해서는 아직도 본격적인 논의가 진행되고 있지 못하다. 특히 이들을 엮어내는 메타 거버넌스의 내용과 전략에 대한 연구가 시급하다. 둘째, 국제적 차원에서 신흥안보 분야의 국가 간 협력과 이에 대한 비국가 행위자들의 참여 방안에 대한 연구가 필요하다. 이는 최근 정부에서 강조하는 중견국 외교와 동평구의 문제의식과도 맥이 닿는 부분인데, 이 글에서 제시한 이론적 논의에 따르면 각 신흥안보 이슈별로 각기 다르게 나타나는 국제협력 모델의 내용을 제대로 인식하는 것이 중요한 변수이다. 이러한 인식을 반영한 신흥안보 외교의 추진은 중견국으로서 한국이 외교적 리더십을 발휘하는 좋은 기회가 될 것이다.

이상의 논의를 바탕으로 볼 때, 새로운 안보 패러다임으로서 신흥안보의 부상에 대응하는 것은 21세기 미래전략의 중요한 사안이 아닐 수 없다. 시스템 차원의 복합성이 커지고 이를 배경으로 한 새로운 위험이 창발하는 상황에서 전통안보에 대한 대응을 전제로 한 기존 국가 안보 전략의 기조는 바뀌어야 할 것이다. 무엇보다도 국가 행위자를 중심으로 한 위계조직 일변도의 발상을 넘어서야 한다. 위험발생 영역이 양적으로 넓어지고 질적으로 달라진 만큼 이에 대처하는 주체라는 점에서도 국가 이외의 다양한 민간 행위자들을 참여시키는 발상이 필요하다. 또한 신흥안보의 위험이 초국적이고 글로벌한 차원에서 발생하는 만큼 이에 대한 대응체계도 일국 단위에서 전통안보 문제를 대하는 방식을 넘어서 구축될 필요가 있다. 이러한 맥락에서 이 글은 새로운 거버넌스로서 메타 거버넌스에 대한 이론적·경험적 논의의 필요성을 제안하였다.

# 참고문헌

김상배. 2014. 『아라크네의 국제정치학: 네트워크 세계정치이론의 도전』 한울.

_____. 2015. "사이버안보의 복합지정학: 비대칭 전쟁의 국가전략과 과잉 안보담론의 경계."
   『국제지역연구』 24(3), pp. 1-40.

_____. 2016. "신흥안보와 메타 거버넌스: 새로운 안보 패러다임의 이론적 이해."
   『한국정치학회보』 50(1), pp. 75-102.

김상배 편. 2016. 『신흥안보의 미래전략: 비전통안보론을 넘어서』 사회평론아카데미.

민병원. 2007. "탈냉전기 안보개념의 확대와 네트워크 패러다임." 『국방연구』 50집 2호, pp.
   23-55.

박, 페르(Pak, Per). 2012. 『자연은 어떻게 움직이는가?: 복잡계로 설명하는 자연의 원리』
   한승.

외교부. 2015. "동북아 평화협력구상." 외교부 홍보책자.

이신화. 2006. "동아시아 인간안보와 글로벌 거버넌스." 서울대학교 국제문제연구소 편.
   『세계정치와 동아시아 안보』 인간사랑, pp. 263-286.

이종구 외. 2015. "과학기술기반 신흥안보 대응 방안." 국가과학기술자문회의
   정책연구보고서. 2015-02.

지상현, 콜린 플린트. 2009. "지정학의 재발견과 비판적 재구성." 『공간과 사회』 통권 1호,
   pp. 160-199.

캐스티, 존(Casti, John). 2012. "X-event란 무엇인가?" *Future Horizon*, 13, 10-13.

홍성욱. 편. 2010. 『인간 · 사물 · 동맹: 행위자네트워크 이론과 테크노사이언스』 이음.


Agnew, John and Stuart Corbridge. 1995. *Mastering Space*. New York: Routledge.

Burt, Ronald S. 1992. *Structural Holes: The Social Structure of Competition*. Cambridge,
   MA: Harvard University Press.

Buzan, Barry and Lene Hensen. 2009. *The Evolution of International Security Studies*.
   Cambridge: Cambridge University Press.

Castells, Manuel. 2000. *The Rise of the Network Society*. 2nd edition. Oxford: Blackwell.

Casti, John, Leena Ilmola, Petri Rouvinen, and Larkku Wilenius. 2011. *Extreme Events*.
   Helsinki: Taloustieto Oy.

Dodds, Klaus. 2001. "Politics Geography III: Critical Geopolitics After Ten Years."
   *Progress in Human Geography* 25(3), pp. 469-484.

Flint, Colin and Peter J. Taylor. 2007. *Political Geography: World-economy, Nation-state
   and Locality*. New York: Prentice Hall.

Giddens, Anthony. 1991. *The Consequences of Modernity*. Stanford, CA: Stanford
   University Press.

Gilpin, Robert. 1981. *War and Change in World Politics*. Cambridge: Cambridge

University Press.

Hansen, Hans Krause, and Tony Porter. 2015. "What do Big Data do in Transnational Governance?" Paper Presented at the International Studies Association Meetings, New Orleans, February 21, 2015.

Hansen, Lene and Helen Nissenbaum. 2009. "Digital Disaster, Cyber Security, and the Copenhagen School." *International Studies Quarterly* 53(4), 1155–1175.

Harvey, David. 2003. *The New Imperialism*. Oxford: Oxford University Press.

Ikenberry, G John. 2014. "The Illusion of Geopolitics: The Enduring Power of the Liberal Order." *Foreign Affairs* 93(3), pp. 80–90.

Jessop, Bob. 2003. *The Future of the Capitalist State*. Cambridge, UK: Polity Press.

Kelly, Phil. 2006. "A Critique of Critical Geopolitics." *Geopolitics* 11, pp.24–53.

Luke, Timothy W. 2003. "Postmodern Geopolitics in the 21st Century: Lessons from the 9.11.01 Terrorist Attacks." Center for Unconventional Security Affairs, Occasional Paper #2, 〈http://www.badgleyb.net/geopolitics/docs/theory/ postmodernism. htm〉(검색일: 2015년 2월 15일)

Mead, Walter Russell. 2014. "The Return of Geopolitics: The Revenge of the Revisionist Powers." *Foreign Affairs* 93(3), pp. 69–79.

Modelski, George. 1978. "The Long Cycle of Global Politics and the Nation-State." *Comparative Studies in Society and History* 20(2), pp. 214–235.

ÓTuathail, Gearóid. 1996. *Critical Geopolitics*. Minneapolis, MN: University of Minnesota Press.

ÓTuathail, Gearóid and John Agnew. 1992. "Geopolitics and Discourse: Practical Geopolitical Reasoning in American Foreign Policy." *Political Geography* 11(2), pp. 190–204.

Organski, A.F.K. and Jack Kugler. 1980. *The War Ledger*. Chicago: University of Chicago Press.

Rapkin, David and William Thompson. 2003. "Power Transition, Challenge and the (Re)Emergence of China." *International Interactions* 29(4), pp. 315–342.

Steinberg, Philip E., and Stephen D. McDowell. 2003. "Global Communication and the Post-Statism of Cyberspace: A Spatial Constructivist View." *Review of International Political Economy* 10(2), pp. 196–221.

Yoon, J. 2015. "Indonesia's Crisis Response Strategies: The Indian Ocean Tsunami of 2004." *Global Journal on Humanites & Social Sciences*. [Online]. 02, 195–202.

제2장

# 창발적 안보와 복잡성 패러다임: 신흥안보 개념의 비판적 고찰

민병원

# I. 들어가는 말

이 장에서는 신흥안보(emerging security) 현상이 전통적인 안보 개념과 이후의 확대된 안보 개념의 역사 속에서 어떤 위상을 차지하고 있는지, 그리고 그 의미와 한계는 무엇인지를 이론적으로 논의한다. 안보 개념은 인류의 오랜 역사만큼이나 중요한 것으로 간주되어 왔지만, 대체로 국가 행위자의 군사적 폭력의 측면에 국한되어온 것이 사실이다. 이러한 좁은 의미의 안보 개념은 오늘날의 위협과 안보질서를 설명하는 데 더 이상 적합하지 않은 것으로 간주되고 있는데, 이와 같은 인식은 탈냉전기에 들어와 더욱 확산되고 있다. 하지만 국제정치학의 이론적 다양성과 한계로 말미암아 이에 대한 체계적인 이론화 작업은 더디기만 하다. 이 장에서는 이와 같은 점을 고려하여 '안보' 개념의 전통적 속성과 그것의 확대가 어떤 방식으로 전개되어 왔는지 살펴본 후에 그 의미와 한계를 짚어보고자 한다.

이를 위해 이 장에서는 우선 전통적인 안보 개념이 '닫힌 시스템'의 맥락에서 제기된 고전적인 개념이라는 점을 부각시키고, 아울러 지정학의 초기 모습 역시 닫힌 시스템의 사고를 기반으로 발전되어온 것이라는 점을 강조한다. 하지만 냉전의 종식과 더불어 이러한 시스템적 사고에도 변화가 일어나기 시작했는데, 무엇보다 '열린 시스템'이라는 개념이 적극 도입되면서 안보 개념의 이론화도 한층 더 진전되기 시작하고 있다. 이 장에서는 코펜하겐학파를 포함하여 다양한 국제정치 시각에서 논의되고 있는 안보담론의 의미와 한계점을 짚어본 후 자기조직화와 카오스, 창발성 등 복잡계 패러다임의 개념들이 시스템의 안정성 및 불안정성, 예측불가능성, 외부 위협에 대한 자기항상성 등 안보와 관련된 현상들을 설명하는 데 어떻게 도움을 줄 수 있는가를 살펴본다.

또한 이 장에서는 21세기에 들어와 더욱 복잡해지고 있는 안보환경을 새롭게 그려내고자 도입되고 있는 '신흥안보'의 개념이 복잡계 패러다임의 맥락에서 어떤 의미를 갖는지를 비판적으로 검토한다. 무엇보다 이 장은 신흥안보의 개념이 지닌 '확장성'에 주목하고, 이러한 외연의 확대가 과연 어느 정도 바람직한 것인지, 그리고 어떤 방식으로 학술적으로 기여할 수 있는지를 논의하는 데 주안점을 둔다. 이를 위해 이 장에서는 신흥안보 개념을 제시하는 과정에서 시스템 자기조직화의 메커니즘, 사회안보의 중요성, 그리고 전통안보 개념과의 연계성 등 몇 가지 측면에서 유의해야 할 점들을 비판적으로 검토한다. 이러한 논의를 통해 향후 신흥안보의 개념화 작업이 한층 더 발전된 형태로 이루어지도록 하는 것이 이 장의 목적이다.

## II. 전통적 안보 개념과 '닫힌 시스템' 논리의 한계

### 1. 안보 개념의 역사와 전통적 의미

오늘날 사용되고 있는 '안보(security)'라는 영어식 표현은 로마시대의 '세쿠리타스(securitas)'에 그 기원을 두고 있다.[1] 이 단어의 어원적 의미는 '마음의 평정 또는 보살핌과 두려움이 없어도 되는 상태'를 의미

---

1    '세쿠리타스'는 여러 복합적 감정을 나타내는 것으로도 알려져 있는데, 여기에는 '공포 (fear)'와 '신뢰(trust)' 등의 의미도 함축되어 있었다. 이 단어는 기원전 2세기 키케로 (Cicero)의 저작에서 처음 등장한 것으로 알려지고 있다(Arends 2008, 263-264).

했다. 즉 인간과 사회가 갖는 두려움의 감정을 극복하려는 의지로부터 '안보'에 대한 욕구가 비롯된 것이다. 하지만 이 단어는 중세의 기독교 문화 속에서 점점 부정적인 의미로 배척되었는데, 당시 '평화'가 보장된 상태를 가리키는 표현으로서 '팍스(pax)'가 널리 통용되었다. 안보 개념에 대한 본격적인 이론화가 매우 더디게 발전해오기는 했지만, 두려움에 대한 보호 장치로서 '안보'의 본질적인 속성에 대한 인식은 이미 오래 전부터 지속되어온 것이다.[2]

근대에 들어와 국가와 주권을 근간으로 하는 국제정치에 대한 관심이 본격적으로 증가하면서 안보에 대한 인식도 다시 제고되기 시작했다. 이런 맥락에서 토마스 홉스(Thomas Hobbes)는 근대적인 의미의 '안보' 개념을 수립한 최초의 학자로 꼽힌다. 그의 '자연상태 (state of nature)'는 '만인에 대한 만인의 투쟁(bellum omnium contra omnes)'을 뜻하는 것으로서, 인간이 처해 있는 원초적 상황의 특징이 '안보의 부재(nulla securitas)'에 있다는 점을 분명하게 제시하였다. 이러한 안보의 부재상황을 묘사하기 위해 홉스는 '세쿠리타스'의 반대 개념인 '메투스(metus)'를 사용하기 시작했는데, 이것은 '죽음에 대한 두려움'을 의미하는 말이었다. 이러한 두려움이야말로 홉스 정치철학의 출발점이었다.

홉스의 철학은 인간의 본성이 사악하다는 전제하에 수립된 것으로서, 인간은 서로 간의 위협을 해소하기 위해 강력한 주권자의 존재를 필요로 한다고 주장하였다. 따라서 '안보'가 국민들 사이의 합의에

---

2   국제정치에서 '안보' 개념은 비교적 최근에 들어와 본격적인 개념 탐구가 이루어지기 시작했다. 오랫동안 이 개념은 학계에서 '등한시된 개념(neglected concept)' 또는 '본질적으로 경합적인 개념(essentially contested concept)'으로 간주되어 그에 대한 심도 있는 이론적 논의가 충분하게 전개되지 못했다(Baldwin 1997, 8-12).

의해 생성되기보다 주권자의 '처벌'에 의해 가능한 것이라고 보았다.[3] 아래로부터의 합의에 의한 상향식(bottom-up) 안보가 아니라 위로부터 제공되는 하향식(top-down) 안보 개념을 제시한 것이다. 법과 질서를 위반하는 자를 처벌할 수 있는 강력한 지배자가 없다면 '안보'는 한갓 말장난에 불과할 따름이라는 것이 홉스의 생각이었다. 국가는 바로 이와 같은 '안보', 즉 '세쿠리타스'를 제공하는 기능을 담당하며, 이를 제대로 수행하지 못할 경우 국가의 존재 의미도 사라진다는 것이었다(Arends 2008, 272-274). 홉스의 안보 개념은 주권을 바탕으로 한 국가의 기능을 대변하는 것으로서, 무정부상태의 혼란을 줄이고 질서를 유지하는 데 필수불가결한 것이었다. 이기적인 인간들의 무절제와 탐욕은 필연적으로 갈등과 투쟁으로 이어지므로, 강력한 군주가 처벌의 '공포'를 통해 이들을 다스려야만 안보가 보장될 수 있다는 것이 그의 주장이었다.

이처럼 근대 정치철학의 전통은 조직화된 폭력의 제도와 도구를 효율적으로 통제하기 위한 정치권력과 제도의 근원으로부터 '안보'의 의미를 새롭게 구현했다. 중세를 거치면서 '신의 영역'에 머물러 있던 개인의 생존과 안녕의 관념을 근대의 표상인 '인간의 영역'에서 되살려낸 것이다. 홉스의 업적은 바로 이와 같은 '안보' 개념을 근대에 부활시킨 데 있다. 한편 오늘날 정치제도의 표준으로 자리 잡고 있는 '근대국가(modern state)'는 전적으로 유럽의 경험에 기반을 둔 것으로,

---

3    홉스는 성경에 기록된 것처럼 인간의 행동에 대하여 신이 적절한 보상과 처벌을 하지 않는다는 사실에 실망하고, 이를 대체하기 위한 수단으로서 세속적인 지도자를 통한 질서 유지를 제안했다. 인간의 본성은 인과적이고 합리적인 것을 지향하지만, 그를 둘러싼 주변 환경으로 말미암아 통제가 불가능하며 '불안정(insecurity)' 상태에 놓이게 된다. 따라서 '안보'와 '질서'를 염원하는 인간의 의지는 끊임없이 지속되면서 정치제도를 바꾸어간다는 것이 그의 생각이었다(McBride 2008).

근대 후기 유럽의 팽창과 더불어 외부 지향적 안보 개념을 확산시키는 주요한 통로가 되었다. 국가의 정당성이 문명표준으로 통용되는 상황에서 근대국가의 안보는 인간의 기본가치에 대한 '사회적 합의'와 더불어 '폭력의 제거'를 지상의 목표로 삼게 되었고, 그럼으로써 국가안보는 모든 구성원들의 개인안보와 동일시되었다. 고대의 안보 개념이 근대에 들어와 다시 부활하기는 했으나, '개인'이 아닌 '국가'라는 단위체를 그 대상으로 삼기 시작한 것이다.

## 2. '닫힌 시스템'으로서 냉전기 안보

20세기 중반 냉전체제가 전 지구를 뒤덮으면서 안보문제는 모든 국가들의 최대 관심사가 되었다. 핵무기의 등장과 초강대국 대결 구도의 긴장은 모든 나라들의 생존을 위협하는 거대한 위협 요인이었다. 이에 국제정치와 안보연구는 초강대국 간 핵 대결 상황을 심각하게 논의하였고, 다양한 군사전략적 개념과 이론틀이 개발되기 시작했다. 이 시기에는 '안보' 개념보다 '전략' 개념이 더 빈번하게 사용되었는데, 이는 경직화된 양극 체제의 속성과 일촉즉발의 핵 대결 구도를 고려할 때 지극히 당연한 결과였다. 이러한 대결구도 속에서 '안보'는 어디까지나 '국가안보'일 수밖에 없었고, 이것은 자연스럽게 '전략'에 대한 논의, 즉 철저하게 자국의 관점에서 어떻게 생존하거나 경쟁에서 승리하는가의 문제로 귀결되었다.[4]

---

4　'안보'라는 용어는 20세기에 들어와 루즈벨트 대통령 시기에 본격적으로 등장하기 시작한 것으로 알려지고 있다. 하지만 당시의 안보 개념은 대외관계에서 요구되는 '안전(safety)' 개념과 혼용되고 있었으며 별다른 이론화 작업이 결여되어 있었다는 점에서 1980년대 이후의 안보연구와 큰 관련이 없다.

전통적인 전략연구는 제2차 세계대전 직후의 안보 상황을 배경으로 하며, 특히 핵무기의 발달과 그에 따른 전략적 대응이라는 현실적인 필요에 따른 결과였다. 1960년대 초까지는 이와 같은 전략적 고려가 최우선의 정치적 어젠다로 자리 잡았고, 억지(deterrence), 강제(coercion), 상승작용(escalation), 제한전(limited war) 등과 같은 전략 개념들이 확립되었으며, '겁쟁이게임(chicken game)'이나 '죄수들의 딜레마 게임(prisoners' dilemma game)'과 같은 분석도구들이 개발되었다. 당시의 핵심적인 문제의식은 초강대국의 관점에서 어떻게 핵무기라는 대량살상의 수단을 정책적 도구로 활용할 수 있는가에 집중되어 있었으며, 특히 핵전쟁을 어떻게 방지할 것인가가 주된 관심사였다. 그만큼 냉전기의 안보이슈는 초강대국 중심의 양극체제와 핵 대결이라는 글로벌 차원의 정치적·군사적 배경을 반영하고 있었다.

한편 20세기 후반에 들어서면서 냉전의 대결 구도를 타개하고 포괄적 관점에서 안보문제를 바라보려는 노력들이 나타나기 시작했다. 대표적인 사례로서 '군비통제연구'와 '평화연구'를 꼽을 수 있는데, 이러한 대안의 시각들은 제2차 세계대전 이후 유럽의 경험을 적극적으로 반영한 것이었다. 또한 1970년대 초에 들어와 데탕트의 추세가 이어지면서 '전략' 대신 '평화'가 안보관계의 키워드로 부각되기 시작했다는 사실도 여기에 영향을 미쳤다.[5] 정치철학적 전통에서 볼 때 이와 같은 초점의 이동은 홉스적 세계관으로부터 벗어나 칸트의 이상주의적 시각에 더 경도된 것이었다. 또한 1980년대가 되면서 학자들은 본

---

5    평화연구에는 크게 '적극적 평화'와 '소극적 평화'를 강조하는 두 전통이 양립하고 있었는데, 전자가 갈퉁(Johan Galtung)의 영향을 받아 구조적 차원에서 인간사회의 통합을 추진하려는 목적에서 출발했다면, 후자의 경우에는 핵무기와 같이 인류의 생존을 위협하는 시급한 문제를 함께 다루어야 한다는 문제의식을 바탕으로 한 것이었다(Galtung 1969; Boulding 1978).

격적으로 안보 개념에 관심을 기울였는데, 이때 좁은 범위의 '전략' 개념을 넘어 글로벌 차원의 안보를 다루어야 한다는 문제의식도 확산되었다. 이와 같은 변화는 국제정치이론 논쟁이 치열하게 전개되면서 확대된 당시의 분위기와 밀접하게 연관되어 있었다. 특히 구성주의와 비판이론의 영향으로 전통적인 현실주의 패러다임을 넘어서는 안보담론이 빠르게 성장하였다.

이상의 논의에서 20세기까지의 안보 개념이 크게 세 가지의 정치적 전통을 따르고 있다는 것을 알 수 있다. 먼저 홉스의 전통을 꼽을 수 있는데, 이는 앞서 논의한 바와 같이 혼란으로부터 안전을 도모하기 위한 하향식 안보 개념을 만들어냈다. 냉전 이후 전 세계의 사회과학을 지배해온 미국의 '전략연구'가 이러한 전통을 대변하는데, 여기에서는 국가 간 경쟁구도와 생존의 논리를 중심으로 하는 안보 개념에 관심을 쏟았다. 이와 대비하여 고대 그리스와 로마 시대의 고전적인 안보 개념이 칸트의 정치철학 전통으로 자리 잡았는데, 특히 유럽의 정치적 경험을 기반으로 하는 이 전통은 '평화연구'를 통해 전 세계로 확산되었고, 국가 내부에서만 논의되어 오던 안보의 개념이 다른 국가와의 관계를 고려한 확대된 형태의 개념으로 거듭나는 계기를 만들어냈다. 이와 같은 양대 전통에 더하여 냉전 후반부에 등장하기 시작한 세 번째 부류의 '안보연구' 전통은 국가중심적 차원과 세계정치적 차원을 모두 포괄하기 시작했다. 이는 국제사회와 국제법의 이론적 기초를 구축했던 그로티우스(Hugo Grotius)의 사상을 따르는 것으로, 현실주의와 자유주의 국제정치이론 양자 사이의 균형을 유지하려는 입장과도 일맥상통한다(Haftendorn 1991, 15-16).

이상에서 살펴본 '안보' 개념의 변화는 근대국가의 완성이라는 역사적 사실과 밀접하게 맞닿아 있다. 즉 근대의 도래와 더불어 사람들은 '주권'을 보유한 절대자에게 권력을 위임함으로써 안보를 추구했고, 이는 '근대국가'라는 영토의 범위 내에서 신체적 안위를 보장받을 수 있음을 의미했다. 다시 말해 영토의 '경계(boundary)' 내에서 통용되는 안전보장의 약속이 근대의 '안보' 개념 속에 담겨 있었던 것이다. 시스템이론의 맥락에서 이러한 함의를 재해석한다면 '안보를 약속하는 주권국가'의 관념은 '외부 환경과 구분되는 시스템'이라고 할 수 있다. 시스템은 내부의 구성요소들 사이에 상호작용하면서 스스로의 질서를 유지해나가는 단위체로서 경계를 사이에 두고 외부 환경과 구분된다(Bertalanffy 1990, 71-72). 이러한 시스템 내부에서는 구성요소들이 정해진 규칙에 따라 움직이며, 동질적인 기능과 의미를 통해 시스템 전체의 작동에 기여한다. 안보 역시 이러한 중요한 기능의 하나로 간주되었다. 즉 근대국가는 외부 환경으로부터 야기되는 물리적 위협으로부터 신민들을 보호해주는 하나의 '닫힌 시스템'으로 간주되었다. 결국 전통적인 안보 개념은 국가가 주도하는 군사적 차원의 안전에만 초점을 맞추면서 시스템 내부에서만 통용되는 사회적 합의를 뜻하는 것에 머물러 있었다.[6]

19세기 말 이후부터 본격적으로 시작된 제국주의 경쟁과 문명표준의 확산은 이러한 국가 중심의 안보 개념이 외연을 확장하는 계기가 된다. 하지만 이러한 '문명표준'은 어디까지나 서유럽의 경험을 기반으로 한 '확장된 형태의 닫힌 시스템'이었다. 서유럽 국가들은 식민지 침탈과 문명표준의 확산을 통해 자신들의 국제정치질서를 전 세계로 퍼뜨리기 시작했다. 즉 웨스트팔리아(Westphalia) 체제의 경계가 서

---

6    하지만 국가가 외부의 다른 국가들(또는 다른 시스템들)이나 환경과 상호작용하면서 내부의 질서를 지속적으로 유지해나가는 '열린 시스템(open system)'의 모습은 이러한 근대국가의 안보 개념에서는 제대로 반영되지 못하고 있었다.

유럽에서 전 세계로 넓혀진 것이다. 하지만 이러한 과정은 어디까지나 식민지들이 서유럽이 주도하는 질서로 편입된다는 것을 의미할 따름이었다. 비(非)유럽 국가들이 유지해오던 독자적인 문명과 질서는 더 이상 통용되지 않았다. 근대국가라는 표준화된 국제정치 단위체들 사이에 주권과 불개입 원칙, 그리고 국제법 제도들이 통용되면서 '안보' 개념도 서유럽의 전통을 그대로 이어받게 되었다.

20세기 초 양차대전의 전개는 이러한 서유럽 중심의 질서가 크게 흔들리는 결정적인 계기가 되었지만, 곧 이어 수립된 냉전체제는 또 다른 의미에서 국제정치의 '닫힌 시스템'을 연출하기 시작했다. 냉전기의 현실주의적 프레임은 지정학적 사고의 부활과 더불어 20세기 후반의 국제정치를 여전히 '닫힌 시스템' 속에 가두어놓는 결과를 초래했다. 초강대국을 중심으로 한 이데올로기 진영 간에 호환되지 않는 시스템 논리는 국제정치가 여전히 외부 환경과 적극적으로 상호작용하지 못하게 만들었다. 다시 말해 국제정치 규범은 대단히 제한적이고 배타적인 권역 내부에서만 통용되는 것이었다. 안보 개념도 이러한 정치적 상황하에서 근대국가 중심의 군사안보 차원을 넘지 못하고 있었다. 지정학적 사고의 부활도 이러한 변화에 크게 기여하였다.

## 3. 지정학적 사고와 '닫힌 시스템'

19세기 말 이후 해양 전력의 중요성을 강조했던 마한(Mahan)과 대륙의 핵심(Heartland)을 중시했던 핼포드 매킨더(Halford Mackinder)의 고전지정학은 안보의 개념을 수동적인 것에서 능동적인 것으로 바꿔놓았다(Chapman 2011, 17-20; Petersen 2011, 12-14). 이러한 변화의 이면에는 지리적 요인이 한 나라의 생존과 운명을 좌우한다고 보는 비관적 결정론(determinism)적 인식이 자리 잡고 있었다. 동시에 지정학적 사고는 '정치적 역량(statecraft)'을 동원하여 운명적 상황을 극복하려는 의지를 피력하고 있다는 점에서 낙관적 태도를 견지하는 것이기도 했다. 특히 지정학적 사고는 특수한 시대의 장소(place)와 공간(space)에 대한 인식이라는 점에서 보편적 지식보다는 '상황적 지식(situated knowledge)'을 지향해왔다(Flint 2006, 17). 즉 모든 국가와 모든 시대에 공통적인 일반화 대신 특정한 시기에 특정한 나라의 외교정책과 전략에 기여하기 위한 지식으로서 발전해왔다.

지정학적 사고는 무엇보다도 '강대국' 중심의 시각을 반영하고 있었는데, 지리적 제약을 넘어설 수 있는 대전략(grand strategy)을 추구하려면 해당 국가의 규모가 군사적으로나 경제적으로 매우 커야 했기 때문이다. 또한 고전지정학이 히틀러의 나치즘과 밀접하게 연관되어 있다는 사실도 강대국 중심 지정학의 편협한 속성을 그대로 지니고 있었다. 제2차 세계대전 당시 독일은 인종 간 차별의식을 바탕으로 지구촌의 위계질서를 구분하고, 사회적 계층화에 따른 '생활공간(Leben-sraum)' 확보를 최우선의 목표로 삼았다. 이와 같이 지정학적 공간의 확대를 위한 경쟁은 전쟁과 대량학살이라는 인류 최대의 비극으로 이어졌으며, 이에 대한 처벌은 오로지 패전국 독일에만 부과되었다. 지정학적 대결구도에서 독일과 경합했던 여타 연합국들도 자신들의 제국주의적 행태에 대한 도덕적 판단에서 결코 자유롭지 못함에도 불구하고 단지 승전국이라는 이유로 그러한 책임에서 면제되었다. 지정학적 사고의 뿌리로부터 시작된 세계대전이라는 참극과 전후 처리의 냉엄한 현실은 유럽을 중심으로 한 국제정치의 프레임이 여전히 '닫힌 시스템'에서 벗어나지 못하고 있음을 여실하게 보여주었다. 강대국 중심의 논리와 승자 위주의 전후질서는 바로 그 결과였다. 그만큼 고전지정학은 '주어진 공간'에서 제로섬 게임과 같은 무한경쟁의 운명을 걸머진 강대국들 사이의 관계를 생생하게 드러냈다.

이러한 추세는 냉전기에도 그대로 이어졌는데, 미국과 소련이라는 초강대국 사이의 이데올로기 경쟁은 무엇보다도 해양세력과 대륙세력 사이에 세력권을 확산하기 위한 절대적 투쟁이라 할 수 있었다. 니콜라스 스파이크만(Nicholas Spykman)의 국제정치이론, 그리고 봉쇄정책을 제안함으로써 미국외교정책의 분수령이라 할 수 있는 NSC-68은 이러한 지정학적 사고의 대표적 사례였다(Gaddis 2005, 88-93). 미국은 공산주의 확산을 막기 위해 소련을 중심으로 하는 대륙세력의 외곽을 견제하는 적극적인 방어전략을 구사했고, 이는 냉전이라는 오랜 대결구도를 형성함으로써 20세기 후반의 국제정치를 경직된 상태로 만들어버렸다. 냉전기의 이러한 고착된 질서는 각각의 진영 내부에서 이루어지는 활발한 상호작용에도 불구하고 다른 진영(시스템) 또는 환경의 영향으로부터 고립된 '닫힌 시스템'의 모습을 보여주고 있었다.

냉전기에 걸쳐 지정학적 사고를 현대 국제정치학에 접목시켰던 헨리 키신저(Henry Kissinger)와 즈비그뉴 브레진스키(Zbigniew Brzezinski) 역시 소련과의 경쟁에서 어떻게 승리할 것인가를 제안했던 철저한 현실주의자들이었다. 이러한 전통은 여전히 미국 예외주의자들이나 보수적인 외교정책결정자들 사이에 면면히 유지되고 있다. 특히 2001년 9·11 테러 이후 미국의 일방주의적 외교정책이 전개되었고, 전 세계를 대상으로 한 지정학적 사고가 이를 떠받치면서 오늘날에 이르고 있다(Brunn 2004, 2-7). 탈냉전기에 들어와 미국은 세계 유일의 초강대국으로서 19세기 말의 제국주의적 전통에 버금가는 강력한 외교정책을 지향하고 있으며, 이는 곧 미국의 안보 개념이 9·11

이후 강대국 간의 세력권 갈등을 전제로 한 과거의 지정학적 사고로 회귀하고 있음을 뜻한다.

　이와 같이 지정학적 접근의 역사적 흐름은 이것이 전형적인 '제로 섬 게임(zero-sum game)'의 결정론적 사고에서 벗어나지 못하고 있음을 보여준다. 지리적 공간은 서로 공유할 수 없기 때문에 한쪽이 공세를 취하면 다른 쪽은 수세에 몰릴 수밖에 없다. 강대국들 사이에 벌어지는 이러한 영토 갈등과 세력 경쟁의 논리는 그동안 국제정치이론에서 '세력균형' 또는 '세력전이'의 개념으로 잘 설명되어 왔다. 강대국들 사이의 '체스게임'은 결국 지정학적 사고를 바탕으로 한 세력다툼이라 할 수 있다(Brzezinski 1997, 30-36). 하지만 이러한 사고는 강대국이라는 행위자의 차원, 또는 강대국들로만 이루어진 클럽 내부 차원에서만 작동한다는 점에서 전형적인 '닫힌 시스템'의 논리에 빠져 있다. 즉 세계정치를 강대국들 사이의 '제로섬 게임'으로 축소하여 이해하고 있다는 점에서 여타 행위자들로 구성된 외부 시스템과 환경의 영향을 상대적으로 등한시하는 문제점을 안고 있다. 다음 절에서는 이처럼 지금까지의 안보 개념을 구속하고 있는 '닫힌 시스템'의 논리를 어떻게 극복할 수 있는지에 대하여 논의한다.


## III. '열린 시스템'의 논리와 안보 개념의 확대

### 1. 코펜하겐학파의 안보: 개념의 확대와 '열린 시스템'

전통적인 안보 개념이 '닫힌 시스템'의 비유에서 크게 벗어나지 못한 것이라면, 냉전 이후 특히 탈냉전과 세계화의 추세 속에서 새롭게 부각되어온 안보 개념은 그 속성이나 범위를 고려할 때 '열린 시스템'의 개념에 더 잘 부합하는 것이라고 평가할 수 있다. 열린 시스템은 특정한 목표를 향해 진행하는 시스템의 서로 다른 경로가 다양하게 존재할 수 있다는 점을 강조한 개념이다. 즉 하나의 시스템은 그 자체로 완결성을 지니고 있지만, 동시에 외부 환경과 끊임없이 상호작용하면서 일정한 '최종상태(equifinality)'를 향해 나아가는 유기체적 존재로 인식된다(Bertalanffy 1990, 72).[7] 다시 말해 시스템이 어떤 목표를 향해 나아갈 때 그것이 취할 수 있는 경로가 복수로 존재한다고 보는 것이다. 이 개념은 일반시스템이론에서 발전된 것으로서, 관찰의 대상이 기계나 무생물과 같은 '닫힌 시스템'이 아니라 외부 환경과 지속적으로 상호작용을 하면서 시스템의 생존을 지속적으로 유지하는 개방적 속성에 초점을 맞추고 있다.

　이렇게 '열린 시스템'의 개념을 적용할 경우, 대상을 바라보는 우리의 시야는 훨씬 더 확대되고 복잡해진다. 하나의 시스템은 외부 환경과 상호작용하면서 에너지와 정보를 주고받는다. 이러한 과정을 통해 시스템은 열역학 제2법칙의 '엔트로피(entropy) 증가' 원리를 유지하면서 동시에 일정한 방향성을 가지고 진화해가는 '유기체'로 이해된다. 이러한 시각은 단지 특정한 개체뿐 아니라 그러한 개체들이 모여 만들어내는 집단현상에도 적용될 수 있다. 예를 들어 국제정치체제 또는 안

---

7　외부 환경과 상호작용하는 '열린 시스템'은 하나의 유기체로서 구성요소들 사이에 기능적 분화와 통합을 이룬다는 점에서 '초유기체(superorganism)'라고도 할 수 있다. 이러한 사고는 환경을 포함한 '전체'를 하나의 '생태 시스템(ecosystem)'으로 바라보는 입장과 유사하다. 전통적으로 '가이아(Gaia)'의 개념은 이처럼 모든 구성요소들이 상호작용하면서 하나의 거대한 집합체를 형성하는 경우를 가리키는 비유로 사용되어 왔다(Lovelock 2003). 유기체 구성요소 사이에는 조밀한 연결망이 형성되어 있어서 전체가 개체성을 유지하면서 동시에 집합적 속성을 만들어낼 수 있는 구조적 특징을 지닌다.

보공동체는 구성원들 사이에 규범과 작동원리를 유지하면서 외부로부터의 위협에 대응하여 생존의 메커니즘을 작동시키는 시스템이라고 할 수 있다. 이때 외부로부터 야기되는 위협에 얼마나 효과적으로 대처하는가가 '안보' 기능의 성패를 좌우한다. 이렇게 볼 때 안보는 이제 더이상 '닫힌 시스템' 내부의 고립된 기능이 아니라 외부 환경과 지속적으로 상호작용하면서 변화를 겪는 동적 메커니즘이라고 간주된다.

시스템 사고는 '부분'의 집합체로서 존재하는 '전체(totality)'의 구조와 기능에 초점을 맞추고 있다. 시스템이 중요한 이유를 이해하기 위해서는 '상황(contexts)'의 의미를 먼저 탐구할 필요가 있는데, 이는 우리가 '부분'의 작동을 설명하기 위해 언제나 그것을 둘러싼 '전체'의 상황을 고려해야 하기 때문이다. 즉 주변상황 또는 외부환경을 고려하지 않는 설명은 결코 완전하지 않으며, 따라서 '부분'의 작동은 '전체'라는 상황의 논리 속에서 설명해야 한다. 따라서 우리는 물질의 궁극적인 기본단위에 집착하기보다 그것들 사이에 상호 연관된 사건들의 역동적인 그물망, 즉 하나의 '우주' 또는 '전체'를 바라보아야 한다. 또한 시스템 사고는 거시적인 시각을 강조한다는 점에서 정확하고 예측가능한 인식론에 집착하지 않는다. 인간의 인지능력과 사고의 틀이 제한적이기 때문에 전통적인 실증주의적 관점 대신 확률론적 세계관이 시스템 사고를 지배한다. 시스템 사고에서는 모든 구조가 동적 '과정'으로 이해되는데, 베르탈란피(Ludwig von Bertalanffy)에 의해 구축된 일반시스템이론(GST)은 이와 같은 '열린 시스템'의 속성에 관하여 체계적인 프레임워크를 제공해주고 있다(Bertalanffy 1990; Skyttner 2005).[8]

---

8    일반시스템이론은 비엔나학파에 그 기원을 두고 있지만, 분석적인 기계론에서 전일론(全一論)으로 이행했다는 점에서 실증주의 철학과 거리를 두고 있다. 19세기 말 무질서

1990년대 탈냉전기에 들어와 부잔(Barry Buzan) 등 코펜하겐
(Copenhagen)학파는 실존적 위협(existential threats)과 위기상황
(emergency) 및 그에 대응하는 특별한 조치가 새롭게 제기될 경우 안
보 개념의 확대가 필요하다고 주장하기 시작했다. 새로운 위협이 냉전
기와는 그 속성을 달리 하기 때문에 과거의 국가중심적으로 군사안보
에 치중하여 통용되던 안보 개념으로는 이를 설명하기 어렵다는 판단
이 여기에 깔려 있었다. 코펜하겐학파는 전통적 안보연구와 비판적 안
보연구를 호환되는 포괄적 프레임을 제시하였는데, 이들의 안보담론
중에서 가장 중요한 요소는 '안보화(securitization)'의 개념이다. 안보
문제가 사회적으로 논의되는 정치적 과정의 중요성을 강조하고 있다
는 점에서 이 개념은 안보의 물질적·실재적 측면뿐 아니라 내재적·과
정적 측면까지도 포괄한다. 따라서 안보화는 서로 경합하는 사회 어젠
다 중에서 어떤 이슈를 '위협'의 원천으로 삼을 것인지, 이러한 위협에
대처하기 위해 자원을 어떤 방식으로 배분할 것인지에 대한 결정과정
에 관심을 갖는다. 이렇게 보면 안보 개념은 더 이상 '고정된(given)'
하나의 실재가 아니라 끊임없이 변화하는 '사회적 어젠다'로 인식된
다. 따라서 사회적 어젠다로서 코펜하겐학파의 안보 개념은, 그 위협
의 원천이 무엇이건 간에 다양한 이슈들 사이의 지속적인 경쟁과 논란
속에서 만들어지는 '구성적(constitutive)' 과정으로 간주되고 있다.[9]

> 의 지표인 엔트로피의 증가현상과 그것의 불가역성(irreversibility)에 대한 관심으로부
> 터 등장하기 시작한 시스템이론은 최근에 들어와 무질서와 대립되는 측면, 즉 '질서'나
> '진화'의 현상에 더 초점을 맞추고 있다. 특히 무질서의 증가 현상 속에서 '열린 시스템'
> 으로서 유기체는 외부 환경과의 상호작용을 통해 생명이라는 '질서'를 만들어내는데, 이
> 러한 질서 생성과정은 '카오스의 가장자리(edge of chaos)'라는 개념으로 설명되고 있
> 다. 이와 같은 현상은 모두 미시적 차원의 행위자들 사이에서 지속적인 상호작용을 통해
> 거시적 차원의 '전체' 시스템 현상이 만들어진다는 의미를 함축한다.
>
> 9　코펜하겐학파는 안보가 '화행(speech-act)'적 속성을 지니고 있다는 점을 강조했다. 안

코펜하겐학파의 안보이론에서 가장 중요한 변화인 안보대상의 다양화는 개인, 국가, 글로벌 차원에만 국한되는 것이 아니라 새로운 유형의 분석수준을 포함한다. 부잔은 특히 국가들 사이의 지역적 안보협력에 대해 큰 관심을 기울였는데, 그동안 국가와 세계정치 사이에서 큰 주목을 받지 못했던 '지역'이라는 새로운 단위체가 안보와 관련하여 급부상했기 때문이다. 코펜하겐학파에서는 지리적으로 인접한 국가들 사이에 역사적 친밀감(amity)과 적대감(enmity)으로 인하여 안보관계에 특수한 패턴이 형성된다는 점을 강조한다. 부잔은 이러한 패턴을 일컬어 '안보 콤플렉스(security complex)'라고 불렀는데, 이것은 지역에 따라 역사적 감정들이 혼합되고 권력이 불균등하게 분포됨으로써 나타나는 안보관계의 구조적 무정부상태를 총체적으로 일컫는다 (Buzan and Wæver 2003). 코펜하겐학파의 안보 개념 확대는 이처럼 국가를 중심으로 하여 '아래'와 '위,' 그리고 '옆'의 모습까지 담아내려 했다는 점에서 냉전시대의 안보 개념으로부터 한 발 더 나아간 모습을 보이고 있다.

코펜하겐학파의 안보 개념 확대에서 나타나고 있는 또 다른 특징은 안보 개념이 적용되는 영역(sectors)이 대폭 확대되었다는 점이다 (Buzan 1991). 과거에는 군사 영역, 특히 전략적 이해관계가 걸린 분야에서만 안보 논의가 이루어졌지만, 탈냉전 시기에는 이러한 영역이 대단히 넓어졌기 때문에 당연히 안보 개념도 이에 맞추어 확대되어야

---

보를 하나의 화행으로 인식한다는 것은, 어떤 사회적 이슈이건 그것을 '위협'으로 간주함으로써 곧 '안보' 이슈로 격상시킨다는 것을 의미한다. 즉 안보는 외부로부터의 위협에 대한 객관적 행위에 국한되는 것이 아니라 위협을 인식하고 그 위기적 속성을 이슈화하는 사회적 행위를 일컫는다는 것이다. 이처럼 코펜하겐학파는 안보행위가 그 자체로서 '자기준거적(self-referential)' 속성을 지닌다는 구성주의적 해석을 택하고 있다 (Buzan et al. 1998, 26).

한다고 보는 것이다. 이에 대해 부잔은 여러 이유를 제시하고 있는데, 그중에서도 글로벌 차원에서 일어나고 있는 상호의존 추세의 강화로 말미암아 정책과 사회적 선택의 우선순위가 바뀌고 있다는 점을 가장 우선시하고 있다. 또한 대외적인 위협뿐 아니라 다양한 국내사회의 위협에 대한 '취약성(vulnerabilities)'을 줄이는 것이 안보의 주된 목표가 되었다는 점도 아울러 강조하고 있다. 이처럼 냉전 시대의 전략적 안보 개념이 한층 더 복잡하고 복합적인 국제정치 현상을 반영하면서 그 의미와 적용범위가 확대된 것은 코펜하겐학파의 공헌이라 할 수 있다.

부잔은 안보 영역을 군사 및 정치, 경제, 사회, 환경으로 나누고 있는데, 이와 같은 5개의 핵심 영역들은 안보 개념의 근본적인 원천에 대한 역사적 인식을 기반으로 한다. 여기에서 '근본적'이라 함은 안보 문제를 유발하는 '위협'이 어디에서 비롯되는가에 대한 궁극적인 질문에서 출발하기 때문이다. 리차드 울만(Richard Ullman)이 비판한 바와 같이 군사적 측면에서의 위협에만 초점을 맞추는 안보정책은 지극히 편협한 것이며, 오늘날에는 '생활의 질을 떨어뜨리고 정책대안의 범위를 좁히는' 모든 것들이 위협으로 간주되어야 한다는 인식이 확산되고 있다(Ullman 1983). 위협이 핵심적 '가치(values)', 즉 반드시 보호해야 하는 중요한 자원에 대한 잠재적인 상실의 정도를 나타내는 것이라면, 이러한 가치의 원천이 되는 다양한 영역들을 세분화하는 것은 탈냉전시대의 변화를 감안할 때 당연한 일이라고 할 수 있다. 전통적 안보 개념이 '생존'의 가치를 가장 우선시했다면, 그 이외에 다양한 가치의 원천이 되는 경제, 사회, 정치, 환경 등 비군사 영역에서 야기되는 간접적 위협도 안보논의에 추가되어야 한다는 것이 코펜하겐학파의 주장인 것이다.

이상과 같이 코펜하겐학파의 확대된 안보 개념은 일정한 한계 내에서 이러한 시스템 유지의 측면을 강조해왔는데, 이는 다양한 주체와 객체, 그리고 영역을 포괄함으로써 시스템 전체에 존재하는 위협과 안보의 변증법적 관계를 이론적으로 구현하려는 시도에서 비롯되었다. 따라서 부잔과 코펜하겐학파의 이론은 적어도 안보를 '열린 시스템'의 관점에서 새롭게 이론화했다는 평가가 가능하다. 하지만 코펜하겐학파의 확대된 안보 개념이 '열린 시스템'의 속성을 충분하게 드러내고 있는가에 대해서는 논란의 여지가 남아 있다. 왜냐하면 '열린 시스템'으로서 안보 기능이 시스템 내부와 외부 사이에서 어떤 방식으로 작동하는가에 관한 이론적 '메커니즘(mechanisms)'을 분명하게 드러내주지 못하고 있기 때문이다. 이러한 메커니즘을 밝혀내기 위해서는 코펜하겐학파에서 제기한 안보 주체의 복합화와 안보 영역의 다양화 이외에도 새로운 하위 개념들과 연결고리가 정교하게 제시되어야 하기 때문이다.[10]

## 2. 신흥안보의 개념과 시스템 복잡성

코펜하겐학파에 의한 안보 개념의 확대는 시스템이론의 관점에서 볼 때 '열린 시스템' 사고로의 전환을 대표한다. 과거의 안보가 '닫힌 시스템'으로서 외부 환경과 단절된 전체의 안위에만 초점을 맞추었다면, 새로운 안보 개념은 다양한 외부 환경으로부터 제기되는 위협요소들과 복수의 안보주체들에 대한 고민을 함축하고 있기 때문이다. 이러한

---

10  이와 같은 주장은 실재론(realism)의 과학철학에 근거한 것으로서, '이론'을 만드는 작업에 있어 미시적 차원의 작동원리를 보여주는 '메커니즘'이 필수불가결하다는 인식론에서 출발한다. 이러한 인식론은 설명변수와 종속변수 사이의 규칙성을 찾아내려는 실증주의적인 차원을 넘어 이들 사이에 놓여 있는 '블랙박스' 내부를 설명할 수 있어야 한다는 문제의식을 공유한다(Falleti and Lynch 2009, 1146; Coleman 1986, 1322).

개념의 확대는 일반시스템이론의 영향을 받기도 했지만, 무엇보다도 1970년대 이후 급속도로 발전되어온 사회과학 분야의 시스템이론, 특히 루만(Niklas Luhmann)의 시스템이론에 큰 영향을 받았다고 할 수 있다. 자연과 사회를 아우르는 보편적인 시스템이론을 구축한 루만은 관찰대상을 하나의 시스템으로 간주할 경우 그것이 다른 시스템 및 주변 환경과 갖는 상호관계를 일관성 있게 설명할 수 있다고 보았다. 코펜하겐학파의 확대된 안보 개념은 이러한 시스템적 사고와 잘 부합되는 것으로서, 전통적인 안보 관념으로는 제대로 설명하기 힘든 탈냉전기의 복잡한 현상에 적용하기에 훨씬 더 유용한 도구라고 할 수 있다.

하지만 코펜하겐학파의 논의가 완결성 있는 하나의 이론체계로 확립되었는가에 대해서는 이견의 여지가 있다. 즉 하나의 '열린 시스템'으로서 안보 이슈를 다루기 위해서는 그에 따르는 다양한 시스템적 논의가 동반되어야 하지만, 코펜하겐학파의 논의는 이러한 정교한 이론화 수준에 도달하지 못했다는 아쉬움을 자아내고 있다. 예를 들어 루만에 따르면, 우리가 관찰하는 대상은 그것이 지닌 차별성(distinction)과 더불어 그것을 지칭하는 지시(indication)가 결합된 결과이며, 여기에는 기술시스템, 생명시스템, 심리시스템, 그리고 사회시스템이 존재한다. 일반적으로 사회가 인간들의 집합체라는 점을 고려할 때 '안보'의 확대된 개념도 하나의 '사회시스템'으로 간주할 수 있다. 루만은 시스템과 환경의 차이가 기능 분화의 결과로 생성되는 것이라고 보았으며, 수많은 가능성을 내포한 환경 속에서 일정한 요소들이 결집되어 만들어지는 시스템은 그 자체로서 고유의 질서라고 보았다. 또한 하나의 시스템은 수많은 시스템들과 공존할 수 있다는 것이 그의 생각이었다(Luhmann 2007, 327-329; Luhmann 1990). 이처럼 일관성 있는 하위 개념들이 동원되어 하나의 거대한 시스템적 현상을 설명하는

데 도움을 주는 루만의 시스템이론을 코펜하겐학파가 충분하게 고찰
했다고 보기는 어렵다.

　이런 맥락에서 '신흥안보'의 개념은 코펜하겐학파에 비해 한발 더
나아간 '창발적 안보' 개념을 상정한다. 이러한 노력은 안보가 비전통
적인 영역에도 확대되어야 한다는 소극적인 개념화의 수준을 넘어 '미
시적' 차원의 상호작용으로부터 '거시적' 차원의 안보문제가 야기되는
구조와 과정을 중시한다는 점에서 시스템의 '메커니즘'을 밝히는 이론
적 작업에 주안점을 두고 있다. '창발(emergence)'은 하위 수준에서
의 상호작용이 상위 수준에서 발생하는 거시적 결과를 야기하는 과정
을 가리킨다. 따라서 이러한 구조와 과정을 이론화하기 위해서는 보다
많은 개념도구와 더불어 그들 사이의 관계를 보여주는 논리적 연결고
리를 제시할 필요가 있다. 신흥안보의 이론은 이런 점에서 기존의 확
대된 안보 개념을 한층 더 정교한 이론적 프레임워크 내에서 체계적으
로 다루고자 하는 노력의 산물이다.

　사회과학은 집합적 단위인 '사회' 또는 공동체를 주된 연구대상으
로 하지만, 사회의 구성요소인 '개인'에 대해서도 그에 못지않게 중요
한 의미를 부여한다. 집합체로서 사회가 매우 불안정한 속성을 가지고
있기 때문에 사회과학에서는 보다 안정적이면서 일관성을 지닌 대상
인 '개인'에 주목하고 있는 것이다. '방법론적 개인주의(methodologi-
cal individualism)'의 전통을 따르는 이러한 접근방법에서는 거시적
현상을 설명하기 위해 개인이라는 미시적 단위체에 주목한다. 그런데
'메커니즘'의 존재에 초점을 맞추는 실재론의 관점에서 보면 단지 개
인의 행위 자체가 설명변수로 고정될 필요가 없으며, 오히려 그들 사
이의 상호작용이 복잡하게 일어나면서 거시적 현상을 만들어낸다. 이
와 같은 거시적 현상은 미시적 개인의 차원에서 쉽게 예측하기 어렵

다는 특징을 갖는다. 즉 거시적 현상의 요소들을 미시적으로 분석 또는 분할할지라도 거시적 현상의 원인을 찾아내기 어렵다는 것이다. 거시적 현상은 미시적 단위체들 사이의 복잡한 상호작용을 통해 '창발(emergence)'되는 것이다.[11] 이와 같이 분석수준의 문제는 행위자의 문제를 포함하며, 인간 개인을 미시적 행위자로, 인간들의 집합체를 거시적 행위자로 다루는 모든 사회과학의 공통 관심사가 되고 있다 (Frey 1985, 130-131).

이처럼 '창발적 안보'로서 신흥안보의 개념은 상이한 분석수준 사이의 인과적 연계성을 명확하게 인식함으로써 코펜하겐학파의 안보 개념에 내재된 문제점을 극복하고자 한다. 또한 신흥안보의 개념은 이러한 미시적 단위체 수준에서 작동하는 위협이 전통안보뿐만 아니라 범죄, 자연재해, 국가실패 등 다양한 요인에 의해 야기된다는 '위험사회(risk society)' 담론을 수용하고 있다(Beck 1992).[12] 이러한 담론의 기반 위에서 신흥안보는 '개인' 차원에서 작동하는 복잡한 안보문제가 서로 상호작용하면서 사회, 국가, 국제체제 차원에서 거시적인 안보문제로 자리 잡는 과정에 주목한다. 이를 위해 신흥안보의 개념은 복잡계이론, 네트워크이론, 진화론, 조직이론 등 다양한 이론적 논의를 전개하고 있다(김상배 2017). 무엇보다도 안보담론이 전통안보와 더불어 코펜하겐학파에서 제시하는 '안보화(securitization)' 과정을 통해 복

---

11    설명모델을 위한 메커니즘이 부분적으로 방법론적 개인주의의 인식론을 택하기는 하지만, 이것이 단순하게 미시적 차원으로 환원하는 것이 아니라 그들 사이의 관계와 상호작용을 중시하며, 그로부터 야기되는 불확실성을 염두에 두고 있다는 점에서 합리주의 및 실증주의 전통을 따르는 방법론적 개인주의와 차별화된다.

12    울리히 벡의 위험사회 담론은 후기 산업사회에 들어와 양산되는 위험들이 일상생활 속에 침투함으로써 '안보'와 '안전'이 결합된 형태의 위험동학을 만들어낸다고 본다. 이러한 현대의 위험은 과거의 안보와 달리 쉽사리 통제하거나 예측할 수 없다는 점에서 오늘날 심각한 안보문제로 비화되고 있다(Buzan and Hansen 2010, 381).

합적으로 형성되는 과정을 중시하기 때문에 이 개념은 안보문제를 바라보는 여러 관점을 통합하려는 문제의식을 기반으로 한다.

이상에서 논의한 바와 같이, 신흥안보의 개념은 냉전기에 이르기까지 안보담론의 중심을 이루어왔던 '전통안보'로부터 출발하여, 다양한 유형의 비전통안보 및 안보 주체와 영역의 다양화, 그리고 안보화 과정을 포괄하는 '확대안보'의 단계를 지나 미시적 차원의 상호작용 메커니즘을 구현하려는 노력의 결실로서 '창발적 안보'를 지향한다고 평가할 수 있다. 물론 신흥안보의 핵심적인 구성요소가 무엇인가에 대해서는 여전히 논란의 여지가 남아 있으며, 특히 이론적 메커니즘을 어떻게 구축할 것인가에 대하여 학자들 간에 합의가 이루어지지 않고 있다. 그럼에도 불구하고 신흥안보의 개념은 국제정치의 경직된 프레임워크에 갇혀 탈냉전기와 21세기의 새로운 안보환경을 제대로 설명하지 못해온 전통적 안보 개념의 한계를 뛰어넘는 대안을 제시하려 한다는 점에서 의미가 있다 하겠다.

## 3. 신흥안보의 개념에 대한 비판적 고찰

신흥안보의 개념화 작업이 충분한 이론적 의미를 지니고 있음에도 불구하고, 그에 수반되는 여러 가지 문제에 대해서도 지적할 필요가 있다. 이러한 문제는 다음과 같은 몇 가지 한계와 대안으로 정리할 수 있는데, 이러한 성찰적 노력을 통해 신흥안보의 이론화 작업이 더욱 활발하게 전개될 수 있을 것으로 기대된다. 우선 신흥안보 개념의 이론화 작업에서 가장 시급한 어젠다로서 이론적 '메커니즘'을 보다 명확하게 구축할 필요가 있다. 이러한 메커니즘은 단지 구성요소들의 확정과 세분화에 머무르지 않는다. 어떤 공동체의 '안보' 문제는 하나의

'열린 시스템'으로서 지속적으로 안보화 과정을 통해 만들어지고 유지되며 쇠퇴해가는 일련의 동적 과정을 거친다. 이러한 과정과 그것을 만들어내는 구조를 분명하게 밝히는 작업이 신흥안보의 이론화에 필수불가결한 단계라고 할 수 있다.

　이러한 메커니즘은 안보라는 '열린 시스템'이 어떻게 외부 환경과 위협을 인식하고 그에 대응하는가 하는 상호작용 과정을 체계적으로 이론화하는 작업의 결과여야 한다. 다시 말해 '창발적 안보'로서 신흥안보는 시스템 내외부의 상호작용 속에서 지속적으로 재생산되는 동적(dynamic) 과정이어야 한다. 이와 관련하여 루만의 시스템이론은 시스템과 환경이 구분될 수 있다는 전제하에, 시스템의 자기조직화 과정이 지닌 의미에 주목해왔다. 그가 보기에 어떤 시스템이든 자신의 작동과정을 스스로 의식하는 '자기참조(self-reference)'의 능력을 지니고 있는데, 이를 보유해야만 자기완결적 시스템이 될 수 있다. 이러한 능력은 시스템이 외부 환경과 지속적으로 교류하면서 자신의 생존과 기능을 유지해가는 속성, 즉 '자기조직화(self-organization)' 현상의 핵심을 구성한다. 자연과학에서는 이러한 기능을 가리켜 '자기생성(autopoiesis)'이라고 지칭해왔는데, 이는 시스템의 작동이 외부의 영향보다 내부의 기능과 구조를 유지해가려는 통합적 속성으로부터 비롯된다는 점을 강조한다. 신흥안보의 이론화는 바로 이러한 안보 메커니즘의 자기조직화 또는 자기생성 과정을 규명하는 데 보다 많은 노력을 기울일 필요가 있다.

　이와 더불어 새로운 안보 개념은 '창발적' 현상으로서 서로 다른 분석수준 사이에서 적절하게 자리매김할 수 있도록 이론화가 이루어져야 한다. 신흥안보 개념은 미시적 차원의 개인과 거시적 차원의 국가 사이에 안보문제가 어떻게 연관되는가에 주안점을 두고 있기 때문에 그 중간단계의 안보 개념을 이론화하려는 노력이 무엇보다 절실하다. 이와 관련하여 코펜하겐학파의 '사회안보(societal security)' 개념을 확장 또는 응용하려는 최근의 시도를 주의 깊게 살펴볼 필요가 있다. 국내사회로부터 야기되는 안보위협, 그 중에서도 난민과 같은 외부 집단의 유입으로 기존의 주류 사회세력이 지닌 정체성에 위기감을 초래하는 일이 빈번하게 발생하고 있다. 이러한 안보문제에 대응하여 해당 집단은 이를 '실존적 위협(existential threats)'으로 인식하고, 대부분의 경우 자신들에게 미칠 최악의 시나리오와 더불어 외부 집단에 대한 극단적인 적대의식을 키우는 경향을 보이게 된다. 즉 서로에 대하여 불안감을 느끼는 다양한 사회세력들 사이에 '안보딜레마(security dilemma)'가 형성되는 것이다(Alexseev 2011, 511-513).

이러한 '사회안보'의 개념은 신흥안보 개념에서 주목하는 개인-국가의 관계를 정교하게 이론화하는 데 중요한 시금석이 될 수 있다. 왜냐하면 지금까지 '국가' 단위에 집중해온 전통안보와 달리 초점을 '사회'로 옮길 경우 우리는 '국가'와 '사회'라는 이중적인, 그러나 서로 완전하게 중첩되지는 않는 개인 정체성의 두 원천에 대하여 언급할 수 있기 때문이다. 오늘날 안보의 주체와 대상, 영역이 다변화되어 가는 추세 속에서 이러한 이중 모델은 중요한 시사점을 가진다. 특히 국가 내부에서 일어나는 복잡한 '안보화' 과정이 다양한 사회세력들 사이에 끊임없이 일어난다는 점을 고려할 때, '국가'와 '개인' 분석수준 사이에서 작동하는 '사회'와 같은 중간 수준의 단위체는 우리가 새롭게 조명해야 할 탐구대상임에 틀림없다. 다양한 사회세력들은 자신들에게 중요하다고 간주되는 안보문제를 부각시키기 위한 공동의 정체성을 확립하고 안보화 담론에서 유리한 고지를 점령하기 위한 레토릭 경쟁을 펼친다(Theiler 2003, 251-252). 이러한 모습은 분명 개인 또는 국가 차원에서 감지하기 어려운 독특한 중간 규모의 그룹에서 관찰되는 특성으로서, 개인들을 결집시키는 정체성의 역할과도 밀접하게 연관되어 있다. 신흥안보의 개념이 이와 같은 중간 분석수준의 매개체들을 이론화함으로써 안보 현상이 '창발적'으로 나타나는 과정을 보여주는 데 더욱 매진해야 하는 이유가 바로 여기에 있다.

　마지막으로 신흥안보의 개념을 이론화하는 과정에서 전통안보를 어떻게 포괄할 것인가를 새로운 관점에서 고민할 필요가 있다. 월트 (Stephen Walt)와 같은 전통적인 안보연구자에 따르면, 전통안보는 국가와 군사력 중심, 즉 '조직화된 폭력(organized violence)'으로서 사용되는 무력과 그로 인한 위협 및 통제에 관심을 갖는다. 이러한 전통안보의 개념에는 무력 사용을 인간의 역량으로 다스릴 수 있다는 전제가 내재되어 있는데, 여기에는 군사력과 같은 무력행사가 인간의 '의도'와 '의지'에 의해 이루어진다는 클라우제비츠적 사고가 깊숙하게 깔려 있다. 만약 전통안보가 '인간의 의도에서 비롯된 위협'과 그것을 '통제할 수 있다는 전제'를 포함하는 개념이라면, 이것은 분명 '정치적 역량(statecraft)'의 문제로서, 군비통제, 외교, 협상, 위기관리 등 다양한 능력을 통해 해결할 수 있다는 인식을 내포한다. 이에 비해 비군사적 영역으로 확대된 신흥안보 개념은 이와 같은 전통안보 개념의 전제를 포기함으로써 그 해법을 더욱 어렵게 만드는 결과를 초래할 수 있다(Walt 1991, 212-213). 이럴 경우 신흥안보의 관리를 위한 거버넌스 논의는 전통안보의 패러다임에서 쉽사리 받아들이기 어려울 것이다.

　이러한 지적은 신흥안보의 개념이 그 주체와 대상, 영역에 걸쳐 지나치게 확대 적용되고 있다는 점에서 비롯된다. 앞서 언급했듯이 이론화의 핵심적인 작업은 미시적 차원의 '메커니즘'을 밝히는 데 있다. 또한 이러한 미시적 상호작용이 복잡한 과정을 통해 거시적 현상을 만

들어내는 과정을 구현할 수 있어야 한다. 이와 같은 핵심적인 요소 대신에 수많은 변수와 관련 개념들을 열거하는 방식으로는 전통안보 연구자들이나 코펜하겐학파의 패러다임을 뛰어넘는다는 평가를 받기 어렵다. 무엇보다도 '안보'의 개념을 달리 볼 필요가 있다는 문제의식을 정당화해주는 개념적 도구가 제시되어야 하며, 특히 코펜하겐학파의 기존 작업에 비해 어떤 점들이 더 개선되었는가를 명백하게 밝힐 수 있어야 할 것이다. 탈냉전기에 들어와 '안보문제(security problematique)'의 본질에 대한 새로운 관심이 급속도로 확대되었지만, 이러한 관심은 크게 '안보 영역의 다양성'과 '안보 주체 및 수준의 복합성'으로 귀결되어 왔다. 하지만 이러한 안보의 두 가지 본질적 변화는 이미 냉전 초기에 울퍼스(Arnold Wolfers)에 의해 명확하게 제시된 바 있다(Wolfers 1952, 481-483).[13] 이미 전통안보 연구자들이 이런 문제를 인지하고 있었다면, 새로운 '신흥안보'의 이론적 정당성은 어떻게 수립해야 할 것인가?

## IV. 맺는말

국제정치는 그 속성상 '안보'의 관계라고 보아 무리가 없다. 이런 점에서 안보를 어떻게 인식하는가는 국제정치 현상을 이해하는 데 무엇보

---

13    안보 개념에 대하여 문헌학적 탐구를 시도한 볼드윈(David Baldwin)에 따르면, '안보'에 대한 그동안의 새로운 사고는 경험적이거나 규범적인 측면 대신에 개념적 측면에 관심이 집중되어 왔다. 즉 내용 면에서는 새로운 것이 별로 없었다는 것이다. 이처럼 현실의 변화를 설명하는 데 거창한 신개념이나 이론틀이 동원될 필요가 없다면 최근의 안보 담론이 과연 어떤 기여를 할 수 있는가에 대하여 보다 진지한 성찰이 요구된다 하겠다(Baldwin 1997, 23).

다 중요하다. 이 장에서는 고전적인 안보의 개념과 더불어 근대 이후 본격적으로 확립되어온 안보 개념의 속성에 대하여 살펴보았다. 근대의 안보는 어디까지나 주권자에 의해 제공되는 보호를 지칭하는 것으로서 영토국가의 경계 내부를 전제로 한 '닫힌 시스템'에서만 작동하는 것이었다. 또한 유럽의 국제정치체제가 보편적인 문명표준으로서 비(非)유럽 세계로 널리 확장되었지만, 냉전체제가 작동했던 20세기 후반에 이르기까지 안보 개념은 '닫힌 시스템'의 한계를 극복하지 못해왔다. 특히 지정학적 사고는 이와 같은 '닫힌 시스템' 사고와 결정론적 시각의 전형적인 사례로서 오랫동안 안보 개념을 고착화하는 데 기여해왔다.

냉전의 종식은 이러한 상황에 큰 변화를 가져왔는데, 특히 안보문제를 야기하는 위험에 대한 다변화된 개념화가 이루어졌다. 코펜하겐 학파는 이러한 확대된 안보 개념을 제시함으로써 국제정치를 새롭게 인식하는 계기를 만들어주었다. 안보의 주체와 대상, 영역이 확대됨으로써 안보 개념은 하나의 '열린 시스템'을 상정하게 되었고, 이는 시스템이론의 관점에서 볼 때 시스템 내부의 작동과 외부 환경 사이의 상호작용을 동시에 인식할 수 있도록 해주는 중요한 개념적 도구였다. 하지만 본격적인 이론화가 이루어지기 위해서는 미시적 차원의 상호작용이 거시적 차원의 창발현상으로 진화하는 '메커니즘'을 밝혀내야 하는데, '신흥안보'의 개념은 이러한 문제의식을 기반으로 한 새로운 이론적 도전이라고 할 수 있다.

그럼에도 불구하고 이 장에서는 신흥안보라는 새로운 패러다임의 시도 역시 앞으로 가야 할 길이 멀다는 점을 부각시켰다. 우선 신흥안보의 개념은 자기완결성을 지닌 시스템의 작동 과정과 구조를 하나의 '창발적 메커니즘'으로 보여줄 수 있어야 한다. 이러한 메커니즘은 수

많은 하위 개념들과 더불어 그들 사이의 논리적 관계로 구성된다. 또한 분석수준의 문제와 관련하여 기존에 개인-국가 사이의 연관성에 대한 관심을 확대하여 중간단계의 '사회안보'에 대해서도 집중적인 이론화 노력이 필요하다는 점이 강조되었다. 이를 통해 개인을 넘어서는 안보문제가 국가와 사회, 그리고 서로 경합하는 여러 집단 사이에 중첩 및 공유될 수 있다는 점을 인식할 필요가 있다. 이러한 작업을 통해 '창발적 안보'로서 신흥안보의 개념과 이론이 전통안보 패러다임과 어떻게 차별화되면서 동시에 그것을 포용할 수 있는가를 보여줄 수 있어야 한다. 그렇지 않을 경우 전통안보의 오랜 주제와 코펜하겐학파의 새로운 도전을 넘어서서 어떤 학문적 기여를 하고 있는지를 분명하게 드러내지 못할 것이기 때문이다.

# 참고문헌

김상배. 2017. "신흥안보와 미래전략: 개념적·이론적 이해." 김상배 엮음.『신흥안보의 미래전략』사회평론아카데미, pp. 26-67.

민병원. 2006. "탈냉전 시대의 안보개념 확대: 코펜하겐학파, 안보문제화, 그리고 국제정치이론."『세계정치』5, pp. 13-61.

_____. 2009. "안보개념의 경합성과 왜곡: 탈냉전시대의 개념 확대에 대한 평가."『국제지역연구』18(1), pp. 1-36.

_____. 2012. "안보담론과 국제정치: 안보개념의 역사적 변화를 중심으로."『평화연구』20(2), pp. 197-233.

Alexseev, Mikhail A. 2011. "Societal Security, the Security Dilemma, and Extreme Anti-Migrant Hostility in Russia." *Journal of Peace Research*, 48(4), pp. 509-523.

Arends, J. Frederick M. 2008. "From Homer to Hobbes and Beyond — Aspects of 'Security' in the European Tradition." In Hans Günter Brauch *et al*. eds., *Globalization and Environmental Challenges: Reconceptualizing Security in the 21st Century*, (Berlin: Springer), pp. 263-277.

Baldwin, David A. 1997. "The Concept of Security." *Review of International Studies* 23, pp. 5-26.

Beck, Ulrich. 1992. *Risk Society: Towards a New Modernity*. London: Sage.

Boulding, Kenneth E. 1978. "Future Direction in Conflict and Peace Studies." *Journal of Conflict Resolution* 22(2), pp. 342-354.

Brzezinski, Zbigniew. 1997. *The Grand Chessboard: American Primacy and Its Geostrategic Imperatives*. New York: Basic Books.

Brunn, Stanley D. 2004. "11 September and Its Aftermath: Introduction." In Stanley D. Brunn, ed. *11 September and Its Aftermath: The Geopolitics of Terror* (London: Frank Cass), pp. 1-14.

Buzan, Barry. 1991. *People, States and Fear: An Agenda for International Security Studies in the Post-Cold War Era*, 2nd ed. Boulder: Lynne Rienner Publishers.

Buzan, Barry and Lene Hansen. 2010. *The Evolution of International Security Studies*. 신욱희·최동주·이왕휘·황지환 옮김.『국제안보론』. 서울: 을유문화사.

Buzan, Barry and Ole Wæver. 2003. *Regions and Powers: The Structure of International Security*. Cambridge: Cambridge University Press.

Buzan, Barry, Ole Wæver and Jaap de Wilde. 1998. *Security: A New Framework for Analysis*. Boulder: Lynne Rienner.

Chapman, Bert. 2011. *Geopolitics: A Guide to the Issues*. Santa Barbara: Praeger.

Coleman, James S. 1986. "Social Theory, Social Research, and a Theory of Action." *American Journal of Sociology* 91(6), pp. 1309-1335.

Elhefnawy, Nader. 2004. "Societal Complexity and Diminishing Returns in Security." *International Security* 29(1), pp. 152-174.

Falleti, Tulia and Julia Lynch. 2009. "Context and Causal Mechanism in Political Analysis." *Comparative Political Studies* 42(9), pp. 1143-1166.

Flint, Colin. 2006. *Introduction to Geopolitics*. London: Routledge.

Frey, Frederick. 1985. "The Problem of Actor Designation in Political Analysis." *Comparative Politics* 17(2), pp. 127-152.

Gaddis, John Lewis. 2005. *Strategies of Containment: A Critical Appraisal of American National Security Policy during the Cold War*. Oxford: Oxford University Press.

Lovelock, Kames. 2003[1979]. *Gaia: A New Look at Life on Earth*. 홍욱희 옮김. 『가이아: 살아 있는 생명체로서의 지구』. 서울: 갈라파고스.

Galtung, Johan. 1969. "Violence, Peace, and Peace Research." *Journal of Peace Research* 6(3), pp. 167-191.

Haftendorn, Helga. 1991. "The Security Puzzle: Theory-Building and Discipline-Building in International Security." *International Studies Quarterly* 35, pp. 3-17.

Luhmann, Niklas. 1990. *Essays on Self-Reference*. New York: Columbia University Press.

_____. 2007[1984]. *Soziale Systeme: Grundriss einer allgemeinen Theorie*. 박여성 옮김. 『사회체계이론 I』. 파주: 한길사.

McBride, Keally. 2008. "State of Insecurity: The Trial of Job and Secular Political Order." *Perspectives on Politics* 6(1), pp. 11-20.

Petersen, Alexandros. 2011. *The World Island: Eurasian Geopolitics and the Fate of the West*. Santa Barbara: Praeger.

Skyttner, Lars. 2005. *General Systems Theory: Problems, Perspectives, Practice*. New Jersey: World Scientific.

Theiler, Tobias. 2003. "Societal Security and Social Psychology." *Review of International Studies* 29, pp. 249-268.

Ullman, Richard H. 1983. "Redefining Security." *International Security* 8(1), pp. 129-153.

Bertalanffy, Ludwig von. 1990[1968]. *General System Theory: Foundations, Development, Applications*. 현승일 옮김. 『일반체계이론』. 서울: 민음사.

Walt, Stephen M. 1991. "The Renaissance of Security Studies." *International Studies Quarterly* 35, pp. 211-239.

Wolfers, Arnold. 1952. "National Security as an Ambiguous Symbol." *Political Science Quarterly* 67(4), pp. 481-502.

제3장

# 동북아시아 지역공간의 복합지정학: 안보-경제-정체성 넥서스

손 열

# I. 서론

지구화와 정보화, 네트워크 시대의 도래와 함께 발생하는 새로운 안보 위험이 한반도에 미치는 영향을 복합지정학이란 개념을 동원하여 분석하는 작업은 지구적으로 전개되는 신흥 안보이슈와 지역질서에 내재된 독특한 성격이 상호 매개되어 드러나는 모습을 포착하는 것으로 시작된다. 기후변화, 생태환경 오염, 빈곤과 수자원 고갈, 식량 부족, 질병의 확산, 테러, 난민 및 불법이민 급증, 원자력안전, 사이버테러 등 새로운 안보 위험의 창발은 그 자체 지리적 경계를 넘어서서 이루어진다(김상배 편 2016). 그러나 한국의 경우를 고찰할 때 탈지리적 요소들은 지역 단위가 갖고 있는 보편적인 동시에 특수한 요소들과 결합되므로 지역질서에 내재한 복합지정학적 성격을 식별해 낼 필요가 있다.

그런데 한국이 영향 받는, 부속되는 지역공간은 지리적으로 규정하기가 용이하지 않다. 고전지정학적 관점에서는 한중일과 미국, 러시아가 교차하는 공간 개념으로서 동북아시아를 떠올리게 되나, 경제의 차원에서 보면 동남아를 포괄하는 동아시아, 혹은 더 넓게 아시아태평양(이하 아태지역)이 행위자 상호작용의 단위로 주목되어 왔고, 문화적 차원에서는 유교문명의 영향하에 생활습관, 라이프스타일을 공유하는 한중일과 베트남, 화교권을 문화지리적으로 엮는 공간을 상정해 볼 수 있다. 이렇듯 한국의 지역은 자기완결적으로 고정된 공간이 아니라 사회적으로 구성되고 정치적으로 경합되는 공간이어서 역사의 흐름과 함께 서로 다른 의미를 담는 개념으로 규정되어 왔다. 아시아, 동양, 동아, 동북아, 동아시아, 아시아태평양 등이 그것이다(손열 2012). 따라서 동북아 지정학을 논의할 경우, 이 공간은 한중일과 미국, 러시아의 교차 공간으로서 근대 국제체제에 전형적으로 보이는 힘

의 각축과 세력균형논리가 작동하는 안보영역으로 규정되지만, 동시
에 시장규율에 의한 초국가적 자본의 논리가 지배하는 경제영역이나
정체성의 공유와 경합, 교섭의 단위로서 문화영역과는 지리적으로 정
확히 중첩되지 않고 사실상 부분적으로 중첩되고 있음을 인식할 필요
가 있다. 이 점은 지역질서의 복합지정학이 서로 다른 지리적 단위의
복합을 시사하는 것이라 하겠다.

　이와 관련하여 지역질서의 복합구조는 근대적 세력균형의 지정
학과 탈근대적 거버넌스의 탈지정학 혹은 비지정학이 교차하는 보편
현상과 함께 서구와 차별적인 지역 고유의 특징이 엄존하여 상호작용
하는 동학을 담고 있다. 동북아는 역사적으로 예(禮)를 명분으로 하여
천하를 중화(中華)와 이적(夷狄)으로 나누는 화이(華夷) 개념에 근거한
전통 위계질서로부터 근대 국제질서로의 변환을 급속하고 압축적으로
겪어 충분한 조정과 여과의 여유를 가지지 못했다. 따라서 전통질서가
역내 구성원들의 의식과 감정의 차원에 존속하고 있음은 물론, 전통질
서의 요소들이 미래질서의 대안적 원형으로 복원되는 경향도 보인다.
이와 함께 19세기 말 이래 제국주의와 식민지주의의 침투와 확산이 여
전히 오늘날 기억의 정치 영역에서 남아 동북아 국가들의 양자관계에
족쇄가 되고 있음도 쉽게 목도할 수 있다. 중국의 지역질서 주도권 장
악 노력이 전근대 위계질서의 부활로 인식되거나 일본의 보수적 정체
성의 정치와 군사대국화가 주변국들에게 20세기 제국주의 식민지 역
사를 상기시켜 안보위협을 구성하는 경향은 특정 행위자의 정체성 구
성을 둘러싼 역내 행위자 간 담론적 경합과 교섭의 결과라 할 수 있다.
요컨대 21세기 지역질서는 세력균형의 논리가 작동하는 전통지정학과
탈근대 거버넌스가 작동하는 비지정학, 그리고 정체성 구성이 집합적
기억(collective memory)으로 재현되는 비판지정학이라는 세 가지 논

리가 공존, 착종하는 복합지정학적 공간으로 이해할 수 있다.

이 글은 동북아 지역이 고전지정학적 개념으로 인식되어 온 역사적 배경을 소개한 후, 냉전 종식 후 비지정학 및 비판지정학적 논리가 등장하면서 전통지정학 논리와 상호작용하는 관계의 동학을 분석한다. 냉전기에는 안보와 경제, 문화 모든 영역에서 고전지정학 및 지경학(geo-economics) 논리가 지배하였던 반면, 탈냉전기에 들어서면서 경제영역의 비지정학화(혹은 탈지정학화)가 진전되는 동시에 문화영역에서 민족적 정체성의 부흥이 일어나면서 세 영역 간 연쇄반응(chain reaction)이 발생하는 현실이 등장하게 된다. 이 글은 다음과 같은 세 파트로 전개된다. 첫째, 안보, 경제, 정체성 세 영역 고유의 작동원리를 경험적으로 보여준 후, 둘째, 세 영역 간 상호작용을 안보-경제-정체성 넥서스로 개념화한 후 이들 간 부정적 연쇄(혹은 악순환 구조) 혹은 위험의 연쇄(risk chain)가 작용하는 경향을 밝히는 동시에 긍정적 연쇄(혹은 선순환 구조)의 가능성을 탐색해 본다. 셋째, 이 글은 이 세 영역 간 연쇄구조가 일정한 제약 속에서, 즉 제한된 갈등 속에서 균형을 이루는 현상이 존재함을 지적하고자 한다. 즉, 전면적 갈등이나 전면적 협력의 양극단으로 진전이 조절, 억제되는 가운데 연쇄구조의 차이가 경험적으로 존재한다는 것이다. 끝으로 신흥안보위험의 창발은 이러한 동북아 위험 넥서스와 연결되어 연쇄반응의 가능성을 높이는 측면이 있음을 예상할 수 있다.

## II. 고전지정학적 개념으로서 동북아

동북아시아란 언어는 고전지정학을 담는 개념이라 할 수 있다. 원래 동북아(Northeast Asia)는 1930년대 미국이 아시아 대륙을 횡단하는 소련과 만나는 접점의 지역을 지칭하였다. 스탈린의 소련이 사회주의 계획경제체제를 통해 다시 강대국으로 등장, 동진하면서 일본 제국에 압박을 가하고 태평양으로 진출하여 미국과 부딪치는 최전선(frontier)이고 소련의 영향력을 차단해야 하는 지정학적 공간이었다(손열 2012). 이러한 미국의 문제의식은 일본의 진주만 침공, 전쟁 말기 소련의 개입으로 확인되었고, 전쟁이 끝난 후 미국은 국무성 편제에서 중국과 및 일본과와 별도로 동북아과(Office of Northeast Asian Affairs)를 설치해 한반도와 미-일-중-소 지정학 관계를 담당하게 하였다. 이후 동북아는 냉전이 전개되면서 미-소 간 혹은 자유진영과 공산진영이 첨예하게 대립하는 지역공간으로 인식되었다.

탈냉전과 함께 동북아는 지역 안보체제를 새롭게 구축하는 단위로서 재부상하였다. 당시 북-중-러와 한-미-일로 분단된 6개국을 하나의 단위로 통합하는 의미를 가진 동북아 공간은 한국이 북방정책으로 북한문제를 풀려는 시도의 장으로서 개념화되었다. 동북아평화협력회의로부터 6자회담에 이르기까지 동북아는 다자안보협력체제 수립을 둘러싼 여러 노력이 경주되었으나 성과를 거두지 못하고 중국의 부상에 따라 동북아는 미중 양 강의 경쟁공간으로 변화되었다. 다시 말해서 동북아는 세력균형을 넘는 대안적 안보질서를 마련하지 못했고 미중 양대 세력 간 이른바 "투키디데스 함정(Thucydides Trap)", 즉 신흥세력의 급부상(아테네)에 따라 기성세력(스파르타)과의 세력균형의 변화가 야기되어 지정학적 갈등과 전쟁이 초래되는 역사의 재연을 우려하게 되었다(Allison 2015).

동북아가 고전적 지정학이 전형적으로 부활하는 지역으로 지목되는 이면에 미중 양 세력 간 경제력 변화가 일어나고 있음은 주지의 사실이다. 아태지역에서 중국은 지속적인 경제성장으로 미국과 경제력 격차를 축소하고 이에 따라 미국의 군사적 우위와 국제적 지도력에 도전하고 있다. 1980년 구매력 기준으로 중국은 미국 GDP의 10%, 미국 수출량의 6%에 불과하였으나 2014년 각각 101%, 106%로 미국을 상회하는 지경에 이르렀다. 1980년 네덜란드보다 작은 규모의 중국경제가 불과 한 세대 만에 미국을 따라잡는 속도를 보인 만큼 양국 간 지정학적 갈등이 유발될 가능성은 높다고 볼 수 있다. 향후 미중 간 경제력 격차의 축소와 역전의 속도가 빠르게 진행될 경우 부상국은 기성질서의 정당성에 도전하고 수정을 본격적으로 요구하면서 안보딜레마를 초래할 것이고 이에 따라 주변국의 외교정책적 선택폭은 크게 축소될 것이다. 반대로 미중 간 역전이 완만하게 전개될 경우 상호 적응과 진화의 여지가 부여되어 안보갈등 완화 메커니즘이 형성될 수 있고, 따라서 주변국의 외교정책적 선택 여지는 상대적으로 넓어질 수 있다.

어느 쪽이든 현재 동북아는 중국이 차별적 경제성장으로 미국과의 격차를 축소하면서 미국의 지도력과 미국 중심 질서의 정당성에 대한 의문과 도전을 다양한 형태로 펼치고 있다. 중국은 군사 면에서 여전히 미국에 열세이므로 미국과는 신형대국관계를 "불대응 불충돌, 상호존중, 합작공영" 3원칙하에서 추진하고 있고, 주변국과는 신형주변외교, 친성혜용(親誠惠容), 운명공동체 건설, 그리고 주요 수단으로서 일대일로(一帶一路)를 추진하고 있다. 특히 일대일로 전략을 위해 실크로드기금(400억 달러)과 AIIB(아시아인프라투자은행, 1천억 달러 규모)를 설립하고 RCEP, FTAAP 등을 통해 미국주도 경제질서의 정당성을 비판하면서 장기적으로 대체하려는 제도적 노력을 경주하고 있다. 군사적으로도 미국에 도전할 수 있는 군사비 증가(2005년 이후 평균 9.5% 증가율), 신무기 개발을 추구하고 대만과의 관계개선, 동남아

해양 핵심 지역에 대한 영향력 증가 등 지정학적 플랜도 추진해 가고
있다.

　반면, 미국은 아시아 재균형(Asia rebalance)을 기치로 전통적 동
맹네트워크의 강화, 파트너십의 확대, 지역다자제도 추진, 환태평양경
제동반자협정(TPP)을 중심으로 한 무역과 투자의 확대, 군사력 전진
배치, 민주주의와 인권 등 보편적 가치외교 추진 등 복수 층위에서 아
시아 개입을 강화해왔다. 동맹을 토대로 한 안보질서, APEC을 중심으
로 한 경제질서란 기성질서에 새로운 층위를 보강하여 지도력을 유지
하려는 구상이다. 그러나 경제의 상대적 쇠퇴에 따라 축소전략을 선택
해야 하는 조건하에서 미국은 강대국으로 발돋움한 중국을 유효하게
견제, 관여하기 위해서 동맹국의 적극적 역할을 요청해왔고, 아베정권
하의 일본은 이에 기동적으로 대응하면서 미일동맹을 축으로 중국 견
제를 본격화하고 있다. 작년 4월 28일 미일공동비전성명은 미국의 "아
태 재균형 전략"과 일본의 "국제협조주의에 기반한 적극적 평화주의"
의 결합을 통해 지역과 세계의 평화와 번영을 확보하기 위해 긴밀히
연대하겠다는 선언이며, 구체적으로 군사, 무역, 투자, 개발, 인터넷거
버넌스 등에 대해 투명성(transparent) 높고, 룰에 기반한(rule-based)
전향적 접근을 통해 지역의 안정과 번영을 위해 상호 협력하겠다는 선
언 이면에 양국은 중국 견제를 위한 공조를 숨기지 않고 있다.

　"미일 vs. 중국"이라는 대립구도가 동북아 지정학의 최상위에 있
다면 그 하위에는 한미동맹, 미국-호주동맹, 북중동맹과 함께 미-대만
관계가 위치하고 있다. 이러한 지배적 동맹 논리와 함께 주목해야 할
점은 역사적으로 동북아 지역은 19세기 유럽의 근대 국제질서를 강제
적으로 수용하면서 주권과 영토 간 불일치 현상을 드러내고 있다는 데
있다(전재성 2011). 이는 동남아, 중동과 아프리카 등 탈식민지 지역에

공통되는 특징이기도 한데, 명확한 영토적 경계와 정치적 권위가 정확히 중첩되지 않는 전통질서로부터 양자가 중첩되는 단위체에 근거한 베스트팔렌 체제로 변환되는 과정에서 한반도와 대만, 센카쿠, 쿠릴 등 영토를 둘러싼 서로 다른 정치체 간의 경합이 지정학적 경쟁으로 재현되고 있다. 따라서 동북아 공간에는 근대 국제체제의 지정학적 경쟁과 동북아 고유의 현상으로서 지정학적 경쟁이 착종하는 현실이 존재하며, 주요국 간 안보관계는 보다 경쟁적인 양상을 띨 수밖에 없다. 이런 점에서 동북아의 평화는 주요국(지도자)들의 현명한 판단의 결과(peace of the prudent)라는 표현은 적절해 보인다(Kahler 2013).

## III. 탈-고전지정학적 흐름

동북아 안보의 세계가 세력균형 논리에 따른 지정학적 경쟁과 협력의 장이라면 경제의 세계는 자본의 논리가 작동하는 비지정학적 경쟁과 협력의 장이다. 경제주체는 재생산을 통한 자본의 체계적 증식으로 이윤을 획득하고자 경쟁하며, 자본 축적이 국경을 넘는 생산 및 유통 네트워크를 통해 이루어지므로 비지정학적 경쟁, 초국적 상호의존의 네트워크 속에서 경쟁하고 있다. 일본, 한국, 중국 등 동북아 국가들은 1970년대 들면서 군사력 신장보다는 경제발전과 국민의 생활조건 향상에 정책의 초점을 맞추면서 경제성장과 수출증대를 정치적 생존 혹은 정권의 정당성의 기초로 삼아왔다(Soligen 2007). 이들은 경제적 성공을 위해 안정적인 대외환경과 국제협력을 선호하는 입장을 견지하였으며, 자유무역협정(FTA)이나 지역금융협력을 적극적으로 추진해 왔다. 나아가 자국의 경제발전 프로젝트를 새롭게 부상하는 지역적 생산 네트워크와 연계하는 정책을 추진하고 이에 따라 다국적 기업의 초국적 생산활동을 적극 지원하게 된다.

새로운 생산 네트워크의 핵심은 경제가 국가를 경계로 조직되어지는 것이 아니라 생산 단위 간에 국경을 넘는 분업의 네트워크가 조직되고 이에 따라 생산과 유통, 소비가 이루어지는 데 있다. 이론적으로 이를 국제분업의 제2차 언번들링(unbundling)이라 부른다. 국제분업이 비교우위에 입각한 산업 단위의 분업으로부터 생산공정 또는 태스크 단위의 국제분업으로 크게 변모하고 있는바, 동아시아 지역은 제조업을 중심으로 제2차 언번들링에 의한 생산네트워크 혹은 가치사슬(value chain)이 가장 진척되고 있는 지역이라 할 수 있다(Baldwin 2011). 역내 다국적 기업들은 이 네트워크를 주도하거나 주도적으로 참여하는 한편 관련 국가들은 이 네트워크가 원활히 작동하도록 생산 블록을 연결하는 서비스 링크와 각국 국내(behind the border)의 사업 환경 정비를 위한 정책협조에 나섰다. 그 결과 역내 투자 물량과 비중이 급격히 증가하고 이에 따라 생산이 증가하고 역내 무역비중도 상승하면서 상호의존이 심화되는 현상이 나타나고 있다. 1990년대 동아시아의 최대 수출상대국이 미국이었던 반면 2015년 역내무역의 비중이 56%로 상승하여 유럽연합의 유사한 수준이 되었으며 중국이 역내 무역 네트워크의 허브가 되어 역내 국가들의 최대 수출국으로 등장하게 되고 동시에 중국은 이들에 대해 예외 없이 무역역조를 기록하게 된다.

한편 중국은 미국에 대해 무역흑자를 기록하고 있다. 미국의 대중국 적자는 1999년 684억 달러에서 2015년 3671억 달러로 확대되어 그 규모는 전체 무역적자의 40%를 상회하고 있어 양국 간 무역마찰의 원천이 되고 있다. 그러나 양국 간 수출입 통계는 양국 간 경제관계의 복합성을 제대로 드러내 주지 못한다. 예컨대 미국 다국적 기업이 해외(주로 아시아 국가)로부터 부품을 중국으로 들여와 조립, 가공하여 미국시장으로 수출하는 경우이다. 크리스텐슨(Christensen)은 2008년 중국 수출품의 반 이상이 외자계 기업에 의한 제조품이며 하이테크 제품의 경우는 90% 이상이라 보고 있다. 따라서 이는 "메이드인 차이나(made in China)"라기보다는 "중국 조립품(assembled in China)"이라 할 것이다(Christensen 2015, 44).

다소 다른 형태의 상호의존은 금융부문에서 이루어지고 있다. 중국은 막대한 대미 무역흑자를 미국의 국채 매입에 사용하고 있다. 중국이 보유한 대외자산 중 66%를 차지하고 있는 외환보유고의 상당 부분이 미국채로서, 보수적 평가로도 약 1.6조 달러 규모의 미국채권을 보유하고 있는 것으로 알려져 있다. 이러한 현상은 중국이 내부적으로 창출하지 못하는 수요를 미국에 의존하고, 반면 미국은 소비 금융을 위해 중국에 의존한다는 것이다. 이런 가운데 만일 중국이 부채 청산 위협으로 미국을 압박하는 순간 달러화 가치 하락에 따라 중국 외환보유고가 대폭 축소되는 한편 대미 수출이 급감하여 자국 경제가 추락하는 달러함정(dollar trap)에 빠질 수 있다. 이른바 금융테러의 균형(balance of financial terror)으로서, 상호 파괴에 대한 두려움이 과도하게 불안정을 가져오는 행위를 강력히 억제한다는 뜻이다(Summers 2004). 미중경제는 복합적 상호의존 네트워크로 연계되어 있다.

한편 동아시아 국가들은 1997년 동아시아 금융위기 이래 금융협력에 상당한 성과를 거두고 있다. 아세안+3(ASEAN+3, Association of Southeast Asian Nations Plus Three)를 중심으로 역내 금융안전망 확충, 역내 금융시장 활성화, 그리고 역내 환율 안정이라는 세 가지 방향에서의 발전이 그것이다. 긴급유동성 제공에 초점을 둔 역내 금융안전망 확충과 관련해서는 2000년 치앙마이 이니셔티브(CMI, Chiang

Mai Initiative)의 양자 간 통화교환협정에서 출발하여 2010년 다자화에 성공하여 치앙마이 이니셔티브 다자화(CMIM, Chiang Mai Initiative Multilaterlization)로 발전하며, 2011년 5월에는 역내 금융 감시기구인 아세안+3 거시경제 감시기구(AMRO, ASEAN+3 Macroeconomic Research Office)가 출범되어 IMF에 의존하지 않는 지역 독자적 감시 기능을 확보하게 되면서 아시아통화기금(AMF, Asian Monetary Fund)의 창설 가능성을 높여주었다. 둘째, 2002년 출범한 아시아채권시장 이니셔티브(ABMI, Asian Bond Market Initiative)는 이른바 금융 디커플링(financial decoupling)을 통해 서구 중심의 세계 금융위기가 동아시아 지역에 미치는 영향을 줄이기 위해 점진적으로 발전해 왔으며 동일한 금융 규범과 규제를 공유하는 역내 채권시장 통합을 향해 제도화를 추진해 왔다. 셋째, 통화위기를 예방하기 위해서 '아세안+3 경제 리뷰와 정책대화(ERPD, Economic Review and Policy Dialogue)'라고 불리는 역내 경제 감시(surveillance)를 CMI의 틀 안으로 통합, 강화했다. 재무대신 대리 회의에서는 피어 프레셔(peer pressure)를 통해 거시 경제 상황 및 금융부문의 건전성을 상호 감시하는 프로세스가 실행되고 있고 상설 감시 기관으로서 '아세안+3 거시경제 연구소'가 싱가포르에 설립되었다.

이렇듯 경제의 장에서 상호의존의 네트워크 심화는 한중일을 중심으로 대만과 아세안, 미국 사이에 복합적으로 전개되고 있으며 이를 바탕으로 지역제도화의 시도가 이어지고 있다는 측면에서 안보의 장과 차별적인 모습을 보여주고 있다. 이러한 물질적 차원과 달리 정신적 차원에서 동북아 질서는 국가, 기업, 시민사회단체 등 여러 행위자들의 행위가 집합적으로 형성된 관념에 영향을 받고 있다. 즉, 경제나 안보의 넥서스란 물질적 조건뿐만 아니라 행위를 구성하는 정체성과 규범이 중요하다는 점이다. 동북아에서는 전근대 중국제국과 근대 일본제국의 기억은 상대적으로 짧고 격렬한 근대이행기와 급속한 근대화 과정을 거치면서 역내 국가와 국민들에게 분열된 결과로 저장되었고, 외교적 갈등을 초래하는 주요 요인이 되고 있다.

국가정체성이란 자국의 역사를 해석하는 것이고 그 사회의 집합적 기억을 구성하는 신념과 가치를 담는 것이다. 국가의 기억이란 종종 일관되지 못하고 선택적이어서 그 사회의 어떤 집단이 집합적 기억을 대변하는가에 따라 달라지며, 그 집단의 교체에 따라 국가정체성의 전환이 일어나고 국익의 범위도 변경되게 된다. 또한 국가정체성을 둘러싼 나와 남의 격차, 즉 국가정체성의 인식의 괴리는 해당 국가 간 갈등을 야기하기도 한다. '중화민족의 위대한 부흥,' '강한 일본의 부활,' '미국의 위대한 부흥(Make America Great Again)' 등의 국가정체성의 변환을 요구하는 구호를 그 사회의 어느 집단, 어느 지도자가 대변하는가에 따라 그 국가가 실제 보유하고 있는 군사력이나 경제성장 전망 등 물질적 능력과 비례하지 않는 위협 혹은 안전감을 주변국에 줄 수 있다. 비근한 예는 아베신조의 집권에 따른 일본의 정체성 변화이다. 2012년 아베 정권의 출범과 함께 아베 총리의 우익적 정체성 정치는 고노담화 재검토, 침략 발언, 야스쿠니신사 참배 등으로 재현되었다. 그는 강한 일본의 부활을 위해서는 새로운 국가정체성에 근거한 애국심의 고양이 필요하다는 신념하에 전후 질서는 승자의 정의(victor's justice)에 기초하여 일본 정체성의 부정적 측면을 강조해 왔음을 비판하고 일본 근대사의 영광과 영예를 부각하는 새로운 역사관을 정립한다는 역사수정주의적 담론을 주창하였다.

일본 지도층의 일본근대사 긍정론은 한국민들에게 침략의 역사를 미화하고 군국주의를 부활하는 시도로 인식되어진다. 〈그림 3-1〉에서

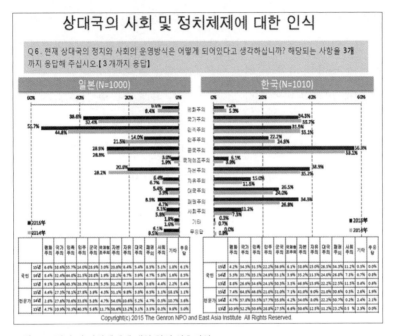

**그림 3-1.** 정치 및 사회체제에 대한 한일 상호인식

출처: EAI-言論NPO(2016), p. 8.

보듯이 한국민의 56%가 일본의 정체성을 군국주의로 정의하고 있다. 따라서 보통국가 추구의 일환으로서 군사력 신장, 군사적 역할 확대 등 신안보노선은 한국의 위협인식을 증폭하는 것이다. 일본경제가 제로성장을 탈피하기 어려운 구조적 제약과 사회보장 비용의 증대에 따른 군사비 증강의 어려움 등을 고려할 때 동북아 형세에서 일본의 지위 상승을 기대하기 어려운 현실에도 불구하고 일본의 안보위협 우려가 증가한 사실은 실재로서의 위협이라기보다는 구성된 위협이라 할수 있을 것이다. 나아가 스스로를 여전히 평화주의로 인식하는 일본인들의 정체성 인식과 커다란 괴리를 보이고 있다는 점에서 양국 간 갈등이 예정될 수밖에 없다. 식민지 제국주의 일본에 대한 아베총리의 긍정적 발언은 일본의 보수적 정체성 정립을 위한 담론의 실천이고 이를 한국의 반일 정체성을 정면 부인하는 것으로 받아들이는 박근혜 대통령의 강력한 비판, 그리고 일본군 위안부 문제를 통한 일본 제국주의 지배 비판과 반일 정체성 강조 노력, 아베 총리의 사과(apology) 외교 거부 등 일련의 정체성 충돌이 이어졌다. 정체성의 정치는 한국의 중국경사론을 낳았으며 미일관계의 강화, 중일 간 안보딜레마를 초래하는 지정학적 결과를 야기하였다(Sohn 2016).

## IV. 복합지정학의 논리: 안보-경제-정체성 넥서스

이상에서 기술한 대로 동북아 지역질서는 고전지정학적 논리가 작동하는 안보영역, 탈지정학적 논리가 작동하는 경제영역, 그리고 비판지정학적 논리로 구성되는 정체성영역이 공존하지만 이 셋이 독립적으로 존재하는 것이 아니라 서로 연결되는 이른바 안보-경제-정체성 넥서스(nexus)를 이루고 있어 각 영역 간 긍정적 혹은 부정적 연쇄반응 혹은 전이효과(spillover effect)가 초래된다(손열 2014; Sohn 2015). 오늘날 동아시아의 문제는 지역질서의 각 영역 간 선순환 구조(virtuous cycle)가 쉽게 정착하지 못하고 있다는 데 있다. 전후 서유럽에서는 안보를 확보하기 위해 지역적 경제협력 기제를 마련하고 이에 따라 경제적 상호의존이 진전되면서 경제적 번영과 함께 안보경쟁이 완화되어 공통안보(common security)가 성취되고, 나아가 지역의 집합정체성 구성을 추동하는 이른바 경제-안보-정체성의 선순환 구조가 형성되었다. 이는 이상주의, 자유제도주의, 구성주의 전통이 결합한 것으로서 긍정적 전이효과의 연쇄와 self-reinforcing feedback loop가 만들어지면서 평화와 번영을 가져온다는 것이다. 그러나 전후 유럽의 선행조건들, 즉 경제적 상호의존과 민주주의 이행이 본격화되기 전에 전쟁의 폐해를 극복하려는 강력한 안보 요구와 이념적 정체성이 대두 되었던 점을 상기해 보면 전이효과의 연쇄는 동북아에서 재현하기에 대단히 역사적으로 특수한 경험임을 쉽게 이해할 수 있다.

반대로 동북아는 경제적 경쟁, 안보 긴장, 정체성 갈등이 부정적 연쇄반응을 야기하고 불안정한 악순환(vicious cycle)의 연쇄과정을 만들어내고 있다고 볼 수 있다. 냉전이 종식되면서 국가 간 안보경쟁 은 약화되었지만 국가 중심 민족주의는 또 다른 형태로 경쟁을 야기했 고, 동아시아 역내 경제 상호의존이 급속히 심화되었지만 안보경쟁성 은 크게 줄어들지 못했다. 국가 간 시민사회 교류와 연대 등 지역의 집 합정체성을 구성하려는 노력만큼이나 민족주의적 열정을 기초로 한 정체성의 대립과 갈등이 건재하고 있다. 안보경쟁은 정체성 갈등과 연 계되어 경제적 상호의존을 축소시키고, 이에 따라 안보적 대결의 확대 를 자제하게 하는 경제적 압력을 약화시키는 부정적 연쇄반응을 일으 킬 수 있는 것이다. 〈그림 3-2〉는 이러한 연쇄과정을 묘사하고 있다.

미중관계를 예로 들자면, 경제적 상호의존의 심화 현상을 배경으 로 시진핑 주석은 과거 세력전이에 따른 패권갈등 및 전쟁의 양상과 현재 미중 간 관계는 질적으로 다르다는 전제로부터 '신형대국관계'를 주창하고 있고, 힐러리 클린턴 전 국무장관은 "상호의존은 상대국이 잘 하지 않으면 자국이 성공할 수 없는 관계여서 미국은 과거와 완전 히 다른 미래를 써 나가야 한다"며 양국이 '투키디데스 함정'을 극복하 고 상호의존에 기반한 새로운 미래를 설계해야 한다고 화답하였지만, 양국 간 경제적 경쟁은 건재하며(Mastanduno 2014), 에너지 불안정성 에 따른 지정학적 경쟁도 증대되고 있다(Cohen and Kirshner 2012).

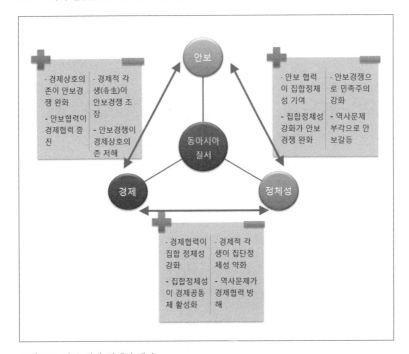

**그림 3-2.** 안보-경제-정체성 넥서스

미국이 무역질서 구축 방안으로 환태평양동반자협정(TPP)을 추진하는 반면 중국이 RCEP 등으로 대항하는 이면에는 경제적 상호의존의 심화 추세를 제도적으로 담지하려는 노력보다도 자국에 경제적, 정치적으로 유리한 질서를 구축하려는 양자 간 경쟁이 작용하고 있다. 이런 현상은 역내 FTA 확산 현상이 경제적 동인이라기보다는 정치, 전략적 경쟁의 산물, 즉 '정치적 도미노 효과(political domino effect)'라는 레벤힐(Ravenhill 2010)의 주장과 궤를 같이 한다. APT, EAS, CJK 정상회의, APEC 등 역내에 존재하고 있는 다양한 지역다자제도들이 다양한 수준의 상호작용을 거쳐 기능적으로 분화하거나 하나의 제도로 수렴되어야 함에도 중첩적으로 공존하고 있는 것은 역내 주요 국가들이 지역 제도를 전략적 경쟁의 수단으로 활용하고 있다는 반증이기도 하다(이승주·방은혜 2016).

　이른바 '안보-경제 넥서스'는 이러한 동북아 정치경제관계를 잘 표현해 주고 있다. 경제적 관계에서 안보경쟁이 중요 요인으로 작용함과 동시에 안보관계 역시 경제적 상호의존에 일정한 영향을 받는다는 것이다(Goldstein and Mansfield 2012; Pempel 2013). 냉전기 동북아는 주로 안보의 세력균형 논리가 경제의 자본 논리에 영향을 미친 사례라 할 수 있다. 경제관계가 안보경쟁의 단층선으로 분단되고 우방국 간의 교역, 적성국과의 교역이 제한된 냉전의 정치경제라 할 수 있다. 그러나 교역의 증가에 따라 동아시아에서는 부챗살 동맹구조와 함께 경제적 다자주의라는 이중구조가 형성되었고, 탈냉전기에 들면서는 안보경쟁의 완화에 따라 다양한 기능과 역할을 담당하는 지역제도들이 탄생하였다. 그럼에도 불구하고 안보제도의 기능적 한계성과 경제제도의 기능적 중복성에서 드러나듯이 지정학 혹은 지경학적 목표에 따라 국가의 지역제도에 대한 약속의 강도가 좌우되는 측면을 볼 수 있다. 2010-12년 미국의 TPP 교섭 가입 권유를 둘러싼 미중의 지경학 논리와 그 사이에 놓인 일본과 한국의 결정의 상이, 그리고 2014-15년 AIIB 가입문제를 둘러싼 미중 경쟁과 그 가운데에서 일본, 한국과 호주의 선택 차이는 지경학적 고려의 차이에 따른 결과라 할 것이다.

　한편, 동북아에서 정체성 요인은 악순환 구조를 촉발하는 주요 요인이라 할 수 있다. 구성주의자들에 따르면 정체성이 국익을 형성한다는 점에서 분명 독립변수이나 그 구성은 물질적, 구조적 요인에 의해 형성된다는 점에서 정체성 요인과 안보-경제 넥서스는 서로 삼각관계의 넥서스를 구성한다고 이해할 수 있다. 여기서 주요 행위자의 정체성 변화와 이를 인지하는 주변국(경쟁국)의 비판적, 부정적 대응은 국익의 충돌로 이어질 수 있다. 예들 들면, 중국이 국가적 자신감을 회복함에 따라 근대이행기 국가적 수치(세기의 치욕)에 대한 오래된 감정이 악화되어 그 결과 대일관계가 악화되는 현상이 발생하고 있다(Callahan 2011). 또한 스즈키(Suzuki 2008)에 따르면 중국이 오랫동안 역내에서 주변국을 침략했던 역사적 사실을 덮기 위해 새로운 국가정체성 구성을 필요로 하게 되었고 중국을 일본의 희생양으로 규정하고 중국의 정체성에 도덕성을 부여하는 전략적 노력을 경주하고 있다는 것이다.

　일본의 경우, 아베 정권의 보수적 정체성 구성 노력은 식민지 제국주의 근대사를 미화하는 작업으로 연결되어 한국과 중국 등 주변국의 분노를 사고 오히려 군국주의적 정체성을 얻게 되어 애당초 목표로 한 보통국가화 노력을 저해하는 결과를 가져왔다. 한일관계 악화로

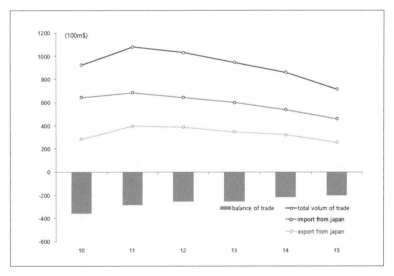

**그림 3-3-1.** 한일무역관계(2012~2015)
출처: Sohn(2018).

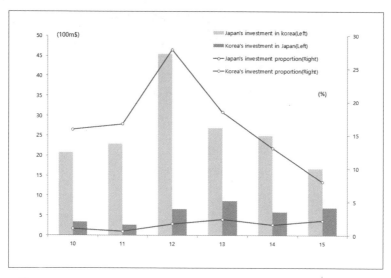

그림 3-3-2.

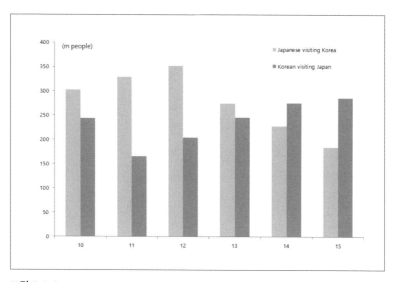

그림 3-3-3.

양국 간 안보협력이 어렵게 되고, 한국의 중국경사를 초래하여 미국이

주도하는 한미일 삼각안보 협력을 저해하였다. 나아가 한일 간 정체성 갈등은 경제영역에도 부정적 영향을 미쳤는데, 2012년 8월 이명박 대통령의 독도방문과 천황의 사과발언 요구로 양국관계가 냉각된 이래 양국 간 무역량은 2012년 1080억 달러에서 2015년 710억으로 급격히 감소하였고, 일본의 대한국 직접투자(FDI) 역시 46억 달러에서 13억 달러로, 일본인 한국 방문객 수는 같은 기간 50% 감소하였다. 양국 간 통화스와프는 700억 달러 규모에서 2015년에는 전액 해소되었다.

## V. 결론을 대신하여: 복합지정학과 균형의 작동

제2차 대전 후 동북아 역사를 보면 안보, 경제, 정체성의 선순환 혹은 악순환이 극단으로 치닫지 않았음을 지적할 필요가 있다. 선순환을 저해하는 경쟁적 요소의 작용은 익히 인지되는 한편, 악순환이 파국으로 이르지 않도록 일정한 균형의 힘이 작동하는 것도 사실이다. 다시 말해서 세 요소 간의 연쇄작용은 제한된 긴장의 범위 내에서 이루어진다는 점이다. 예컨대, 중국과 일본 간에 정체성과 안보 갈등이 연쇄되어 증폭되어지더라도 양국 간 경제적 요소에 의해, 즉 교역의 중단에 따른 경제적 고려가 작용하여 악화를 일정하게 저지하는 효과가 나타난다. 센카쿠 갈등의 경우 양국 간 전통적, 전략적 경쟁의식이 역사문제를 둘러싼 정체성 갈등으로 증폭되어 안보갈등을 야기하였지만 이것이 군사적 충돌로 이어지지는 않았던 이유는 양국 간 경제적 상호의존이 균형력으로 작용하였기 때문이다. 펨펠은 동북아 지도자들이 민족주의적 열정과 군사적 긴장 상황에도 불구하고 평화를 유지할 수 있었던 이유는 이들이 경제적 안정과 발전을 우선시하였기 때문이라 주장한다(Pempel 2013). 마찬가지로 한일 간 정체성 갈등이 안보 협력을 저해하고 경제적 손실을 감수하는 지경에 이르렀지만 결국 미국의 지정학적 이익의 경계를 넘지 않는 선에서 한일 양국이 타협(2015년 12월 26일 위안부 합의)을 이룬 사례도 들 수 있다. 이 경우 미국의 동맹 이익이 한일의 정체성 갈등과 안보경쟁의 악화를 저지하는 균형력으로 작용하였다고 할 수 있다(Sohn 2016).

역사적으로 역내 국가들은 안보와 경제의 분리, 즉 정경분리 원칙을 준수하기 위해 노력해 왔다. 1970년대와 80년대 일본은 일관되게 중국과 경제협력에 기반한 정치적 화해와 협력 전략을 추구해 왔으며 역사문제는 덮어두고 중국에 대한 경제지원과 무역/투자 확대에 집중해 왔다. 1990년대 천안문 사태로 정치적 관계가 악화되고 역사문제가 분출하였지만 경제관계는 지속하는 이른바 정냉경열(政冷經熱)의 이중구조를 유지할 수 있었다. 한일관계 역시 이 원칙을 결정적으로 위반하면서 부정적 전이효과를 지속적으로 야기한 경우는 드물다.

동북아 고유의 복합지정학 논리들은 기후변화, 생태환경 오염, 빈곤과 수자원 고갈, 식량부족, 질병의 확산, 테러, 난민 및 불법이민 급증, 원자력안전, 사이버테러 등 새로운 안보 위험의 창발과 연계되고 있다. 이런 이슈들은 지리적 경계를 넘어 초국가적 현실로 다가오고 있으며 동북아 지역 역시 예외는 아니어서 이 지역도 점차 새로운 위험에 노출되고 있으며 따라서 새로운 지역 거버넌스 체제가 요청되고 있다. 동북아 공간의 특수성은 이러한 위험요소들이 동북아의 지정학적 성격과 상호작용하는 데 있다. 이러한 요소들은 동북아 지정학의 선순환 구조를 이룰 수 있으며 악순환 구조를 이룰 수도 있다. 신안보 위험은 국가 간 협조의 동학 속에서 완화될 수도, 악화될 수도 있는 것이다. 또한 새로운 안보위험이 역내 국가 간 협력을 추동할 수도, 반대로 역내 국가 간 갈등이 새로운 안보위험의 증폭을 야기할 수도 있다. 이런 점에서 동북아 지역의 안보거버넌스는 기존의 전통적인 국가 간 협력의 논리와 함께 탈근대적으로 탈지정학적 운동의 논리가 상호복 합적으로 작용하는 현실에 기반하고 있다. 따라서 향후 연구과제는 이러한 상호작용과 복합의 과정을 구체적으로 해명하는 일이 될 것이다.

# 참고문헌

김상배 편. 2016.『신흥안보의 미래전략: 비전통 안보론을 넘어서』사회평론아카데미.

손 열. 2012. "지역공간의 개념사: 한국의 '동북아시아'." 『근대한국의 사회과학 개념 형성사 2』창비.

_____. 2014.『공생과 번영의 동아시아 다자질서 건축전략』동아시아연구원 연구보고서.

이승주, 방은혜. 2016. "동아시아 지역아키텍쳐의 재설계의 국제정치경제." 『사회과학연구논총』제31권 제2호.

전재성. 2011.『동아시아 국제정치』동아시아연구원.

제4회 한일공동인식조사 주요결과보고서. 2016. EAI-言論NPO. (http://www.eai.or.kr/ type_k/panelView.asp?bytag=p&catcode=+&code=kor_report&idx=14699&page=4)

Allison, Graham. 2015 "The Thucydides Trap: Are the U.S. and China Headed for War?" *The Atlantic*.

Baldwin, Richard. 2011. "21st Century Regionalism: Filling the gap between 21st century trade and 20th century trade rules." *Centre for Economic Policy Research Policy Insight* no. 56.

Callahan, William 2011. "Tienxia, Empire and the World: Chinese Visions of World Order for the Twenty-First Century." William Callahan and Elena Barabantseva eds., *China Orders the World*. JHU Press.

Christensen, Thomas. 2015. *The China Challenge: Shaping the Choices of a Rising Power*. NY: Norton.

Goldstein and Mansfield. 2012. "The political economy of regional security in East Asia." *The Nexus of Economics, Security, and International Relations in East Asia*.

Kahler, Miles. 2013. "The Rise of Emerging Asia: Regional Peace and Global Security." PIIE Working Paper Series 13-4.

Kirshner, Jonathan and Danielle Cohen. 2012. "The Cult of Energy Security and Great Power Rivalry across the Pacific." Goldstein and Mansfield eds., *The Nexus of Economics, Security and International Relations in East Asia*. Stanford University Press.

Mastanduno, Michael. 2014. "Order and Change in World Politics: The Financial Crisis and the Breakdown of the US-China Grand Bargain." in G. John Ikenberry ed. *Power, Order and Change in World Politics*. Cambridge: Cambridge University Press.

Pempel, T. J. 2013. *The Economic-Security Nexus in Northeast Asia*. NY: Routledge.

Ravenhill, John. 2010. "The 'new East Asian regionalism': A political domino effect." *Review of International Political Economy* vol. 17, no.2.

Sohn, Yul. 2015. "Abe Shinzo Effect in Northeast Asia : The Interplay of Security, Economy and Identity." *Asian Perspective 23* (August-October, 2015).

_____. 2016. "South Korea Deals With Abe's Japan : The Identity-Security-Economy Nexus in a Turbulent Relationship." mimeo.

_____. 2018. "Japan and South Korea : The Security-Economic-Identity Nexus in a Turbulent Relationship." Sohn and Pempel eds., *Japan and Asia's Contested Region*. Palgrave Macmillan.

Soligen, Etel. 2007. "Pax Asiatica versus Bella Levantina : the foundations of war and peace in East Asia and the Middle East." *American Political Science Review* 101.04

Summers, Larry. 2004. "The United States and the Global Adjustment Process." Peterson Institute for International Economics, March 23, 2004.

Suzuki, Shogo. 2008. "Ontological Security in Sino-Japanese Relations." mimeo.

# 제4장

# 남북한 관계의 복합지정학

전재성

# I. 서론

21세기 초 남북한은 한반도라는 영토를 놓고 경쟁하고 있다. 서로 한반도에 대한 배타적 소유권을 가지고 있다고 주장하며, 상대방 정부의 정당성을 부정하고 있다. 영토에 대한 배타적 소유가 당연한 것 같지만 이는 시대적으로 구성된 생각이다. 하나의 영토에 대해 복수의 정치권력이 동일한, 혹은 상이한 권한을 소유하도록 인정될 수도 있고, 심지어 영토에 대해 비배타적인 권한을 인정할 수도 있다. 근대 이전 한중관계에서 한반도의 영토는 천자의 형식적 소유였지만, 한반도 왕조 왕의 운영 권한이 부정된 적은 거의 없다. 유럽연합의 경우처럼, 영토에 대한 배타적 권한이 약해지고 점차 공유의 측면이 강해질 수도 있다.

19세기 말 20세기 초 소위 고전지정학의 사고는 유럽에서 기원한 베스트팔렌 국제정치에서 비롯된 것이다. 따라서 지정학이라는 영토에 대한 사고는 정치집단 간의 조직원리와 밀접한 관련이 있다. 특히 주권과 국민의 개념과 연결되어 영토에 대한 사고가 구성되어 왔다. 베스트팔렌 체제가 비서구 지역으로 강제되면서 영토에 대한 비서구인들의 사고 역시 강제적으로 변화되었다. 남북한이 현재 한반도 영토에 대해 가지고 있는 생각은 전통시대를 거쳐 제국주의를 지나고 냉전과 근대 주권체제를 경험하면서 변화된 과정을 반영하고 있다. 따라서 현재 남북한의 지정학적 경쟁을 연구하려면 단기간 내에 변화된 한반도 영토성에 대한 관념의 변화와 한반도를 둘러싸고 있는 국제정치 조직원리의 변화를 함께 연구해야 한다.

21세기에 일어나고 있는 많은 이슈들은 인간과 국가의 안전에 대한 생각을 바꾸고, 군사안보뿐 아니라 다양한 신흥안보에 대한 관심을 증가시키고 있다. 환경, 재난, 질병, 기술의 발전 등 인간사회의 변화에 따른 변화들이 축적되어 양질전화를 일으키고 결국 이슈화되어, 정치화, 안보화의 길을 걷게 된 것이다. 이들 이슈들의 상당 부분은 국가단위로 해결하기 어려운 문제들이다. 국경을 넘는 초국가 이슈들이 안보화되어 기존의 국가 중심, 영토 중심의 안보문제와 거버넌스에서 충돌한다. 이러한 신흥안보 이슈들이 기존의 영토 관념을 변화시키는 한 계기가 될 것인지는 매우 중요한 일이다. 다양한 이유로 영토중심주의가 약화된 유럽연합의 경우 이러한 신흥 이슈의 안보화는 영토에 대한 관념을 바꾸는 중요한 변수로 덧붙여진 것이 사실이다.

그러나 동아시아는 여전히 강력한 고전지정학적 사고, 영토의 덫에 갇혀 있으므로 베스트팔렌의 조직원리가 강하게 작동한다. 사실 근대 주권국가 유입 이전 동아시아 지리 공간은 권력과 명분의 요소들이 복잡하게 작용하고 있었고, 베스트팔렌의 단순한 고전지정학보다 더 복합적인 지정학의 모습을 유지하고 있었다. 그러나 근대 이행 이후 단순지정학의 권력정치가 압도하였고, 이러한 상황에서 최근 신흥안보 이슈들은 기존의 군사안보 이슈들과 복합되지만, 동아시아 국제정치 전반의 탈영토주의화를 가져올지 미정이다. 복합의 내부 구성과 변화 양상이 동아시아 국제정치의 미래를 결정할 것인데, 이는 각 행위자들이 어떠한 노력을 하는가에 달려 있는 부분이 크다. 바로 이 점이 비판지정학이 주는 실천적, 도덕적 함의일 것이다.

이 글은 첫째, 지정학에 대한 이론적 시각을 국제정치학의 관점에서 간단히 살펴보고, 둘째, 근대 이행기 제국주의와 냉전기 영토 관념을 살펴본 이후, 현재 남북한 지정학 경쟁과 향후 변화 가능성을 살펴보도록 한다.

## II. 서구의 고전지정학에 대한 국제정치적 조망

고전지정학은 지리와 국제정치의 연관관계를 연구하여 국가 행위에 영향을 미치는 지리적 요소들을 연구한다. 마한(Alfred Mahan, 1840-1914), 라이히(Emil Reich, 1854-1910), 리(Homer Lea, 1876-1912), 매킨더(Halford Mackinder, 1861-1947), 스파이크만(Nicholas Spykman, 1893-1943) 등 구미의 지정학자들은 육지와 해양, 자원과 기후 등 자연적 요소와 정치적 요소 간의 상호 결정관계를 탐구하였다. 이들의 사상은 2차 세계대전의 제국적 팽창과 여러 면에서 연결되어 있어서 이후 비판의 대상이 되었지만 여전히 그 유용성은 인정되고 있다. 현실주의 국제정치이론의 계열에서 키신저 등이 지정학적 사고를 명백히 보이고 있고, 브레진스키 역시 국제정치를 지정학적 체스판으로 보고 있다. 최근 중국의 부상에 대한 미국의 대응에서 마한 등 미국 지정학 사고의 중요성을 언급하는 경우도 많고, 유라시아 지역에 대한 미국의 지정학적 대응도 다시 주목받고 있다. 무엇보다 세계화의 경향 속에서 지정학의 부활이라는 명제는 강대국 국제정치의 지리적 측면의 중요성을 강조하고 있다.

고전지정학적 사고는 영토와 지리에 대한 인간의 특정한 사고방식을 보여줄 뿐이다. 고전지정학은 유럽에서 기원한 베스트팔렌 국제정치 조직원리를 떠나서는 논할 수 없다. 정치조직의 경계를 영토적 경계로 설정하는 특수한 조직원리와 이에 기반한 인간의 사고가 고전지정학을 만들었기 때문이다. 인간은 몸을 가진 물리적 존재이며, 장소성을 가지므로 자연환경과의 관계가 지정학의 사고를 당연시하게 할 수도 있다. 그러나 고전지정학은 영토중심주의의 정치적 사고이기 때문에 인간과 물리적 환경의 상호작용이라는 명제 속에서 매우 특수한 사고방식일 뿐이다. 국제정치학에서 정치집단 간의 권력관계의 다양한 역사적 전개과정을 염두에 둔다면 고전지정학은 상대화될 수밖에 없다. 결국 고전지정학에서 나타난 영토 혹은 지리라는 기표는 인간의 사고와 인식이 만들어내는 표상일 뿐이다. 지리가 표상되는 방식은 사실 인간과 영토의 관계라기보다는 지리와 정치라는 기표들 간의 관계이므로 탈근대주의 사상이 말하는 바처럼 상호텍스트성과 지연의 효과를 가진다. 비판지정학은 기존의 다양한 지정학적 사고를 비판하는 메타이론으로서 역할을 수행한다.

그러나 메타지정학 이론으로서 비판지정학이 현재와 미래의 국제정치에서 어떠한 지정학적 사고를 가져올지에 대해 실체적 이론화를 자동적으로 수행하는 것은 아니다. 지리가 국제정치 혹은 지구정치에서 어떠한 역할을 새롭게 맡게 될지는 보다 장기적 관점에서 지리와 정치의 실체를 보며 이론화해야 한다. 고전지정학의 관계는 2차 세계대전 이후 경제적 상호의존이 심화되고 20세기 후반부터 세계화가 진행되면서 심대한 변화를 겪었다. 경제적 상호관계는 영토를 넘어 이루어지며 배타적 국경의 분리 기능은 약화된 것이 사실이다. 유럽의 경우 단일시장과 단일화폐로 초국경적인 경제현상이 강화되면서 결국 국경 자체가 약화되는 결과를 초래했다. 21세기에는 신흥안보 이슈의 등장으로 초국가적 협력이 이루어지고 영토적 배타성이 약화되는 논리와 연결된다. 일례로 쓰나미가 환경파괴를 가져오는가 하면, 2011년 일본 후쿠시마 사태처럼 원자로 파괴로 초국경적 우려를 불러오기도 했다. 이후 재난대비 및 원자력 협력에 대한 초국가적 거버넌스의 필요성에 목소리가 높아지기도 했다.

비판지정학적 관점을 취한다고 해서 인간의 물리적 몸이 근거하는 자연의 중요성이 줄어드는 것은 아니다. 또한 인간집단 간의 경쟁성이 군사력 사용으로 이어지는 논리를 완전히 부정할 수 있는 것도 아니다. 비판지정학이 주는 함의는 인간과 자연 간의 관계, 그리고 인간이 군사력을 사용하는 물리적 근거로서 영토에 대한 인간의 생각이 어떻게 변화되는지를 보여준다는 점이다. 지정학의 부활이라는 명제는 고전지정학이 그대로 부활한다기보다는 배타적 영토중심주의가 다른 형태로 21세기의 국제정치에 일정한 영향을 미치고 있다는 점을 강조한 것이다. 따라서 고전지정학이 어떠한 사고방식이었는지, 현재에 어떠한 부활을 하고 있는지를 명확히 하는 것이 중요하다.

고전지정학은 첫째, 서구에서 베스트팔렌 국제정치의 조직원리가 완성되는 시점과 연관된다. 1648년 베스트팔렌조약으로 근대국가의 주권원칙, 특히 영토적 배타성의 원칙이 확립되었지만 보편화되는 데까지는 많은 시간이 걸렸다. 미국은 유럽의 국제정치에서 지리적으로 격리되어 참여를 유보하고 있다가 19세기 말 미국-스페인전쟁을 계기로 본격적으로 유럽 근대 국제정치에 참여한다. 유럽의 경우 서유럽 강대국들은 근대국가로 변화했지만, 1861년 이탈리아 통일, 1871년 독일 통일이 이루어지기까지는 국가건설과정, 혹은 영토의 배타적 통일성의 형성과정과 국가 간 전쟁이 혼재했다. 그러나 19세기 후반에 이르면서 구미 모든 국가들이 명확한 영토적 경계를 갖게 되었고, 내부의 국가건설과정 혹은 군사적 안정과정을 종료한다. 동유럽 역시 터키의 약화를 틈타 점차 독립의 길로 접어들고 동구와 터키를 포함한 본격적인 지정학적 게임의 장이 열리게 된다. 이후 서구 국가들은 본격적인 상호 전쟁을 준비하게 되었고, 이 과정에서 지정학적 사고는 중요해진다.

둘째, 고전지정학은 서구 국가들의 제국주의 경쟁과 밀접한 관계를 맺으면서 성장한다. 서구 국가들이 내부 근대 이행을 완료한 상황

에서 비서구로 팽창하게 되는데 이 과정에서 제국 간 경쟁이 심화된
다. 마한의 경우 17세기와 18세기 해양 전쟁을 주로 논의하지만 로마
제국부터의 세계 경영과 해양군사력의 관계를 논한다. 제국의 팽창과
정복을 염두에 둔 해양 전략의 중요성이 핵심적 분석 내용이다. 마한
은 국가의 위대성(greatness)을 강조하고 팽창을 전제하고 있다(Ma-
han 1987, 서론 부분). 또한 제국 간 경쟁이 비서구 지역에서 벌어지는
만큼, 비서구의 지리가 서구 제국들 간의 경쟁에 주는 의미가 부각된
다. 유라시아 심장부(hearland) 개념이나 주변지역(rimland) 개념 모
두 지구 전체를 제국 간 경쟁의 지리적 대상으로 놓고 제국 중심으로
사고한 결과이다. 따라서 비서구의 영토는 객체화되고 서구에 대한 유
용성의 관점에서만 정의된다.

셋째, 고전지정학은 군사적 사고의 결과이다. 19세기 초반부터 클
라우제비츠, 조미니 등 많은 군사전략가들은 지리의 중요성과 서구 군
사기술의 발전 정도, 군사전략의 관계를 본격적으로 연구해왔다. 육전
과 해전의 중요성, 이 가운데 지리와 기후의 중요성이 부각되었다. 마
한의 경우 해전을 다루지만 해전과 육전을 연결하여 승전의 조건을 역
사적으로 추적하는 것이 주된 연구의 목적이었다. 매킨더의 경우처럼
조미니의 군사전략에 직접적으로 영향을 받은 경우도 있고, 대부분의
지정학 사상가들은 전쟁을 상정하고 지정학의 사고를 전개했다. 매킨
더는 유라시아의 축(pivot), 혹은 심장부를 지배하는 국가가 세계의 핵
심을 지배하고 결국 세계전체를 지배한다고 논하면서 독일과 러시아
의 팽창을 견제했다(Mackinder 1919, 194). 이렇게 전쟁에서 승리하
기 위한 지리의 활용이라는 관점은 매우 특이한 것으로, 지리의 군사
화를 전제한 개념이다. 유사 이래 인간은 영토에 기반하여 살아왔고,
그 가운데 무력 충돌이 영속된 것도 사실이다. 그러나 군사적 사고를

최우선으로 하고, 전쟁과 팽창을 전제하고 영토를 사고하는 것은 보편적인 사실은 아니다.

넷째, 고전지정학의 사고는 민주주의 국내정치와 유리된다는 점이다. 19세기 말 20세기 초는 세계대전을 준비하고 실행한 기간으로 민주주의 의사결정은 유보되었고, 서구의 국가들에서도 민주주의는 완전한 형태를 이루지 못하고 있었다. 1차 세계대전에 임하는 국가들의 외교정책은 전형적인 세력균형 사고에 입각해 있었고, 시장을 매개로 한 경제적 상호의존은 전쟁과 중상주의 사고방식에 압도되었다. 2차 세계대전을 일으킨 독일과 일본은 군국주의 사회였고 민주적 의사결정은 파시즘의 대중 동원에 압도되었다. 따라서 국내적인 전체주의, 혹은 시민의 억압이 고전지정학의 사고를 강화시킨 상황과 연계되어 있다는 생각을 할 수 있다.

결국 고전지정학은 근대 주권국가 국제정치의 일정한 시대적 단계와 지역적 범위에 근거한 사고방식이라고 할 수 있다. 또한 서구의 주권 개념이 강한 영토성을 가진다고 해서 고전지정학 사고가 근대 주권국가의 영토성을 모두 규정할 수 있는 것도 아니다. 고전지정학은 구미 전체의 근대 이행의 완성, 제국주의라는 운용원리의 강화, 그리고 시민성의 약화라는 특정한 요소들에 의해 영향 받은 영토중심주의의 한 형태라고 보아야 할 것이다.

## III. 제국의 단순 고전지정학의 도래와 한반도 영토의 분할

## 1. 서구 지정학에서 영토와 국경

한반도의 지정학적 인식과 상황을 보기 위해서는 다음의 점들에 주목해야 한다. 첫째, 한반도를 둘러싼 지역질서의 조직원리이다. 어떠한 행위자들이 정당한 행위자로 인정되고 있는지, 이들 행위자들 간의 정당한 의무와 권리는 어떻게 정의되고 합의되고 있는지를 살펴보아야 한다. 그 속에서 한반도의 영토에 대한 권한이 어떻게 인식되고 행사되고 있는지 보아야 한다. 둘째, 한반도의 영토에 대해 어떠한 정치적 권위체들이 권한을 행사하고 이러한 권한이 배타적인지, 혹은 중첩적인지 등 영토를 둘러싼 원칙을 살펴보아야 한다. 하나의 정치체가 배타적 권한을 소유하는 것으로 인정된 경우도 있고, 하나의 영토를 둘러싸고 복수의 정치체가 경쟁한 적도 있다. 복수의 경쟁이 존재했던 경우 분할에 합의했는지 아니면 배타적 권한을 주장하며 각축했는지 등을 알아보아야 한다. 셋째, 한반도의 영토성에 영향을 미친 구조와 기능을 살펴보아야 한다. 군사력과 안보의 논리가 가장 중요하게 영토성을 규정했는지 혹은 정체성이나 경제, 문화와 같은 요소들이 영토성을 규정했는지, 이들이 복합적으로 규정했는지 등을 살펴보아야 할 것이다.

　동아시아는 19세기 중반 이래 만국공법을 받아들이며 서구 영토국가 체제에 편입된다. 이후 영토는 배타적 소유를 근거로 한 국경으로 나누어지고, 전통시대의 복합지정학은 단순지정학으로 변화된다. 국제정치는 폭력을 독점한 근대국가들 간의 전쟁과 세력균형으로 정의되고, 영토는 안보의 논리에 따라 최우선적으로 결정된다.

이론적으로 베스트팔렌 체제하에서 국경은 국가와 국가를 분리하는 지리적 선으로 한 국가의 통치와 행정능력이 미치는 공간적 범역 또는 한계를 의미한다. 그리하여 국경은 한 국가의 주권과 영토, 국민의 존립을 보존하는 기능을 한다(문남철 2014, 161). 영토성과 국경은 식량, 주거, 안전 등 생래적 의미의 영역과 혈족, 제례, 관습 등 상징적 의미의 영역 개념이었다가 외부위협으로부터의 보호라는 안보적 의미를 띠게 되었다. 베스트팔렌 체제에서는 정치적 능력이 미치는 정치와 행정 적용의 지리적 한계라는 개념으로 구체화되었고 국가안보의 기능과 결합되었다. 선 개념의 국경 개념과 배타적 영토 개념은 구미 제국의 식민지 확대와 더불어 전 세계로 확장되었고, 이후 영토와 국경은 지구적 차원에서 국가의 공간적 내부와 외부를 구분하는 방어선 내의 영역 개념으로 고착된다. 오늘날 전 지구적 국민국가에서 영토와 국경은 외부의 위협으로부터 국가를 보호하는 군사적 보호 기능, 이데올로기와 정보를 차단하는 단절 기능, 정치적 신조와 신화로 국민을 하나의 국가실체로 통합하는 정체성의 형성·유지 기능, 정치와 행정 적용의 지리적 범역을 한정하는 법적 기능, 국내 산업과 시장 보호를 위해 외국 상품에 대해 세금을 부과하는 세무 기능, 국경을 넘는 노동과 상품을 통제하는 조절 기능 등을 담당한다.

근대적 영토성의 개념은 또한 국민들의 심리적 각인 기능을 담당한다. 선적 국경으로 사람들을 분리함으로써 다른 영토에 속한 국민들의 대립과 갈등의 정도가 강하고, 심리적 차단과 장벽이 효과를 창출한다. 특히 일상생활에서 교류가 제한되면 이러한 심리적 각인 정도는 더욱 강해진다. 배타적 영토성은 국경에 설치된 검문소, 검역소, 세관 등을 통해 유지되며 불법 입국자, 범죄자, 테러분자, 병원체, 그리고 국경을 넘어 통과하는 상품 등의 유입을 조절함으로써 고착된다(문남철 2014, 164-165).

## 2. 제국의 지정학적 경쟁 속 한반도 분할

### 1) 19세기 한반도 영토를 둘러싼 분할론과 식민지화

동북아 국가들이 온전한 주권국가로서 영토에 대한 분할을 일차적으로 마치는 시기는 1949년이다. 일본이 태평양 패전 이후 제국에서 국민국가로 변화하고, 한반도에서 두 개의 정부가 1948년에 수립되고, 1949년 중화인민공화국이 대만에 최종적으로 승리하여 국가를 건설하는 시기가 이때이다. 상호 승인과 하나의 영토를 둘러싼 분단국가들의 주도권 싸움이 이후에도 치열하게 벌어지지만 일단 근대 국제정치가 안착한 시기이다.

아편전쟁으로부터 1949년에 이르는 100여 년간의 기간은 제국의 국제정치 기간이었다. 서구 열강의 동아시아 진출 속에서 제국 간의 경쟁으로 영토가 분할되었거나 식민지화되었고, 1945년 이후 미소의 냉전이 본격화되면서 아시아뿐 아니라 세계의 모든 지역이 양극 체제의 지정학적 대립 속에서 두 개의 진영으로 나뉘었다. 한반도는 1910년 이전 분할과 식민지화의 위협을 겪다가 결국 일본 제국주의에 의해 35년간 식민통치를 받았고, 1945년에 38선으로 분단되었다가 한국전쟁 이후 정전체제 속에서 분단을 유지하고 있다.

만국공법의 질서는 동아시아의 복합지정학을 단순지정학으로 변화시킨 계기였다. 아편전쟁을 필두로 동아시아 국가들이 서구 제국주의의 군사력에 굴복하고 이후 베스트팔렌 체제가 강제되었다. 근대 국제법, 즉 만국공법의 체제는 단순히 국제정치 조직원리의 변화 이상의 것이었다. 세계관과 정치철학의 변화를 수반한 것으로 이후 동아시아 지역질서의 공간은 부국강병이 조직원리의 기축이 되는 공간이 되었다. 복합지정학의 개념으로는 공간이 장소로 변화되고 군사력의 기준이 명분과 정체성의 기준을 압도한 시기가 된 것이다.

　만국공법의 조직원리가 19세기 지구 국제정치의 운용원리 상 제국주의 시대에 부과되었다는 점도 매우 중요하다. 국가 간 평등과 상호 존중 및 인정의 운용원리가 보편적으로 도입된 것이 아니라 일정 기준 이상의 군사력을 소유해야만 주권국가의 지위를 가질 수 있었던 것이다. 약육강식과 사회진화론의 새로운 이념과 세계관 속에서 제국의 지위를 증명하지 못한 약한 나라는 식민지로 전락하였고, 이에 대한 제국들 간의 합의가 이루어졌다. 한반도 역시 기존의 복합지정학에서 인정된 영토를 확보하지 못했다. 일본이라는 해양 제국주의 세력이 등장하면서 일본은 근대 국가건설과 제국건설을 동시에 이루어나갔고 이 과정에서 한국의 영토 독립성을 무력으로 훼손하게 된다. 물론 이러한 역사의 뒤에는 3세계 지역으로 베스트팔렌의 원리를 수출한 서구 제국의 공통된 합의가 존재했다. 서구식 문명의 기준과 주권국가의 기준을 자기중심적으로 제시함으로써 제3세계 고유의 영토와 국민 개념을 말살한 결과, 베스트팔렌의 조직원리를 부과한 것만으로 서구 열강은 이후의 국제정치에서 우위를 점할 수 있었다. 앞서 살펴본 서구 고전지정학의 주요 가설을 보면 이 시기에 서구 제국들이 3세계를 어떻게 베스트팔렌 체제 확대의 객체로 관념화했는지 알 수 있다. 그리고 일본 역시 이러한 관념을 받아들여 한반도를 거쳐 중국과 동남아로 진출하고자 시도했다.

　근대 국제정치에 편입된 이후 한반도의 영토성은 완전한 식민지화와 분단 사이에서 오락가락했다. 청은 1880년대 과거 전통 질서에 입각한 증공국의 지위에서 근대적 식민지의 지위로 조선을 전락시키려고 노력했고 이는 임오군란 이후 원세개의 직접 통치 노력이나 영약삼단의 외교적 일화에서 드러난다. 이후 일본은 제국주의 논리하에서 한국의 식민지화를 일관되게 추구하였다. 청과 러시아는 한반도에서 지정학적 각축을 벌이게 되고 일본은 소위 만한교환론을 제시한다. 청일전쟁을 통해 일본은 "조선의 독립"을 추구하여 전통시대 한반도의 복합지정학적 권리를 박탈하고자 한다. 청일전쟁에서 승리하자 이토 수상은 무쓰 무네미쓰 외상에게 강화 조건으로 "청국은 조선의 독립을 승인하고 내정에 간섭하지 않을 것"을 가장 중요한 조건으로 내세운다(조명철 2010, 268). 일본은 이미 유구를 편입시킨 바 있으며, 청일전쟁 이후 대만을 합병하고 더 나아가 청국의 영토까지 점령하려는 시도를 기울였다. 모두 기존의 지정학적 사고를 전복하는 전략들이다. 당시 독일 공사로 나가 있던 강경파 아오키 슈조는 요동반도가 장차 청을 정벌하고 러시아를 정벌할 때 전개할 작전의 대전제가 된다는 주장도 제기한 바 있다(조명철 2010, 269). 무쓰 외상 역시 "일본이 요동반도를 점령한 논거…로서 조선의 독립을 유지하고 청국의 간섭과 침투를 막기 위해…육지에서도 방어선을 구축"해야 한다고 논하고 있다(조명철 2010, 270).

일본은 대만 식민지화를 계기로 소위 북수남진론(북을 지키고 남을 공략하는 방침)을 내세웠고, 대만을 세력팽창의 전진기지로 인식하고 있었다. 일본은 대만 식민지 통치를 기반으로 복건성과 절강성의 요지를 점령하려고 하였지만 서구 열강의 반대에 부딪혀 일본의 대륙정책은 의화단 사건을 계기로 바뀌게 된다. 이후 1900년 7월 러시아는 일본 하야시 공사에게 한국 분할론을 제시하고 일본도 이를 본격적으로 고려하게 된다. 일본은 러시아가 만주에서 확보해 가는 지배력에 대항하기 위해 한국을 차지해야 한다는 발상을 하게 되었고 그 과정에서 만한교환론이 생겨난다. 하야시의 경우 한반도 전부를 대상으로 하지는 않지만, 적어도 평양, 원산 이북에는 러시아 군대를 주둔시키지 않겠다는 러시아의 약속을 받아내고자 했다(조명철 2010, 280). 일본은 만한교환론을 통해 무력행사를 하지 않고도 한반도 지배를 확실히 하고 러시아와 이익을 교차승인하는 교환논리로 협상에 의해 제국 간의 세력권 정치를 도모하고자 한 것이다. 이후 러일전쟁에서 일본이 승리하면서 한국에 대한 일본의 지배력은 의심의 여지없는 사실로 굳어지게 되었다. 이후 한국은 일본의 식민통치를 35년간 받게 된다.

## 2) 해방 후 분단

태평양전쟁이 진행되면서 1943년 12월 1일 미영중 3개국은 카이로선언을 통하여 "한국 국민의 노예상태에 유의하고 적당한 시기에 한국을 해방시키고 자유 독립시키기로 결의하였다."고 선언하였다. 1945년 7월, 미영소 3국은 포츠담회담에서 카이로선언을 재확인하였다. 소련은 1945년 8월 6일 미국의 히로시마 원자폭탄 투하 이후 8일 서둘러 참전하게 된다. 미국은 일본의 항전 능력을 과대평가하였고, 소련의 대일 참전을 유도하기 위해 다양한 양보를 약속하였다. 8월 13일 미국은 38도선을 중심으로 일본군의 항복을 분할하여 받기를 소련에 제안하였고 소련의 동의를 얻었다. 결국 군사작전 편의상 설정된 잠정 분할선이 이후에도 분단선으로 작동하게 된 것인데, 이는 이후의 사건 전개가 중요하게 작용하였다. 8월 12일 북한에 진주한 소련군은 8월 말 남한과의 철도, 전신, 전화, 우편 등을 차단하고 분단을 고착화하였다. 남한에는 미군이 군정을 실시하였고 이후 38도선 장벽완화의 노력은 성공하지 못했다.

1945년 12월에 모스크바에서 개최되었던 미영소 3국의 외상회의에서는 한반도에 대해서 향후 5년간 미영중소 4대국에 의한 신탁통치를 실시할 것, 한국인들로 구성되는 과도정부를 구성할 것, 미소공동위원회는 한국의 독립달성 방안을 마련하여 4대국의 신탁통치이사회에 건의할 것 등을 결정하였다. 그러나 냉전이 굳어지는 상황 속에서 미국과 소련은 고전지정학적 관점, 즉 세력균형의 유지, 영향권의 설정 등의 관점에서 한반도 문제를 바라보았고, 신탁통치를 통해 강대국의 영향력을 조정하고자 했다. 분단의 원인을 놓고 내인론과 외인론의 논쟁이 존재하지만 강대국의 지정학적 고려가 압도적으로 작용했다는 점에는 의심의 여지가 없다(주봉호 2014, 47-97). 19세기 제국들의 지정학 각축에서 한반도의 분할과 식민지화가 시도되었고, 태평양전쟁 이후에도 미소 간 지정학 대립은 한반도의 분할을 고착화시킨 결과를 가져왔다. 당시 미국과 소련 중 누가 더 팽창적이었는지에 대한 논쟁이 서구에서 진행되었지만, 아시아의 관점에서 양국은 모두 제국적 팽창을 추구했기에, 후기 수정주의자인 개디스의 논의처럼 동의에 의한 제국적 지배를 추구한 미국과 강제에 의한 제국적 지배를 추구한 소련의 대립으로 보는 것이 더 적절하다. 한반도 역시 두 제국의 영향권 확정의 과정에서 분단되었으며, 이후의 냉전시기에도 이러한 대립은 유지되었다.

### 3) 한반도의 근대적 영토성에 대한 고찰

이상의 역사를 놓고 볼 때 전통시대 한국의 영토적 위상이 근대로 넘어오면서 어떻게 변화되었는가, 한국이라는 국가는 연속성을 가지는가, 또한 헌정적 연속성이 보장되는가는 매우 중요한 문제이다. 우선 대한제국은 1897년에 설립되어 국가적 정통성과 규범적 국가성을 조선으로부터 계승한 것이 틀림없다. 대한제국의 국제는 최초의 근대적 헌법이었고 기본권 보장과 권력분립을 내용으로 하고 있었다. 영토성을 바탕으로 절대주의 입헌국가를 수립한 것이다. 또한 유교국가였던 조선의 정통성과 국가성을 가지고 있었다. 여기서 국가가 새롭게 수립되었는가, 영토가 새롭게 정의되었는가의 문제는 어려운 문제이다. 한국은 고조선의 건국만을 건국이라고 칭하고 이후는 국가 건설을 새롭게 주장하지 않았기 때문이다. 최초의 근대국가인 대한제국 역시 새로운 국가건설이라기보다는 전통 국가의 근대적 계승이라고 볼 수 있다.

이후 한국은 일본제국에 의해 강점되었지만 모든 조약들의 법적 효력을 인정할 수 없는 것이고 따라서 대한제국은 법적으로 소멸된 것으로 볼 수 없다. 대한제국의 국가성이 인정된 아래에서 영토와 인민들에 대한 지배력을 상실한 것이고, 일본의 강점이 이루어진 것이다. 이는 대한제국의 입장에서 불법적 지배이며 반국가적 지배이다. 영토적 연속성은 보장되지 않았지만 국가성의 연속을 주장할 수 있다. 임시정부 역시 국가 건설이라기보다는 정부의 권능을 대신했다는 점에서 조망할 수 있다.

1945년 이후 남북한의 단정 수립은 국가계승을 둘러싼 복잡한 문제이다. 남북한 모두 각각 정부를 수립하였지만 영토와 국민에 대한 불완전한 지배에 근거한 불완전한 국가성만을 지니고 있다. 남북한 헌법 제정 과정에서 주권의 완전성, 규범의 효력 범위, 국민과 영토의 범위를 둘러싸고 완전성을 갖추지 못했기 때문이다. 대한민국의 경우, 1948년의 헌법 4조는 "대한민국의 영토는 한반도와 그 부속도서로 한다"고 논하고 있고 현재까지 지속되고 있다. 1948년 북한 헌법은 영토에 대한 별도 규정을 두지는 않았지만, "조선민주주의인민공화국의 수부는 서울시이다"라고 제103조에서 규정하여, 조선민주주의인민공화국의 영토가 한반도 전역임을 간접적으로 표현하고 있었다. 김정은 정권이 개정한 현 북한 헌법에서도 1조는 "조선민주주의인민공화국은 전체 조선인민의 리익을 대표하는 자주적인 사회주의국가"라고 규정하고 있다.

결국 하나의 영토에 두 개의 정부가 존재하는 상태인데, 전통시대로부터 한반도의 영토성과 민족성, 그리고 주권적 권한에 비추어 볼 때 이는 과도적 상태라고 보아야 한다. 이후 냉전기를 통틀어 남북한은 서로의 존재를 부정하면서 단순 고전지정학의 관점에서 자신 중심의 통일을 추구한다. 남북한 관계를 주권의 관점에서 보면, 국가설, 반국가단체설, 사실상의 정부설, 특수관계설 등의 여러 견해가 존재한다. 이를 대별하면 3가지로 나눌 수 있는데, 첫째, 남북한 정부가 조선과 대한제국 및 대한민국임시정부의 헌정과 현재의 남북한 정부와의 사이에 연속성이 완전히 단절되었다고 보는 불연속의 단독정부론, 둘째, 조선과 대한제국 및 대한민국임시정부와의 연속성을 인정하면서 남북한 모두 각각의 정부만의 정통성 및 합법성을 주장하는 연속의 단독정부론, 셋째, 남북한정부 공히 조선과 대한제국 및 대한민국임시정부를 공통적으로 승계하고 있다고 보는 연속의 2 정부론 등이다(이헌환 2010, 22-25). 향후 협상에 의한 평화적 통일을 염두에 둔다면 하나의 상위 국가가 존재한다는 견해하에 두 개의 과도정부가 존재한다고 보는 것이 대안이 될 수 있다. 반면 북한의 불법성을 전제로 한국 위주의 통일을 추구하면 연속의 단독정부론이 논리상 일관성이 있다.

## IV. 동북아 국제정치 지정학의 전개와 남북한 관계

### 1. 냉전기와 그 이후 동북아 국제정치의 특징

태평양전쟁 이후 동북아시아는 유럽, 중동, 동남아시아, 아프리카 등과 같이 하나의 지정학적 단위, 즉 지역안보체제를 이루고 있다. 지역 차원의 안보는 지구 차원의 안보와도 다르고 다른 지역과도 구별되는 독특한 특징을 가진다. 예를 들어 부잔은 지역안보복합체(regional security complex)라는 개념을 사용하고, 이는 전통적인 국가 기반의 군사, 정치적 복합체로 설명한다(Buzan 2000). 각 지역안보복합체는 무엇보다 지리적 경계가 중요하여 안보 상호작용을 공유하는 지역적 특성을 가진다. 또한 국가들 간의 친소관계, 혹은 우적관계가 지역에 따라 다르며 이는 국제정치의 특성인 무정부상태의 형태와 성격을 다양화하는 요인이 된다. 각 지역별로 안보딜레마의 성격이 달라 지역적 불균등성을 보이기 때문이다. 또 하나의 중요 변수로는 지구적 차원의 안보질서가 각 지역질서에 미치는 영향의 정도와 형태이다. 지구 차원 안보질서의 투과성(penetration)의 정도, 혹은 지구와 지역 안보의 중첩성(overlay)의 정도라고 논할 수 있다(Buzan 1991, 198).

한편 지역안보체제가 반드시 지리라는 물리적 특성에 의해 좌우되지 않는다는 견해도 있다. 대표적으로 레이크는 안보외부재(security externality)라는 개념을 사용하여 국가들이 공히 느끼는 위협의 범위로 지역안보체제의 범위를 설정한다. 지리적 밀접성이 중요한 것이 아니라 국가들을 하나로 묶는 위협의 흐름이 중요하다는 것이다. 특정한 안보외부재에 같은 영향을 받는 범위가 지역안보체제의 범위라는 것이다(Lake 1997, 48-49).

지역안보체제를 공유된 정체성으로 보는 시각도 있다. 특히 구성
주의 국제정치이론은 지역적 차원에서 오랜 역사와 문화를 통해 규범
과 정체성을 공유하고, 지역도 사회적으로 구성된다는 시각을 가지고
있다(Lahteenmaki and Kakonen 1999, 214-215). 반면 지구적 패권의
지역 구상이 가장 중요하다는 현실주의적 인식도 존재한다. 특히 2차
세계대전 이후 미국과 소련의 대결이 지역적으로 어떻게 펼쳐졌는지
에 따라 지역안보체제의 특성이 결정된다는 시각이다. 미국과 소련은
각각 양대 진영의 동맹네트워크를 창출했고, 이는 각 지역의 안보상
황을 결정하는 데 큰 영향을 미쳤다. 냉전 종식 이후 미국의 단극체제,
그리고 21세기에도 여전히 지속되고 있는 미국의 압도적 군사적 우
위는 지역안보질서에 영향을 미치고 있는 것이 사실이다(Katzenstein
2005, 22; Acharya 1992, 7-21).

이러한 이론적 개념에 기초하여 동북아의 지정학적 특성을 살펴
보면, 첫째, 동북아는 다른 지역과 구별되는 지리적 특성을 가진다는
것이다. 동북아는 중국과 한반도, 일본을 중심으로 하고 미국과 러시
아의 세력이 작용하는 지리적 단위이다. 반면 동남아는 동북아와 지
리적으로 격리되어 다른 특성을 보이며, 중앙아시아 역시 중국의 서부
에 격리되어 있어 동북아와 안보적 상호작용이 제한되어 있다. 동북아
에서 일어나는 안보적 사건은 대부분 동북아 지역에 국한된다. 미국과
러시아를 동북아에 포함시킬 것인가의 문제 역시 지리적 차원과 정치
적 차원이 혼재되어 나타난다. 예를 들어 중국은 미국을 동북아, 혹은
동아시아에서 제외시키는 지역주의를 구상하지만, 지역주의라는 인위
적 제도, 혹은 지역 경계를 확정하려는 정치적 게임과 실제로 안보에
영향을 미치는 미국의 힘은 구별된다.

둘째, 안보 위협과 정체성의 측면에서 보면 동북아는 독특한 범위

를 구성하기도 하지만, 동남아 및 중앙아시아와 공유하는 특성을 가지고 있기도 하다. 예를 들어 중국의 부상은 아시아 안보구조 전체에 영향을 미치므로 동북아에 국한된 영향의 범위로 보기는 어렵다. 앞서 레이크의 논의를 빌자면 안보외부재, 혹은 위협의 범위에서 아시아 전체가 같은 영향권하에 들어가기 때문이다. 다만 그러한 영향이 기존에 존재하는 동북아의 안보체제에 영향을 미치고 그 효과는 동남아, 중앙아시아와 달리 나타날 수 있다. 역사적 정체성의 차원에서도 전통 질서하 중국 중심 세계관의 문화적 영향, 19세기 이래 일본 제국주의의 안보적 영향권의 범위, 그리고 미소 냉전이 아시아에서 전개되는 논리하의 역사적 경험 등을 볼 때, 각 지역은 어느 정도 같은 영향권하에 속했다. 동북아, 동남아, 때로는 중앙아시아도 역사와 문화를 공유한 바 있다. 그럼에도 불구하고 전통 질서하 중국 중심 질서가 중앙아시아의 유목민 사회에 대한 것과 달리 동북아의 농업 지역에서 전형적 조공질서로 나타난 측면이나, 일본 제국주의가 동북아에서 오랜 기간 집중적으로 나타난 측면, 그리고 미소 냉전 역시 동북아에서 다른 동맹질서를 가져온 점 등을 지적할 수 있다. 즉, 지역적 차원의 안보딜레마가 독특성을 가진 것이다. 북핵 문제를 예로 들면 북한 핵무기의 위협을 공유하는 지역은 미사일의 범위에 따라 우선 결정된다. 주로 동북아 국가들이 북한의 핵무기 위협을 공유하며 이는 레이크의 논의처럼 공유된 위협에서 비롯된 지역개념을 창출한다. 6자회담 역시 정치적 측면에서 6자의 범위가 결정된 바도 있지만, 북한 핵위협의 지리적 범위 내 국가들과도 일치한다.

셋째, 동북아의 안보질서는 지구적 안보질서에 대한 개방성, 침투성, 중첩성의 부분에서 다른 지역과 구별된다. 동북아에는 미국, 러시아, 중국, 일본 등 세계적 차원의 강대국이 각축을 벌이고 있다. 유럽, 중동, 아프리카, 남미, 동남아 등 다른 지역과 크게 구별되는 측면이다. 냉전기에는 미소 냉전, 탈냉전기 1990년대에는 미국의 단극체제, 이후 미중 경쟁체제 등은 지구적 차원의 안보질서를 결정하는 요인이지만 동시에 동북아 내부에서 일어난 요인이기도 하다. 현재까지 미중 경쟁체제는 지구적 차원에 미치는 영향이 한정되어 있지만, 동남아, 서아시아로 뻗어가는 중국의 정치적 영향력을 볼 때, 현재까지와는 달리 동북아발 안보논리가 지구에 영향을 미치는 현상이 창출될 수도 있다. 지구적 차원에서 벌어지는 안보질서의 변화는 동북아에 직접 영향을 미쳐 지역 내부에서 예상하거나 관리할 수 없는 많은 요소들이 지역의 문제에 영향을 미쳤다. 한국전쟁, 미중 데탕트, 신냉전, 냉전의 종식 등 많은 사건들이 지구적 차원의 미소 관계의 영향을 받았고, 탈냉전기에도 9·11 테러 이후 주둔 미군의 전략적 유연성, 동맹구조 재편 등 지구적 안보요인이 중첩적, 침투적 요인이 되었다.

넷째, 동북아는 냉전기 미국, 구소련, 중국 등 강대국의 동맹구조가 경쟁적으로 나타나 고전적 지정학이 팽배했고 이후 탈냉전기에도 지정학의 경쟁은 지속되고 있다. 한국전쟁을 기점으로 한미동맹, 미일동맹, 미-대만동맹이 출현했고, 소련-중국동맹에 이어 북소동맹과 북중동맹이 1961년에 함께 체결된 바 있다. 이후 데탕트를 거치면서 미-대만동맹은 사라지고, 1992년 한소 수교 이후, 북소 군사동맹도 1996년에 소멸했다.

그러나 탈냉전기에도 지정학의 영향력은 지속되고 있는데, 미국 중심의 동북아 동맹네트워크 및 미-대만 군사관계는 지속되고 있고, 북중동맹 역시 군사동맹으로 현존한다. 북러 간에도 2000년 4월 조러 친선선린협조조약이 체결되어 경제, 문화, 기술 협력 등은 지속되고 있다. 군사동맹이 존재하는 한, 동북아 지역 내 안보 사안은 동맹 논리를 거칠 수밖에 없다. 북한의 핵무기 역시 한미동맹과 미일동맹에 직접적 영향을 미치며, 중국 역시 동맹국의 관점에서 북핵 문제를 고려할 수밖에 없다. 동맹은 비단 공통의 적에 대해 함께 대비하고 싸우는 것만을 의미하지 않는다. 동맹 파트너 간에 연루-방기 딜레마 등 다양한 딜레마가 발생하며, 또한 동맹 파트너의 행동의 범위를 제한하려는 동맹제지의 논리가 함께 작용한다. 지역 내 하나의 안보사안이 발생하면 동맹의 논리를 거치면서 문제의 영향이 성격을 달리하게 된다.

다섯째, 동북아 지역은 다자 안보제도가 결여된 지역으로 고전지정학을 넘어선 안보논리가 취약한 지역이다. 동북아 국가들 간에는 6자회담을 제외하고 정부 간 다자 안보제도가 존재하지 않는다. 아세안 지역포럼이나 동아시아정상회의 등에서 동북아의 안보문제가 논의되고는 하지만 이는 동남아 국가들이 주도하는 안보제도이다. 특히 미중 간 경쟁이 심화되고 군사적 대결의 양상이 점증하는 동안 서태평양, 혹은 동북아 지역이 미중 군사 경쟁의 중요한 장으로 대두되고 있다. 동북아 내 안보문제를 관장하는 다자 안보제도가 결여된 상황에서 동남아 주도의 제도가 제시하는 분쟁해결의 방안들에는 한계가 있을 수밖에 없다. 북핵 문제 역시 크게는 북한의 미래와 같은 북한 문제와 직결되어 있고, 이는 동북아 지정학 경쟁과 관련되어 있다. 미중이 북한의 미래를 놓고 다자적으로 논의할 수 있는 동북아 전략 대화의 장이 결여되어 있기 때문에 북한 문제를 6자 간에 포괄적으로 논의하기가 더욱 어려운 상황이라고 할 수 있다.

여섯째, 고전지정학을 넘어선 다른 논리에 의한 지역질서가 큰 효과를 거두지 못하고 있다. 탈냉전 초기에 지역 다자경제질서가 만들어지기 시작했지만 이러한 경제적 상호의존이 정치, 군사적 협력을 이끌어내지는 못하고 있다. 오히려 미중 양국의 지정학 경쟁이 심화되면서 경제 및 사회문화 분야의 협력이 제도적 균형(institutional balancing) 의 논리를 강하게 보이고 있다. 인간안보의 문제 역시 등장하고 있고, 한국 정부는 동북아평화협력구상을 제시한 바 있지만 강대국들은 지정학적 이해득실을 계산하면 소극적으로 임해온 것이 사실이다. 경제적 상호의존과 신흥안보 이슈들이 기존의 국가주권 중심 사고 및 영토 중심주의 사고를 넘어선 거버넌스를 요구하는 것이기에 향후 이러한 분야들이 어떠한 새로운 협력을 이끌어낼지가 관건이다.

## 2. 남북한의 지정학 대립의 지속

냉전기 동북아 강대국 정치는 고전지정학 요소에 의해 좌우되었다. 미소 양국은 동북아를 자유진영과 공산진영으로 양분하고 군사적 대립 논리로 다른 이슈를 압도했다. 1970년대의 데탕트 시기 미중, 중일 간의 관계정상화 역시 중소 간의 지정학 대립을 활용한 미국의 지정학적 고려가 작동한 것이다. 양대 진영 간 경제교류와 사회문화교류는 매우 제한되어 있었고, 진영 간 적대 논리 속에서 남북관계는 더욱 적대적 성격을 띠었다. 유럽의 경우 1975년 헬싱키 협약을 맺고 유럽안보협력회의(CSCE)를 창설하여 경제와 과학기술, 인권 등에 대한 지역 교류, 협력을 시도하였다. 반면 동아시아는 지역 전체에 걸쳐 냉전기 두 진영의 협력은 거의 일어나지 못했다. 1970년대의 동북아 지역 데탕트가 남북 간의 소위 미니 데탕트를 가져오기도 했지만 불과 1년이 지나면서 남북 간의 대결논리는 다시 부활했다. 미중 양대 강대국이 실현한 데탕트의 논리가 남북 간 대결논리를 궁극적으로 약화시키지는 못한 것이다. 남과 북은 서로의 존재를 인정하지 않았고, 통일 논의 역시 자기 중심의 통일 논의로 이어지며 합의점을 찾기 어려웠다.

냉전 종식 이후 미국의 단극체제가 시작되면서 한국은 적극적인 북방정책으로 중소 양국과 수교하고 북한과의 화해협력을 추구하였다. 1991년 12월에 체결된 남북기본합의서는 동북아의 변화된 지정학 조건하에서 남북 간 협력의 기초를 모색한 탈냉전기의 출발점이었다. 여기서 남북한은 전문에서 남한과 북한이 "7·4 남북공동성명에서 천명된 '조국통일 3대 원칙'을 재확인하고, 정치, 군사적 대결상태를 해소하여 민족적 화해를 이룩하며, 무력에 의한 침략과 충돌을 막고 긴장 완화와 평화를 보장하며, 다각적인 교류와 협력을 실현하여 민족공동의 이익과 번영을 도모하며, 쌍방 사이의 관계가 나라와 나라 사이의 관계가 아닌 통일을 지향하는 과정에서 잠정적으로 형성되는 특수관계라는 점을 인정"할 것임을 약속하였다. 문제는 동북아의 지정학적 변화가 남북한의 단순지정학 관계 변화를 넘어 경제와 사회문화, 정체성 등의 영역에서 새로운 관계를 형성할 수 있도록 추동할 수 있는가 하는 점이었다. 결국 1990년대 북한은 독자 생존과 한국에 대한 열위 극복의 의도에서 핵개발에 착수하여 군사적 대립을 심화시킨다.

북한은 미국 단극체제하에서 생존을 모색하기 위해 핵프로그램을 본격적으로 가동하고, 1993년 3월 비확산조약에서 탈퇴한다. 1994년 10월 24일 북미 간 제네바 합의 이후 북한을 둘러싼 주변국가들은 북한과의 협력을 모색하여 대북 경제, 에너지 지원, 4자 간 평화협정추구 등의 시도를 했지만 북한의 정치적 생존 문제가 워낙 심대하여 성공을 거두기 어려웠다.

2000년 김대중 대통령과 김정일 위원장 간의 정상회담이 열리고 경제, 사회문화 협력이 추진되기도 했지만, 북한 문제는 여전히 남아 있었다. 특히 남북한을 둘러싼 동북아 강대국들의 지정학적 사고는 극복하기 쉽지 않은 과제였다. 2001년 9·11테러 이후 북한은 미국에 의해 소위 악의 축 국가로 지명되었고, 북한은 2차 핵위기로 난관을 돌파하고자 시도하였다. 결국 21세기 들어 남북한은 화해, 협력 정책을 추구하면서 경제적 교류와 사회문화 협력을 추진하지만 번번이 군사문제에 걸려 좌초되고 만다.

북한은 한국의 대북 관여전략을 활용하여 경제발전과 정권 강화를 꾀했지만 남북경협이 과도하게 북한 사회를 변화시켜 정치적 변화를 초래할 것을 경계하였다. 한국 역시 남북경협을 통해 북한의 변화를 유도하고 한국 중심의 통일을 추구할 의도를 강하게 보유하고 있었다. 경제협력 논리 뒤에 정치적 대결 논리가 존재했으므로 경제협력의 한계를 노정하였다. 분단된 두 국가 간의 생존을 둘러싼 안보딜레마가 남아 있는 동안, 경제협력이 지정학 논리를 완화시키는 데 한계를 보인 것이다.

오히려 북한은 지정학의 변화 자체에 힘입어 북한의 생존과 발전을 도모하려는 경향을 강하게 보이고 있다. 또한 한국 및 국제사회와의 경제협력, 전통안보와는 다른 신흥안보에서의 협력 모두의 분야에서 교류와 협력을 제한하고 이를 활용하려는 모습을 보였다. 미국의 단극체제가 지속되는 동안 중국의 부상이 명백해지면서 북한은 자신의 지정학적 위치를 활용하여 발전을 도모하는 전략을 추진한다. 2014년 로동신문은 "격동의 동아시아"라고 정세를 정의한 후, 북한의 발전전략을 새롭게 모색하고 있다. 북한은 1990년대 이래 "랭전구조의 청산"이 "미완의 과제"로 남아 있으며, "동북아시아에서는 세기와 세기를 이어 낡은 대결의 구도가 존속"되어 왔다고 주장하고 있다. "세계적 판도에서 랭전이 끝난 이후도 미국은 유일초대국을 자처하여 이 지역에서 강권과 전횡을 일삼았"고 "도꾜와 서울이 워싱톤의 의향을 따르면 대륙을 향한 부채살 모양의 미국의 패권체제가 유지"되었다고 인식하고 있다. "그런데 이제는 이 지역의 력학구도가 바뀌고 낡은 질서가 요동치고 있는데 그 세 가지 요인"으로 다음과 같이 논하고 있다. 즉, 변화의 소용돌이를 일으킨 주된 세 가지 요인으로 "중국의 부상과 미국의 조락 그리고 조선의 핵보유"를 들고 있다. 현재 "동북아시아에서는 현상을 유지하려는 세력과 현상을 변경하려는 세력의 대립상"이 나타나고 있고, "오바마행정부가 추진하는 재균형 정책은 중국의 세력권확장을 힘으로 억제하여 미국주도의 현존 체제를 계속 유지하겠다는 발상에서 출발하고 있다"는 것이다. 중국은 이에 반대하여, "미국과의 신 대국관계정립을 제창하고 군사, 외교적 존재감을 적극 과시"하며 "동북아시아에 위치한 다른 나라들도 중국과 미국의 힘겨루기의 귀추를 타산하면서 국익을 앞세워 제각기 움직이고 있다"는 것이다. "현상유지세력과 현상변경세력의 공방전이 치렬하게" 벌어지고 있다고 북한은 인식하고 있다(조선신보 2014.7.1).

북한은 이러한 가운데 지정학적 생존전략을 추구해야 한다고 주장한다. 즉, "조선반도는 대국들에 둘러싸여" 있으며, "그 지정학적 위치로 인하여 자기를 지킬 힘이 없을 때에는 사대와 망국을 숙명처럼 감수"해야 했고, "식민지 지배의 수난을 겪었던 조선민족의 모습"도 이 때문이었다는 것이다. "그런데 옳바른 령도가 구현되여 자기를 지킬 힘을 가지게 되면 그러한 지정학적위치가 오히려 유리한 조건으로" 되는데, "조선은 자주의 로선에 따라 국력을 다지고 핵보유국, 위성발사국의 지위를 차지하였"고 "김정은시대 조선의 외교전략"은 "동북아시아의 한복판에서 주변국들이 벌리는 공방전을 다스리며 자기 나라의 핵심적리익을 실현해나가는《지정학적요충지》론에 기초하고 있다"는 것이다. 즉, 북한은 "각국의 리해관계는 복잡하게 엉켜있다"고 인식하면서 "전략적요충지론"에 근거하여 행동하고 우선 "국교정상화를 상정한 조일이 정부 간 합의에 따라 행동조치를 취하게 되면 그것이 조선을 둘러싼 또 다른 외교적 움직임을 촉발시킬수 있다"고 주장하고 있다(조선신보 2014.7.2).

결국 북한은 미국 단극체제하에서 핵개발로 소위 대북 적대시 정책을 견뎌내고 대북 경제제재를 이겨내면서 자주 노선을 지켜나왔다는 것이다. 향후 미국의 쇠퇴와 중국의 부상이 현실화되기를 기대하면서 미중 간의 지정학 대립이 격화되면 북한은 자신의 지정학 위치를 활용하여 다시 생존과 발전의 활로를 개척하겠다는 것이다. 북한의 위치가 중요해지면서 일본 역시 북한과의 관계를 다시 강화하려고 하고 있고, 그 일환으로 북일 간의 교섭이 우선 시작될 수 있다는 논리이다. 이를 보면 북한은 핵포기와 이를 통한 국제사회와의 경제, 사회문화 교류 강화, 북한의 발전 모색 등의 로드맵을 택할 의사가 거의 없다고 할 수 있다. 오히려 핵을 기반으로 동북아의 지정학을 활용하면서 군사력 기반 활로를 모색하겠다는 것이다.

김정은 사후 북한의 김정은 정권은 2013년 3월 31일 소위 병진노선을 채택하여 핵무기 개발을 국가전략의 확고한 원칙으로 표명하고 있다. 비핵화는 북한의 국가전략에서 철저히 배제되었고, 이미 5차까지의 핵실험으로 주변국을 위협하고 있다. 2016년 9월에 개정한 북한 헌법에서는 다음과 같이 북한이 핵무기 국가임을 명기하고 있다. 즉, "김정일동지께서는 세계사회주의체계의 붕괴와 제국주의 련합세력의 악랄한 반공화국 압살공세속에서 선군정치로 김일성동지의 고귀한 유산인 사회주의전취물을 영예롭게 수호하시고 우리 조국을 불패의 정치사상강국, 핵보유국, 무적의 군사강국으로 전변시키시였으며 사회주의강국건설의 휘황한 대통로를 열어놓으시였다"고 규정하였다. 북한은 핵무기 국가의 지위를 확실히 하여 주변국과의 평화체제 협상을 통해 궁극적 국가전략의 목표를 달성하고자 할 것이다. 최소한으로는 북한의 생존을 담보하고 최대한으로는 군사력을 바탕으로 주한미군 철수 및 한미동맹 약화, 그리고 압도적 군사력에 기반한 대남 공세 전략을 추진할 수도 있을 것이다. 이러한 과정에서 신흥안보 이슈 등의 부수적 협력이 지정학적 복합의 주제로 자리 잡기는 쉽지 않다.

## 3. 남북 간 복합지정학의 가능성?: 지경학과 신흥안보의 역할

냉전기 지정학 대립을 완화하면서 결국 세계적 냉전의 종식과 함께 지역적 통합을 이룬 지역은 유럽이다. 유럽의 국가들은 미소의 지정학 대결 속에서도 스스로의 독자적 외교정책의 공간을 모색했고, 1960년 대 말 데탕트를 시작하여 미소의 협력을 이끌어내기도 하였다. 양대 진영 간 군사적 대립 속에서도 비군사적 협력의 공간을 넓혀갔고 결국 냉전 종식과 더불어 유럽연합의 외연을 넓혀가고 있다. 서유럽 중심으로 시작된 유럽연합이 이제는 28개국을 회원국으로 가지고 있으며, 여기에는 폴란드, 헝가리, 루마니아, 슬로베니아, 불가리아 등의 동구권 국가들뿐 아니라, 핀란드, 에스토니아, 라트비아, 리투아니아 등의 북유럽 국가들도 포함되어 있다. 유럽연합은 기존의 근대국가의 배타적 주권을 점차 공유하면서 지역 단위의 주권을 만들어가고 있다. 이러한 변화는 영토성과 국경의 변화로 이어진 바 있다.

　　유럽연합은 회원국 간 실질적 통합을 위해 사람과 상품, 서비스, 자본의 자유로운 이동을 제한하는 국경철폐를 통합의 핵심적 내용으로 삼았다(문남철 2014, 161). 1993년의 단일시장 출범, 1995년 쉥겐협정 발효, 1999년 단일통화인 유로화 창출, 1990년 지역 간 협력 프로그램 창설, 1996년 범유럽 교통망구축 프로그램 등이 이러한 노력의 결과이다. 결국 회원국 간 내부 국경이 철폐되고 유럽연합의 공간 속에서 영토성의 원칙이 약화되었다.

남북한은 2000년 남북 정상회담 이후 경협을 추진했지만 앞서 논의한 바대로 자본주의 시장의 영향력 확대를 두려워한 북한의 입장과 한국의 공세적 통일 전략 등으로 경제협력은 지속되지 못했다. 남과 북은 경제협력으로 지정학의 대립을 완화하거나, 분단국가로서 영토성의 모순을 해결하려는 진지한 노력을 기울였다고 보기 어렵다. 심대한 안보, 생존 딜레마 속에서 경협을 정치적으로 이용하고 싶은 지경학의 유혹을 극복하기 어려웠고 결국 정치, 군사적 신뢰구축 없이 경협은 한계를 노정했다. 북한은 핵개발로 국내 정치의 안정과 국제사회와 협상에서 우위를 점하려는 전략을 동시에 추진했고, 한국과 국제사회는 이를 수용하기 불가능했다. 따라서 2016년 현재의 상황에서 북한에 대한 역대 최강의 경제, 인권, 외교 제재가 단행되고 있으며, 남북경협의 결과물인 개성공단도 철폐되었다. 향후 유럽에서의 경험처럼 남북 간에도 인적, 물적, 서비스, 자본의 자유로운 이동, 교류와 협력을 억제하는 국경 기능 철폐 등이 일어날 수 있을지는 매우 불확실하다(문남철 2014, 162 참조).

한편 한국 및 국제사회와의 경제협력이 북한의 체제 근간을 뒤흔드는 요인이 될 수 있는 것과는 달리 신흥안보 이슈는 북한의 염려를 줄이면서 대외 협력을 이끌어 낼 수 있는 분야로 기대될 수 있다. 환경 문제를 예로 들어 보면 북한의 환경도 동북아 다른 국가처럼 다양한 문제를 경험하고 있는 것으로 나타나고 있다. 장기간 경제난을 겪었기 때문에 투자 재원이 부족한 상태에서 자연재해를 겪었고 이에 따라 대기오염, 황사, 스모그 등의 문제가 심각해져 있다고 보고 있다. 에너지 소비에 따른 이산화탄소, 이산화황, 이산화질소 등의 대기오염물질 배출량이 증가했고, 한국처럼 중국으로부터 대기오염 물질이 넘어오고 있다. 산림훼손 역시 심각한 문제로 대두한 지 오래이다. 북한은 연료가 부족한 상태에서 목재를 연료로 사용하고 있으며 산림훼손 상태가 심각하다. 이에 따라 호우로 인한 피해가 발생하고, 산림의 이산화탄소 흡수량이 줄어 대기오염도 가속화되고 있다.

환경 이슈는 정치, 경제 이슈보다 정치적 민감성이 덜하고, 북한만 겪고 있는 문제가 아니라, 한국, 일본, 중국도 함께 겪고 있는 문제이다. 따라서 다자협력의 가능성이 높고, 남북한의 지정학 경쟁과 유리될 수 있다. 국가들의 리더십 발휘와 영향력 있는 제3자의 중재가 존재한다면 협력이 본격화될 가능성도 없지는 않다(이재승·김성진·정하윤 2014, 163-188). 이러한 이슈는 비단 환경뿐 아니라, 에너지, 인간개발, 재해재난, 원자력, 사이버안보, 과학 외교 등을 들 수 있다. 한국 정부는 동북아평화협력구상을 시작하여 정치적으로 덜 민감한 이슈에서 동북아 국가들과의 협력을 이끌어내고자 노력해온 바 있다. 지정학적 경쟁과 별도의 협력으로 복합지정학의 상황을 창출하고자 하는 것이다. 동북아 지역 차원에서는 협력 회의를 통해 공통의 문제를 논의하고 있으나, 북한의 참여를 유도하는 것은 여전히 어려운 일이다. 북한은 실제의 이익이 있다 하더라도 한국과의 양자, 혹은 다자의 협력이 북한의 체제 유지에 미치는 영향을 두려워하여 참여를 극도로 피하고 있다. 지정학적 관점에서 북한의 생존이 담보되고, 핵개발로 인한 정치외교적 이점이 가시화되기 이전에 다른 분야의 협력을 피하려는 전략의 산물이다. 따라서 향후 신흥안보 이슈가 고전지정학의 이슈와 결합하여 후자의 갈등상을 완화할 수 있을지 좀 더 지켜보아야 한다.

# V. 결론

21세기 지구안보환경은 예측이 어려울 정도로 복잡다단하다. 지구화의 영향으로 비국가 행위자들의 폭력이 강화되고 있으며 그 해결책은 난망하다. 그 가운데 강대국 간의 지정학 경쟁이 동시에 일어나고 있다. 고전지정학과 새로운 비국가 행위자들의 군사적 도전이 복합되는 양상이다. 새로운 이슈가 안보화되어 기존의 전통안보와도 복합되고 있다. 환경, 기후, 에너지, 인권, 재난, 질병, 사이버안보 역시 양적으로 축적되다가 중요한 안보 이슈로 등장하였다. 고전지정학이 주는 이론적 함의가 제한되면서 이를 비판적으로 보는 메타이론으로 비판지정학이 등장한 지 상당 시간이 경과하였다. 강대국 중심의 고전지정학 사고를 극복하려면 궁극적으로는 국제정치적 근대를 넘어서야 할 것이다. 국가가 국민의 안전을 독점적으로 관리하는 체제하에서는 시민이 스스로의 안보를 새로운 틀에서 요구하고 추구하기 어렵기 때문이다. 서구에서 다양하게 논의되고 있는 탈근대 시민권 논의와 지구적 차원의 시민주의에 대한 논의가 중요한 이유이다.

동아시아의 지정학은 어떻게 보아야 할 것인가. 서구와 마찬가지로 고전지정학과 신흥안보의 지정학이 복합된다는 것은 적절한 관찰이다. 그러나 비서구의 지역안보질서는 각 지역의 전통적 안보질서의 영향이 다양한 측면에서 남아 있다. 지정학이 지리와 정치의 관계에 대한 시각이라고 한다면 영토성에 대한 단절과 연속의 논의 없이 지정학을 논하기는 어렵다. 동아시아는 전통질서에서 중원의 천하질서와 주변의 독립성이 병존하였고, 배타적 주권에 의한 배타적 영토의 개념보다 명분과 권력이 함께 작용하는 영토성을 가지고 있었다. 제국주의의 운용원리와 함께 강제된 만국공법의 조직원리는 그 자체가 신흥의

지정학이었고, 이후 군사력 중심의 강대국, 혹은 제국의 정치가 동아
시아를 휩쓸었다. 한반도는 전통 영토 및 민족 관념을 배제당한 채, 헌
정적 연속성을 지키기 어렵게 되었다. 남북한은 이후 냉전을 거치면서
서구의 단순 고전지정학의 사유를 스스로 받아들이고 그에 따라 움직
이는 동북아 강대국 정치에 제약을 받을 수밖에 없었다. 냉전이 종식
된 이후에도 경제협력은 지정학 논리에 영향을 받아 화해, 협력을 이
끄는 추동력이 되지 못하고 있다. 지정학적 영향력이 훨씬 약한 환경,
재난, 질병 등의 신흥안보 이슈가 남북한 지정학 경쟁을 완화하는 새
로운 동력이 될 수 있을지 지켜볼 필요가 있다.

# 참고문헌

문남철. 2014. "유럽연합의 국경소멸과 국경기능의 변화."『국토지리학회지』 48권 2호. pp. 161-175.

이재승·김성진·정하윤. 2014. "환경협력을 통한 평화구축의 이론과 사례: 한반도에의 적용에 대한 고찰."『한국정치연구』 제23집 제3호. pp. 163-188.

이헌환. 2010. "대한민국의 법적 기초: 헌정의 연속성과 남북한 정부의 관계."『법학연구』 31. pp. 3-30.

조명철. 2010. "청일, 러일전쟁의 전후처리와 한국문제."『한일관계사연구』 36. pp. 263-289.

조선신보. 2014. "격동의 동북아시아／조일합의를 둘러싼 국제정세(상), 탈랭전,《미완의 과제》해결／현상유지세력과 현상변경세력의 공방전." 2014.7.1.

_____. 2014. "격동의 동북아시아／조일합의를 둘러싼 국제정세(중), 질서재편의 주도권쟁탈전／조선의《지정학적요충지》론." 2014.7.2.

주봉호. 2014. "한반도 분단의 대내외적 원인에 관한 연구."『통일전략』 14-1. pp. 47-97.

Acharya, Amitav. 1992. "Regional Military-Security Cooperation in the Third World: A Conceptual Analysis of the Relevance and Limitations of ASEAN." *Journal of Peace Research*, Vol. 29, No. 1, pp. 7-21.

Buzan, Barry. 1991. *People, States, and Fear: An Agenda for International Security Studies in the Post-Cold War Era*. Boulder: Lynn Reiner Publishers.

Buzan, Barry. 2000. "The Logic of Regional Security in the Post-Cold War World." In *The New Regionalism and the Future of Security and Development*, edited by Bjorn Hettne, Andris Inotai, and Osvaldo Sunkel. New York: St. Martin's Press.

Katzenstein, Peter. 2005. *A World of Regions: Asia and Europe in the American Imperium*. Ithaca: Cornell University Press.

Lahteenmaki, Kaisa, and Jyrki Kakonen. 1999. "Regionalization and Its Impact on the Theory of International Relations." Bjorn Hettne, Andras Inotai, and Osvaldo Sunkel, eds., *Globalization and the New Regionalism*. New York: St. Martin's Press.

Lake, David. 1997. "Regional Security Complexes: A Systems Approach." David Lake, and Patrick Morgan, eds., *Regional Order: Building Security in a New World*. University Park: Pennsylvania State University Press.

Mackinder, Halford J. 1919. "Who rules East Europe commands the Heartland: Who rules the Heartland commands the World-Island: Who rules the World-Island commands the World." *Democratic Ideals and Reality: A Study in the Politics of Reconstruction*. London: Constable, p. 194.

Mahan, Alfred Thayer. 1987. *The Influence of Sea Power Upon History, 1660–1783*. New York: Dover Publications.

# 제5장

# 신흥안보의 부상 경로

조동준

# I. 머리말

정치공동체가 외부 위협으로부터 안전함을 의미하는 '안보'의 외연이 넓어지면서, 과거에는 안보와 관련되지 않았던 현상들이 안보의 영역으로 들어오고 있다. 냉전기에도 국가의 외부위협과 직접 관련이 없는 현상을 안보의 영역으로 포함하려는 노력이 있었지만(e.g., Brown 1977; Ullman 1983, 136-146), 냉전이 끝난 후 외부위협에 관한 두려움이 약화되면서 신흥안보가 부상할 환경이 마련되었다(e.g., Clare 1992; Mathews 1989; Romm 1993). 냉전 직후 인종갈등이 제일 먼저 안보의 영역으로 들어온 이래, 마약, 난민, 테러가 안보쟁점으로 부상했다. 최근에는 환경파괴, 자원부족, 전염병 등이 안보쟁점으로 부상하고 있으며 지구화, 초국경 범죄조직, 보건 등이 안보의 외연 밖에서 서성거리는 듯 보인다(e.g., Del Rosso Jr. 1995, 186-190; Swain 2013, 2-18).

안보는 전통적으로 정치공동체가 경험하는 외부 위협과 밀접하게 연관되어 있다. 한국어에서 안보는 "편안히 보전되거나 보전하는 상태"를 의미하는 일반 명사이지만, "외부의 위협이나 침략으로부터 국가와 국민의 안전을 지키는 일"을 의미하는 '안전보장(安全保障)'의 줄임말로 사용된다(국립국어원 표준국어대사전). 영어권에서 안보는 "명백한 재해(danger) 또는 재해를 당할 위험(risk)에서 벗어난 상태" 또는 "두려움, 걱정, 공포로부터 벗어난 상태"를 의미하는 보통명사이지만(American Heritage Dictionary), "폭력의 위협과 공격으로부터 스스로를 보전하는 국가의 능력"(Collins Dictionary)을 통상적으로 의미한다. 이처럼 현대인은 안보를 위험으로부터 벗어난 상태를 의미하는 안전(safety)과 다르게 정치공동체에게로 향하는 외부 위협의 부재로 이해한다.

안보의 외연을 넓혀 외부위협은 물론 쟁점을 안보의 영역으로 포함시키는 세계적 추세가 한반도에서도 일어난다. 남북대결로 인하여 테러가 제일 먼저 안보 영역으로 들어왔고,[1] '마약과의 전쟁'을 연상시키는 1990년 '범죄와의 전쟁'으로 인하여 조직범죄가 안보 영역에 들어왔으며, 1990년대 중반 북한의 '고난의 행군'을 초래한 기후변화도 안보 영역으로 들어왔다. 자원부족, 식량, 인간안보 등이 오래 전부터 안보 영역의 경계선에서 서성이고 있다(유호근 2014; 전웅 2004). 최근에는 사이버보안, 보건, 난민, 환경 등이 '신흥안보'로 논의되고 있다(김상배 2016a; 김상배 2016b). 한반도에서도 '신흥안보'는 더 이상 새롭지 않게 느껴진다.

안보 영역에 포함되지 않던 사회문제가 어떤 과정을 거쳐 한반도에서 국가안보의 영역으로 들어오게 되는가? 먼저 이 장은 신흥안보의 부상에 관한 일반적 모형을 제시한다. 구체적으로 객관적 피해 정도, 피해에 대한 대응 능력의 변화, 피해에 관한 주관적 인식에서 큰 변화가 생기면, 통상적으로 국가안보의 영역에 속하지 않던 현상이 국가안보의 영역으로 들어오게 된다. 즉, 피해와 발생가능성을 고려한

---

1    북한 공작원 또는 북한 동조자에 의한 비행기 납치와 폭파가 4차례 발생하여 테러가 한국인에게 안보 영역으로 들어왔다. (1) 1958년 2월 16일 북한 남파공작원 5명과 협력자 2명이 대한국민항공사(KNA) 소속 민항기인 DC-13 창랑호를 공중 납치하여 북한에 강제로 착륙시켰다. 납치 과정에서 미군 중령 1명이 피살되었고 5명이 귀순 명목으로 송환되지 않았다. (2) 1969년 12월 11일 대한항공 여객기 YS-11가 고정간첩에 의하여 공중 납치되어 북한에 강제로 착륙하였다. 승무원 4명과 승객 8명이 자발적 선택 명목으로 송환되지 못하였다. (3) 정치적 성향이 분명하지 않은 김상태가 1971년 1월 23 대한항공 F-27 Friendship 500을 납치하여 북한에 착륙시키려다 미수에 그쳤다. 이 사건으로 2명이 사망하고 12명이 부상을 당했다. (4) 북한의 공작원이 1988년 서울에서 열리는 올림픽을 방해하기 위하여 1987년 11월 28일 대한항공 여객기 858편 보잉 707기를 공중에서 폭파시켜 탑승객 115명이 사망하였다(한국논단 2003, 112-119).

위협이 커지거나 위협에 대한 주관적 인식이 급격히 악화되어야 된다. 또한, 특정 현상이 통상적인 국가안보와 직접 연계되면서 국가안보의 영역으로 들어올 수 있다.

이 글은 한반도에서 신흥안보가 부상하는 예로, 집중호우가 남북한 사이에 각각 상이한 안보 쟁점으로 변화하는 과정을 검토한다. 1990년대 중반 자연재해에 대처할 수 있는 북한의 능력이 급격이 약화된 상태에서 집중호우로 인한 재해가 북한에서는 정권의 생존을 위협하는 수준까지 도달했다. 반면, 한국에서는 집중호우가 대인지뢰문제를 수면 위로 끌어올리는 역할을 하였다. 북한에서 시작된 홍수가 남북한 접경지역에 매설된 대인지뢰를 한국으로 쓸어와 인명사고를 일으키자, 안보 논리에 의하여 감추어졌던 대인지뢰 문제는 수면 위로 올라왔다. 집중호우가 안보 쟁점과 직접 연계되면서 한국에서 기후변화가 안보 영역으로 들어왔다.


## II. 신흥안보의 창발

이 절은 안보 영역에서 속하지 않던 쟁점이 안보 영역으로 들어오게 되는 과정을 유형화한다. 국가안보가 기본적으로 위협인식에 기반하고 있기 때문에 위협감의 구성 요소인 피해의 규모와 정도, 주관적 감정을 일반적으로 고려해야 한다. 동시에 객관적으로 피해의 규모와 정도가 국가안보의 구성요소로 인정을 받을 수 있을 만큼 크지 않더라도 통상안보의 쟁점과 연계가 이루어지면 국가안보의 영역으로 들어올 수 있다.

## 1. 위협감의 구성요소: 객관적 피해 vs. 주관적 인식

개인적 차원에서 위험(hazard)은 객관적 위험요소의 피해 규모와 위험요소가 실제 발현하는 확률로 구성된다. 피해 규모가 크더라도 발생할 확률이 매우 낮다면 위험이 크다고 할 수 없는 반면, 피해 규모가 상대적으로 작더라도 발생할 확률이 매우 높다면 위험이 크다고 할 수 있다. 이처럼 위험에는 이미 발생 가능성을 포함하고 있으며, 예상 가능한 피해 규모와 실제 발생한 사례에 관한 통계 분석을 통하여 상대적으로 쉽게 계산할 수 있다. 이 부분에서는 주관적 평가가 개입될 여지가 없다(Sanderman 2012[1993], 6-7).

위험감(risk)은 객관적 피해 규모와 발생확률에 덧붙여진 주관적 평가와 분노를 포함한다. 객관적 위험은 숫자로서 동일하게 계산될 수 있지만, 객관적 위험에 관한 감정적 평가는 인식 주체에 따라 편차를 보인다. 위험을 인식하는 과정에서 사회적 가치가 연결되면 위험감은 상당한 진폭을 보면서 변화할 수 있다. 예를 들어, 한국인의 사망통계에서 암으로 인한 사망이 자살보다 훨씬 더 많지만, 자살에 대한 사회적 분노가 훨씬 더 크다. 자살을 부정적으로 평가하는 한국의 사회적 가치가 단순한 객관적 숫자로 인한 두려움보다 더 크게 작동하여 암보다는 자살을 더 두렵게 한다. 반면, 사망원인으로서 폐렴이 운수사고보다 더 강하지만, 운수사고가 더 두렵게 느껴진다. 호흡기 질환에 대한 익숙함의 정도가 운수사고에 대한 익숙함의 정도보다 크기 때문에, 운수사고가 덜 위험한 요인이지만 더 큰 두려움으로 다가온다.[2]

위험감을 평가할 때 전문가와 일반인은 객관적 위험과 감정적 요

---

2    한국인 10만 명당 각종 암으로 인한 사망이 153명, 폐렴으로 인한 사망이 32.2명, 자살로 인한 사망이 25.6명, 운수사고로 인한 사망이 10.1명이다(통계청 2017a).

소 사이에 상이한 가중치를 두는 차이를 보인다. 전문가들은 통계 분석의 결과에 기반하여 객관적 위험을 강조하고 감정적 평가와 분노에 상대적으로 덜 관심을 가진다. 반면, 일반인들은 위험을 객관적으로 받아들이기보다는 감정적 평가와 분노에 더 영향을 받는다. 전문가들이 일반인의 감정적 요인을 충분히 고려하지 못하거나, 일반인들이 위험의 객관적 성격을 충분히 이해하지 못할 경우 사회적 인식차이가 발생한다(Sanderman 2012〔1993〕, 8). 예를 들어, 이동거리당 항공기가 가장 안전한 교통수단임에도 9·11 테러 이후 비행기 테러를 두려워하는 일반인들이 자동차를 선택함으로써 약 350명이 추가적으로 사망했다고 추정된다(Gigerenzer 2004, 287).[3] 350명 추가 사망은 일반인들이 객관적 위험을 잘못 이해하였기 때문에 미국 전체가 치른 사회적 비용이다.

국가 차원에서 안보위협은 전통적으로 국경 밖 외부세력이 정치공동체로서 국가의 생존을 심각히 저해하거나 영토 안에 거주하는 시민의 안정과 평안을 저해하는 군사적 현상을 의미했다. 안보위협의 범위를 조금 더 확대하면, 단시간에 정치공동체로서 생존하지 못하거나 국가의 영토 안에 거주하는 시민의 삶의 질이 급격히 떨어뜨리는 사건이나 현상을 포함하는 객관적 요인을 의미한다. 안보위협을 조금만 확대해도 전쟁, 내전, 해상봉쇄, 무역규제, 심각한 자연재해 등을 포함하게 된다(Ullman 1983, 133). 정치공동체로 국가가 생존하기 어렵게 만들거나 영토 안 시민의 삶의 질을 집단적으로 현저하게 저해하는 여러 요인이 국가안보의 영역 안에 들어온다.

안보위협감은 집단으로서 느끼는 감정적 부분을 포함한다. 객관

---

3    미국에서 이동거리당 위험은 비행기에 비하여 이륜차는 3천 배, 승용차는 100배, 기차는 2배 높다(Ball 2014).

적 수치로서 동일한 피해가 발생해도, 안보위협감은 사회적 가치와 결합하여 크게 달라질 수 있다. 예를 들어, 외국인에 의한 테러로 인하여 미국인이 사망할 확률은 극히 낮지만,[4] 이민과 이슬람 근본주의를 중요한 위협(critical threat)으로 인식한다(Smeltz et al. 2016). 외국인에 대한 공포감으로 인하여 객관적 수치가 가진 의미를 이해하지 못하는 일반인이 많기 때문이다. 감정에 기반한 일반인의 평가는 민주주의 사회에서 무시하지 못할 정치적 힘으로 작동하기도 한다.

## 2. 안보 쟁점화

전통적으로 안보 영역에 속하지 않던 현상이 전통적으로 안보 영역에 속한 쟁점과 연결되면 안보 영역으로 들어올 수 있게 된다. 안보 쟁점은 통상 '상위정치'로 구분될 정도로 상징과 감정이 내포되며 강렬하고 지속적 반응을 초래하기 때문에, 경제적 문제와 연관된 이익의 계산에 크게 영향을 받는 '하위정치'와 구별된다(Nye 1965, 871). '상위정치'로 분류되는 쟁점의 향방은 경제적 이익 이상의 판단 기준에 따라 결정되기 때문에, 사회적 관심을 불러일으킬 수 있으며, 재원을 더 많이 확보하는 데 유리하며, 통상적이지 않은 대응책의 채택으로 이어질 가능성이 높다.

전통적으로 안보 영역에 속하지 않던 현상이 안보 쟁점이 되는 방

---

4    1975년에서 2015년 사이 총 미국인 3024명이 미국 안에서 외국인이 자행한 테러로 사망했고, 이 중 2983명이 9·11 테러로 사망했다. 9·11 테러를 제외하면, 미국인 41명만이 미국 안에서 외국인에 의하여 자행된 테러로 사망했다(Nowrasteh 2016). 미국인이 일생에 걸쳐 사망할 위험을 계산하면, 9·11 테러를 포함한 상태에서도 45,808명당 1명이 테러로 인하여 사망한다. 반면, 1608명당 1명이 질식으로, 4,337명당 1명이 자전거 사고로, 9,738명당 1명이 비행기 사고로 사망한다(Mosher and Gould 2017).

식은 크게 두 가지로 나눌 수 있다. 첫째, '안보화(securitization)'이다. 이는 예외적 조치와 재원을 얻기 위한 목적으로 안보 영역에 속하지 않던 쟁점이 안보 영역으로 들어오는 과정을 지칭하는데, 물질적 위협의 실재 여부, 피해 정도, 발생 가능성 등 객관적 요인을 반드시 반영하지 않을 수 있다(Balzacq 2005, 179; Buzan et al. 1998, 15). 국가안보와 연결되는 쟁점이 다른 쟁점에 비하여 더 많은 재원과 관심을 얻기 때문에, 전통적으로 안보 영역에 속하지 않는 쟁점에 관련된 특정 행위자가 자신의 쟁점을 안보와 관련된 언술로 표현할 유인을 가진다. 이 과정을 거쳐 일반 청중이 특정 위협을 국가안보와 연관된 쟁점으로 인식하게 되면, 안보화가 성공한다.

둘째, 통상적으로 안보 영역에 속하지 않던 현상이 물리적으로 안보 쟁점과 연결될 수 있다. 이는 안보화 과정과 다르게 특정 행위자의 의도적 활동에 따라 일어나는 현상이 아니라, 안보 영역에 속하지 않았던 쟁점이 우연하게 안보 쟁점과 얽히게 되면서 일어난다. 안보 영역에 속하지 않던 쟁점이 기존 안보문제를 악화시키거나 촉발시키면서 안보 영역의 쟁점으로 들어오게 된다.[5] 이 과정을 거쳐 기존에 경험하지 못한 예외적 재원과 조치를 향유할 수 있게 된다. 예를 들어, 9·11 테러 이후 빈곤이 테러와 연결되면서 미국의 공적원조는 2001년 회계연도를 기준으로 2002년 19%, 2003년 84%, 2004년 104% 증가하였다(Bush, Jr. 2002; USAID 2017). 테러를 자행하는 사람들이 빈곤 지역 출신이라는 사실과 9·11 테러가 연결되면서 빈곤 퇴치가 반테러 활동의 일환으로 이해되었고, 이는 급격한 공적원조의 증가로 이어졌다. 이처럼 통상적으로 안보 쟁점으로 인정을 받지 못하던 쟁점이 우

---

5    김상배는 이를 "지정학적 임계점"으로 표현한다(김상배 2015, 15).

연하게 안보 쟁점과 연계되기도 한다.


## III. 집중호우의 두 얼굴: 고난의 행군 vs. 대인지뢰 문제의 부상

1990년대 중반 남북한은 함께 집중호우를 경험했지만, 집중호우는 남북한 사이에서 상이하게 안보 쟁점과 연결되었다. 북한에서는 집중호우가 '고난의 행군'으로 표현되는 북한의 정권위기로 이어진 반면, 한국에서는 대인지뢰의 문제와 연결되었다. 즉, 북한에서는 집중호우가 단순한 자연재해 수준을 넘는 피해를 초래하자 안보 쟁점이 된 반면, 한국에서는 집중호우가 남북한 대치국면과 맞물려 안보 영역 안으로 들어왔다. 이 절은 동일한 집중호우가 남북한 사이에서 상이하게 안보 쟁점으로 창발되는 과정을 검토한다.


### 1. '고난의 행군': 홍수에 의하여 드러난 체제 취약성

1996년부터 1999년까지 북한은 '고난의 행군'을 경험했다.[6] 이 시기 북한은 국가로서 존망을 고려할 정도로 심각한 위기를 겪었다. 대규모 식량부족으로 인한 아사와 생존을 위한 탈북이 일어났다. 북한 안에서

---

6   '고난의 행군'은 통상 1996년에 시작하여 1999년 종료되었다고 본다. 1995년에도 '고난의 행군'이 북한에서 언급되었지만, 1996년 『로동신문』, 『조선인민군』, 『로동청년』의 공동사설은 북한의 심각한 위기를 인정하며 "전체 당원들과 인민군 장병들, 인민들에게 백두밀림에서 창조된 고난의 행군정신으로 살며 싸워 나갈 것을 요구"했다(노동신문 1996). 반면, 2000년 공동사설은 '고난의 행군'을 1990년대 후반기 진행되었던 "사회주의를 지키기 위한 결사전"으로 표현하며 사회주의를 지키기 위하여 '고난의 행군'을 다시 할 수 있다고 주장하였다(노동신문 2000).

는 '김일성 유훈'을 버리고 '선군정치'를 시작할 정도로 체제가 변화하
였다. 북한 정권이 배급제를 운영할 능력을 상실하자 주민들은 물리적
생존을 위하여 시장을 발전시켰다. 북한의 국가체제는 이완되었고 일
부 기능은 붕괴되었다. 조직화된 무장력을 독점하고 사회불만을 통제
하는 능력을 제외하면 북한은 실패국가였다.

북한은 '고난의 행군'이 시작된 원인을 사회주의권 몰락, 반(反)북
한 고립정책, 자연재해를 꼽는다(노동신문 1997). 세 요인은 '고난의
행군'의 시작과 끝을 설명하는가? (1) 반북한 정책은 북한 정권에게 손
쉬운 핑계지만 '고난의 행군'을 설명하기 어렵다. 북한이 1948년 이후
지속적으로 '반공화국 압살책동'이 진행되었다고 주장하는 점을 고려
한다면, 반북한 정책은 거의 상수에 가깝다. 1990년대 후반 국제사회
가 북한에 대하여 특별한 고립정책을 실행하지 않았다. 사회주의권 몰
락 또한 직접적인 북한 위기의 원인으로 보기 어렵다. (2) 사회주의권
몰락이 1989년과 1991년 사이에 진행된 반면, 북한의 '고난의 행군'은
1995년부터 진행되어 1999년에 끝났다. 만약 사회주의권 몰락이 북
한 위기의 원인이라면, 사회주의 몰락 이후 북한의 위기는 구조적으
로 진행되어야 한다. 북한의 상황은 사회주의 몰락 이후 계속 변화하
였다. (3) 실제 강수 양상을 검토하면, 자연재해, 그중 홍수가 북한 위
기의 원인이라는 주장이 설득력을 가지지 못한다. 북한의 강수 통계를
보면, 1990년 후반 특별한 이상 징후가 발견되지 않는다(〈그림 1〉 참
조). 북한에서 '백년만의 대홍수'가 일어난다면 북한이 주장하는 1996
년이 아니라 1990년이 가장 가능성 높은 후보이다. 강수 자료만 본다
면, 1990년대에는 북한이 아니라 한국에서 대규모 홍수가 발생할 가
능성이 더 높아 보인다. 이처럼 세 요인을 자세히 검토하면, 북한의 주
장처럼 '고난의 행군'의 직접적인 원인이라기보다는 다른 요인을 검토

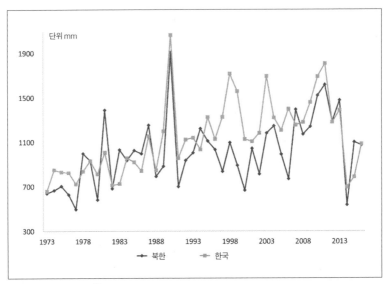

**그림 1.** 남북한 강수량[7]    자료: 기상청(2017).

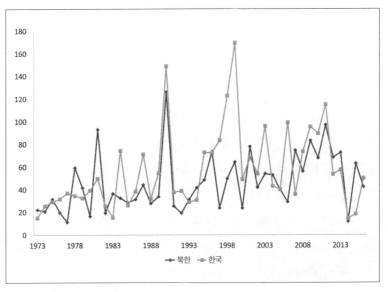

**그림 2.** 남북한 홍수 위험도[8]    자료: 기상청(2017).

할 필요성이 보인다.

북한 위기에는 세 가지 선행조건이 언급되어야 한다.[9] 첫째, 북한의 국토는 집중호우를 견디기 어려운 임계점에 가까웠다. 북한의 농경지 면적이 2백만 정보인데, 쌀과 옥수수를 생산할 수 있는 상대적으로 양호한 농지가 120만 정보에 불과하다. 즉, 일차적으로 경작면적이 부족하다. 북한은 부족한 농경지 확보를 위하여, 산 중간에 다락밭을 만들었다. 산림의 파괴는 수분이 땅을 지탱하는 능력을 약화시켜 토양 유실의 위험을 높였다. 북한은 농경지로부터 최대한 수확을 거두기 위하여 밀식재배농법을 사용하였는데, 이는 토질을 약화시켰다(김수욱·박은희 1998, 82; 임상철·강석승 2000, 149-150; 최수영 1996, 55).

둘째, 북한은 1960년대 이후 기계화, 전기화, 화학화를 진행했다. 이 결과 북한에서 생산성이 크게 증가하였지만, 다량의 화석연료와 화학적 원자재를 집중 투여하는 비효율적인 생산기반이 구축되었다. 북한이 해외로부터 에너지를 지속적으로 얻을 수 있는 환경에서만 북한의 농업은 물론 다른 분야의 생산기반이 작동할 수 있었다(김채수·장

---

7    평양, 해주, 개성, 평강에서 관측된 강수량의 평균을 북한의 연간 강수량으로 계산하였고, 인천, 강화, 인제, 철원에서 관측된 강수량의 평균을 한국의 연간 강수량으로 계산하였다.

8    홍수 위험을 아래 단계를 거쳐 측정하였다. (1) 하루당 20mm 이하 강수는 예외적 집중호우를 제외하면 지면으로 문제없이 스며들기 때문에 제외하였다. (2) 하루당 20mm 이상 강수는 80mm로 나눈 후 제곱하여 당일 강수에 기반한 위험을 계산하였다. 80mm 강수는 호우주의보, 150mm 이상 강수는 호우경보에 해당되기 때문에 80mm를 홍수 피해의 임계점으로 삼았다. '하루당 강수/80mm'를 제곱한 이유는 강수량에 따라 홍수 피해가 기하급수적으로 늘어나기 때문이다. (3) 3일 동안 누적강수량을 240mm로 나눈 후 제곱하여 누적 강수로 인한 위험을 계산하였다. 강수량이 누적되면 땅이 물을 흡수할 능력이 한계에 달해 홍수로 이어질 수 있기 때문이다. (4) 당일 강수에 기반한 위험과 누적 강수에 기반한 위험을 1년 단위로 합산하여 연간 홍수 위험을 측정하였다.

9    사회주의체제의 비효율성과 북한 정권의 무능이 북한 위기의 원인으로 지목되지만, 이는 실제 상수에 근접하기 때문에 1990년 후반 북한의 위기를 설명하는 데 부적합하다.

익근·이정철 1999, 251-261; 김철규 2002, 119-128).

셋째, 북한의 경제구조가 외형적으로는 대외무역에 의존하지 않는 듯 보였지만, 실제 매우 취약하게 연결되어 있었다. 북한은 사회주의 국가와 구상무역을 하면서 금속 관련 원재료와 중간재, 시멘트 등을 수출하였고, 원유, 기계설비, 일부 가정용품 등을 수입하였다. 일본으로는 수산물, 금속 관련 원재료 등을 수출하고 화학제품과 중간설비재를 수입하였다(북한연구소 1983, 695-700). 북한의 수입은 국제 분업을 위함이 아니라 자급자족경제를 유지하는데 부족하거나 전무한 제품과 북한 내 생산에 필요한 중간재에 집중되었다. 이 중 원유는 북한 경제에 필요한 동력으로써 필수불가결 항목이었다.

사회주의권 붕괴는 북한 경제의 마비로 이어졌다. 사회주의권이 붕괴하자, 북한은 더 이상 구상무역을 통하여 원유를 충분히 확보하지 못하게 되었다(〈그림 3〉 참조). 원유를 확보하지 못하게 되자 생산

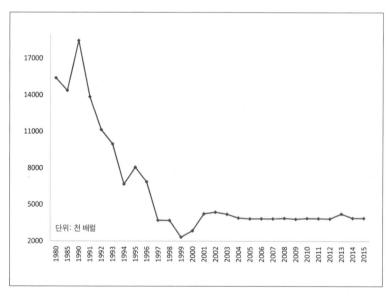

**그림 3.** 북한 원유 수입                                  자료: 통계청(2017b).

설비를 가동시킬 수 없었고 석탄을 채굴하는 기계마저 작동시킬 수 없었다. 이는 석탄 생산의 급감으로 이어졌고,[10] 석탄 생산의 급감으로 화력발전소의 전기 생산 감소로 이어졌다.[11] 전기가 만성적으로 부족해지자 공장 자체가 돌아갈 수 없게 되었다. 1960년대부터 북한이 추구한 기계화와 중공업화는 무용지물이 되었다. 1990년대 후반 북한의 공장 가동률이 20%대로 떨어질 수밖에 없었다. 심지어 군수공장마저도 운영하기 어려울 정도로 북한 경제는 붕괴 직전에 몰렸다(차문석 2006, 48-50).

북한 경제의 마비는 북한 토양이 집중호우에 견디는 능력을 현저

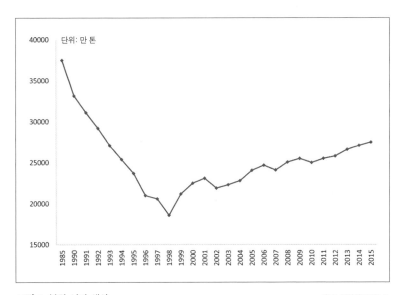

**그림 4.** 북한 석탄 생산                        자료: 통계청(2017c).

---

10    1980년부터 2015년까지 북한의 원유 수입량과 석탄 생산 간 상관계수가 무려 .7854에 달한다. 원유 부족이 북한 산업에 미치는 파급효과를 상징적으로 보여준다.
11    1985년 화력발전에 기반한 전기생산은 128억 kWh인 반면 1998년 겨우 68억 kWh였다(46.9% 감소).

하게 약화시키는 촉발점이었다. 석유가 부족해지니 농기계를 운행하지 못했고, 비료와 농약은 생산되지 않았으며, 노후화된 기계를 정비하는 데 필요한 부품은 더 이상 생산되지 않았다(김수욱·박은희 1998, 82-83). 이는 농업생산성의 저하로 이어졌고, 농민들은 더 많은 경작지를 확보하기 위하여 무리하게 계단밭(다락밭) 개간을 시도하였다. 또한, 석탄과 전기가 공급되지 않자, 북한 주민들은 나무를 태워 생활에 필요한 열을 확보하려 하였다. 나무와 숯이 생활 연료로 복귀하자, 북한의 산림이 급속히 파괴되기 시작하였다. 1990년대 초반 다락밭 개발과 연료를 확보하기 위한 남벌로 인하여 북한의 산림과 토양은 강수를 흡수할 능력을 잃어갔다. 눈으로 드러나지는 않았으나 북한은 집중호우에 취약해졌다.

1996년 북한이 언급하는 '백년만의 대홍수'는 집중호우가 예년에 비하여 극심했기 때문이 아니다. 1996년 7월 북한의 네 지역에서 하루 80mm 이상 내린 집중호우는 일곱 차례로 평균(1973년부터 2015년 사이 7.68회)에 미치지 못했다. 1996년 7월, 북한의 4개 지역의 평균 누적강수량이 2,160.5mm이지만, 2013년 7월 3,387.2mm, 2011년 7월 2,977.2mm의 기록보다도 적었다. 1996년 7월 27일 개성의 강수량이 262mm였지만, 2012년 8월 15일 개성의 강수량이 303mm, 2002년 7월 16일 개성의 강수량이 279mm, 1999년 8월 26일 개성의 276mm, 2015년 8월 26일 평양의 강수량이 276mm에 도달했던 적이 있었다. 강수와 관련된 어떤 통계치도 1996년 '백년만의 대홍수'를 직접 설명할 수 없다.

1990년대 '고난의 행군'의 원인에 관한 북한의 공식 설명은 최소한 10년 동안의 흐름을 종합적으로 검토해야만 이해될 수 있다. 사회주의권 붕괴가 북한의 취약성까지 높였기에, 1995년과 1996년 집중호우로 인한 홍수에 북한 정권은 효과적으로 대응하지 못하였다. 북한 정권이 배급을 할 수 없게 되자, 배급에 의존하던 북한 주민이 대량으로 북한을 떠나게 되었다. 북한에 남은 사람들은 작게는 심각한 영양 위기를 겪었고(〈그림 5〉 참조), 크게는 아사하였다. 집중호우가 북한 체제의 취약성과 맞물리면서 북한 정권에게 생존의 문제가 되었다. 이런 특별한 상황에서 집중호우는 북한의 안보 쟁점이 되었다.[12]

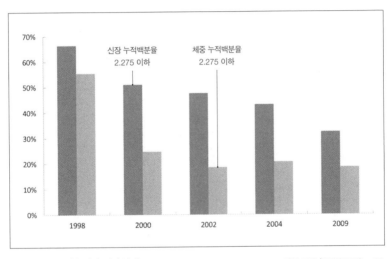

**그림 5.** 북한 영유아의 영양상태                    자료: FAO/WFP(2010), p. 24.

## 2. 대인지뢰 문제의 부상: 집중호우와 남북한 대치 간 연계

한반도는 지뢰위험지대이다. 1990년대 후반까지 지뢰 105만 발은 한

---

12  북한의 시장화는 집중호우가 더 이상 북한 정권의 존망을 흔들지 않게 되는 현상을 설명한다. 강수 자료를 보면 북한의 홍수위험은 2000년대 더 커졌고 실제 홍수도 일어나지만, 북한 주민이 시장에 의존하여 생존에 필요한 물품을 구한다. 국가 배급이 일시적 또는 영구적으로 붕괴되어도 북한 주민들이 생존할 수 있는 환경이 마련됨에 따라, 1990년대 후반과 같은 대규모 아사와 탈북으로 이어지지 않는다.

국이 통제하는 비무장지대와 민통선 내 지역에 매설되었다. 북한이 통제하는 지역에는 약 40만 발이 묻혀 있다고 추정된다. 한국전쟁기 방어용 목적으로 연합군, 북한군, 중국지원군이 지뢰를 매설하였고, 휴전 후에도 양측은 방어용 목적으로 지뢰를 매설하였다. 비무장지대는 단위면적당 지뢰매설 세계 순위 2위이다(ICBL 2017). 한국의 일부 후방지역은 1990년대 후반까지 지뢰위험지대였다. 1962년 쿠바 미사일 위기 당시, 공산 측이 쿠바 위기를 구실로 동아시아를 공격할 수 있다고 우려하여 주한미군시설을 보호하기 위하여 지뢰를 매설하였고, 1980년대 중반 서울 올림픽과 아세안 게임을 방해하기 위한 북한의 기습공격에 대비하기 위하여 대공방어망을 보호하기 위하여 지뢰가 매설되었다(Jo 2008, 84-85).[13]

한반도는 지뢰위험지대이지만, 지뢰문제는 1970년대 초반부터 1980년대 후반까지 한국에서 가려졌다. 1971년까지는 민간인의 지뢰피해가 신문을 통해 등장했지만, 1972년부터 1995년까지는 민간인의 지뢰피해가 신문에 거의 등장하지 않았다.[14] 1972년부터 1995년 사이 민간인의 지뢰피해 사례가 현저하게 줄었기 때문에 민간인 지뢰피해에 대한 보도가 줄지 않았다. 1972년 폭발물 사고 88건 중 민간인 지뢰피해가 7회 있었고(동아일보 1973), 이후에도 민간이 지뢰피해가 계속 발생하였다. 1972년부터 1995년 민간인 지뢰피해가 있었지만, 언론에 보도되지 않았다. 민간인 지뢰피해자 또는 유족들이 한국대인지뢰대책회의에 보고한 사례만 보아도 1980년대 초반을 제외하면 지뢰

---

13    후방지역에 설치된 대공방어기지를 보호하기 위한 지뢰는 2006년 모두 제거되었다(박영민 2007; 유호상 2006).

14    네이버 뉴스 라이브러리 검색 결과 1954년부터 1971년까지 민간인의 지뢰피해 사례가 총 101회(연평균 6.93)가 보도되었다. 반면, 1972년부터 1995년까지 민간인의 지뢰피해 사례가 총 5회 보도되었다.

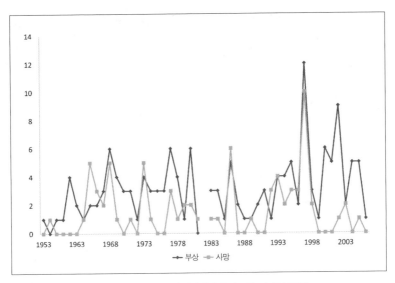

**그림 6.** 민간인 지뢰피해 통계(한국대인지뢰대책회의에 신고된 사례만 포함)
자료: 한국대인지뢰대책회의(2006), p. 74-82.

피해 사례는 꾸준히 있었다. 이 시기 민간인 지뢰피해가 보도되지 않다가, 1996년 민간인의 지뢰피해 사례가 5회 보도되었다. 이후 지뢰문제가 언론에 다시 등장하였다.

1990년대 집중호우는 대인지뢰 쟁점의 재부상과 직접 관련이 있다. 북한의 취약성으로 인하여 북한 내 집중호우는 홍수로 이어지고, 북한발 홍수가 임진강, 북한강, 한탄강 등 남북으로 흐르는 강을 따라 비무장지대와 민통선 지역 내 지뢰도 같이 쓸려 한국으로 몰려왔다. 북한이 매설된 지뢰와 북한군이 보관하던 지뢰는 홍수에 휩쓸려 내려왔고, 국군의 통제 아래에 있는 지역에 매설된 지뢰도 같이 내려왔다. 북한 목함지뢰가 유역에서 종종 발견되었고, 강을 찾은 민간인들이 피해를 입게 되었다. 한국 쪽에도 집중 호우로 지뢰가 유실되었다.[15] 〈그림 1〉과 〈그림 2〉가 보여주듯이 1990년대 후반 한국에서 강수량과 홍수위험이 증가하였다. 구체적으로 시간당 20mm 이상, 일당 80mm 이상 비가 내리는 경우가 1990년대 후반 증가하였다. 집중호우가 지뢰문제를 유발했다.

1990년대 후반 대인지뢰금지규범의 성장도 1990년대 후반 한국에서 대인지뢰가 정치 쟁점으로 부상하는 데 기여하였다. 냉전 종식과 함께 대인지뢰의 비인도적 성격을 드러내며 대인지뢰를 규제하려는 움직임이 본격화되었다. 반대인지뢰 사회운동은 방어용 군사무기로서 지뢰의 효용성을 부정하고 지뢰가 인간안보를 직접적으로 위협하는 요소라는 점을 부각시켰다. 구체적으로 지뢰가 인도주의적 문제의 원인으로 인식되도록, 지뢰금지운동은 지뢰피해를 시각적으로 생생하게 전달하고, 지뢰피해 관련 통계를 지속적으로 제공했다. 이들의 활동으로 지뢰가 인간안보를 위협하는 요인으로 인식되게 되었다(e.g., Banerjee and Muggah 2002, 43-46; Rutherford 2000, 79-110; Wexler 2003, 576-578). 지뢰금지운동은 냉전 이후 우호적인 국제정치환경에서 대인지뢰금지규범을 정치적 의제로 격상시켰고, 궁극적으로 1997년 오타와 협약(Ottawa Treaty)을 이끌어냈다(Sigal 2006, 9-24). 한국에서도 지뢰금지운동이 발생하였다(Jo 2008, 89-92).

한국에서 대인지뢰금지운동이 시작되면서, 지뢰문제가 국가 안보와 관련된 쟁점이 되었다. 초기 대인지뢰금지운동은 지뢰의 반인도적 측면을 부각하는 반면 지뢰의 안보효과에 직접 도전하지 않았다.[16] 지뢰금지운동은 드러나지 않던 지뢰피해자를 드러내고, 지뢰피해가 드

---

15    뉴스라이브러리 검색 결과 지뢰유실을 보도한 사례가 1964년 4회, 1984년 1회, 1995년 6회, 1996년 31회, 1997년 4회, 1998년 32회, 1999년 21회였다.

16    "Korea Campaign to Ban Landmines"가 문자적으로 "한국대인지뢰철폐운동"으로 번역되어야 하지만, 초기 대인지뢰금지운동가들은 지뢰금지운동이 안보 쟁점으로 되는 것을 막기 위하여 "한국대인지뢰대책회의"라고 칭하였다.

러나지 못했던 사회적 압박을 언급하고, 지뢰피해자에게 제한적인 구
호를 시작하였다. 이처럼 지뢰금지운동이 지뢰의 반인도적 측면에 초
점을 맞추려고 했지만, 군축 친화적인 사회세력과 지역구에서 지뢰
문제를 가지고 있는 정치인들이 대인지뢰문제를 정치 공론의 장에서
언급하면서, 대인지뢰를 둘러싼 경쟁이 시작되었다(남궁곤·조동준
2010, 32-35).

1990년대 한국 정부는 지뢰가 안보에 기여하는 효과가 있다고 주
장하며 대인지뢰금지운동의 주장을 반박하였다. 한국 정부의 주장은
크게 세 가지로 요약될 수 있다. 첫째, 대인지뢰가 효과적인 방어기제
라는 주장이다. 기동전을 중시하는 북한군의 진격로 앞에 매설된 대인
지로가 북한의 진군 속도를 늦추어 한국이 대응할 시간을 확보할 수
있다고 하였다.[17] 둘째, 대인지뢰가 북한의 기습도발을 막아 전쟁을 가
능성을 낮추기 때문에, 민간인 피해를 줄이는 효과를 가진다는 주장이
다. 대인지뢰의 비인도성보다는 전쟁예방효과에 초점을 맞추었다. 셋
째, 한국군이 대인지뢰의 사용을 효과적으로 통제하기 때문에 한국에
서 민간인 피해가 없다고 주장하였다. 한반도에서 대인지뢰는 비무장
지대에서만 사용되며 지뢰지대가 효과적으로 보존되고 있다고 강조하
면서, "앙골라와 캄보디아에서 발생하는 일들이 한국에서는 일어난 적
이 없고 일어나지도 않는다"고 단언하였다(국방부 1997; Lee 1997).

---

17  국방부는 대인지뢰를 제거할 경우 경비병력으로 2만 명이 더 필요하기 때문에 대인지뢰
를 제거할 수 없다는 입장을 보였다(국회환경포럼 1998, 669). 한국 정부는 제한적으로
대인지뢰금지운동을 수용하였다. 김영삼 행정부는 대인지뢰의 수출입을 금지하는 국제
연합 총회 결의안(UNGA Res 48/75, 1993년 12월 15일)과 대인지뢰의 수출입을 중단
해 달라는 클린턴 대통령의 공개서한(1993년 12월 7일)을 받고 1995년부터 대인지뢰의
수출입을 1년간 유예하는 조치를 취하였다. 또한, 특정재래식무기금지협약의 개정을 추
진하던 제네바 군축회의에 참여하여 대인지뢰의 사용에 대한 규제를 강화하고자 하였
다.

지뢰의 안보효과에 관한 논쟁이 진행되는 상황에서 김대중 행정부와 노무현 행정부의 등장은 지뢰에 대한 시각을 바꾸는 계기였다. 김대중 행정부는 2000년 6·15 남북공동선언과 이후 호전된 남북관계 국면에서 지뢰의 효과를 재조명하였다. 남북이 경의선 철도와 도로를 연결하고(2000.07.31), 동해선을 연결하기로 합의함에 따라(2004.04.05.), 남북한 연결구간의 지뢰가 제거되어야만 했다. 지뢰제거에 반대하는 보수파의 견해를 약화시키기 위하여 김대중 행정부는 지뢰를 방어기제가 아니라 남북교류의 장애물로 묘사하였다. 비무장지대 지뢰가 제거되어도 한국의 안보에 문제가 없다고 하였다(유호상 2002).

김대중 행정부는 후방지대에 매설된 지뢰를 제거하기 시작하였다. 북한의 기습공격을 방어하기 위하여 방공기지 주변에 매설된 지뢰가 우선적으로 제거되었다. 또한 국방부는 후방지대에 매설된 지뢰를 제거하기 위한 중장기계획(2002-2006)을 입안하였다. 도심지역 인근지대의 지뢰를 제일 먼저 제거하고, 국립공원 및 도립공원 내 민간 출입이 빈번한 지역에 매설된 지뢰를 제거했으며, 후방 오지에 매설된 지뢰가 순차적으로 제거되었다. 한국군은 지뢰 제거를 홍보하였다(국방일보 2001). 한국군이 지뢰와 연결된 안보효과를 상대적으로 낮추어 평가한다는 간접적 증거였다.

노무현 행정부는 공개적으로 대인지뢰의 안보효과에 도전하지 않으면서도 대인지뢰의 비인도적 부작용을 줄이는 작업을 진행하였다. 첫째, 대인지뢰 피해자에 대한 인도적 구호 활동을 벌이고, 지뢰피해를 줄이기 위한 예방교육도 실시하였다. 그동안 자신의 잘못으로 지뢰피해를 입었다고 생각하여 국가배상의 시효를 넘긴 피해자에게 실질적 도움이 제공되기 시작하였다. 둘째, 국가기밀로 분류되어 공개하지 않았던 대인지뢰 보유현황과 매설현황 관련 자료를 비정부기구인 국제대인지뢰금지운동(ICBL)에 공개하였다. 국제대인지뢰금지운동이 주장하는 자료와 한국 정부의 자료가 다를 경우, 국방부는 정확한 정보를 공개하여 국제대인지뢰금지운동의 오류를 바로 잡으려 하였다. 셋째, "친환경 지뢰제거 기법"을 도입하였다. 지뢰를 제거하는 과정에서 수목이 파괴되고 토양이 오염된다는 환경운동의 비판을 수용하여, 수목을 제거하기 않고 또한 지뢰를 폭발시키지 않으면서 지뢰를 제거하는 기법이 도입되었다. 비용이 더 많이 들어가는 기법이지만, 기뢰 제거에도 "친환경" 규범이 덧붙었다(이상철 2007).

1990년대 후반 집중호우가 지뢰를 안보의 수단이 아니라 인간안보를 위협하는 무기로 재조명되는 계기를 마련하였다. 집중호우로 인하여 남북한이 방어용으로 매설된 지뢰가 유실되면서 지뢰피해가 빈번하게 발생하였다. 대인지뢰금지운동은 드러나지 않던 지뢰피해를 대중에게 알리면서 지뢰의 부정적 영향을 강조하였다. 사회운동세력과 정치권마저 지뢰와 관련된 논쟁에 연결되면서, 지뢰가 안보 쟁점이 되었다. 한국 정부는 대인지뢰금지규범을 서서히 수용하였다. 기후변화가 안보 쟁점이 되는 수준을 넘어, 국가행동의 변화로까지 이어졌다.


## IV. 맺음말

통상적으로 안보 영역에 속하지 않던 쟁점이 안보 쟁점으로 들어오는 과정에서 객관적 피해의 규모와 발생 가능성, 주관적 인식, 쟁점 연계가 중요한 변수로 작동한다. 종합하면, 신흥안보의 창발 유형을 크게 세 가지로 정리할 수 있다. 첫째, 국가의 생존 또는 영토 안 시민의 안전과 평안에 심각한 위해를 가지는 객관적 피해와 발생 가능성을 종합한 위협이 안보 쟁점으로 인식될 정도로 증가하는 경로이다. 예를 들어, 기후변화로 인한 피해가 국가별로 상이하지만, 적도 근처 섬으로 이루어진 소국은 해수면 상승으로 인해 물리적으로 사라질 위험에 놓였으며 저지대에 위치한 국가들은 침수 위험이 증가하였다(Purvis 2016). 키리바시(Kiribati)와 투발루(Tuvalu)는 침수로 인한 피해를 예상하여 피지에 피난처까지 마련하였다(Office of the President Republic of Kiribati 2014). 이처럼 통상적으로 안보 영역에 속하지 않던 쟁점도 예상되는 피해가 매우 크며 실제 발생할 개연성이 높은 경우 안보 영역으로 들어올 수 있다.[18]

둘째, 위협에 대한 주관적 평가가 급격히 달라짐으로써 안보 영역에 속하지 않았던 쟁점이 안보 영역으로 들어오는 경로이다. 객관적 위험이 동일하다고 하더라도 사회적 가치가 변함에 따라 위협에 대한 인식이 변화할 수 있다. 예를 들어, 외국인에 의한 테러로 사망할 확률이 정말 희박하지만 자국민이 테러로 사망할 때 민족적 유대감이 결합되면서 공포감을 유발한다. 공포로 인하여 테러가 안보 영역으로 들어왔다. 신흥안보 쟁점 대부분의 위험은 인류가 오랫동안 겪은 질병과 일상적 재해보다 낮은 편이지만, 안보 쟁점으로 전환되면서 큰 관심을 받는다.

셋째, 특정 현상이 안보 쟁점과 물리적으로 또는 의식적으로 연계됨으로써 안보 쟁점이 되는 경로이다. 예를 들어, 무기로 사용될 정도로 농축되지 않는 핵물질에 대한 방호는 통상 안전 쟁점이었지만,

---

18  피해의 규모와 발생가능성이 동일하다고 하더라도 대응하는 능력에 따라 위험이 달라질 수 있다. 기후변화로 인하여 동일하게 해수면이 상승한다 하더라도 유럽 저지대 국가들은 대응능력을 가지고 있기 때문에 상대적으로 덜 취약하다(Kimmelman 2017).

2002년 "더러운 폭탄" 테러와 관련하여 Jose Padilla가 체포되면서 국가안보의 쟁점으로 전환되었다. 2003년 12월 미국의 5개 대도시가 "더러운 폭탄"의 공격 대상이 되었다는 첩보와 이후 미국 보안당국의 활동은 "더러운 폭탄"에 대한 두려움을 키웠다(Kehaulani and Schmidt 2003; Krikorian 2004). 핵무기에 사용될 수준으로 농축되지 않는 핵물질에 대한 통제가 단순 방호가 안보 쟁점이 되었다. 실제 핵물질에 대한 도난과 유실이 점차 줄어드는 추세지만, 특정 국가에서 일반인이 겪는 공포는 여전히 높은 수준이다.

한반도에서 부상한 신흥안보 사례도 세 경로로 구분될 수 있다. 첫째, 위협이 증가하였기 때문에 안보 쟁점이 된 사례로 기후변화, 사이버테러, 원자력발전소에 대한 방호를 들 수 있다. 북한의 취약한 정권은 기후변화로 인한 강수변화에 제대로 대응하지 못하여, 정권의 존망까지도 위협받고 있다. 북한 공작원과 연계된 사이버테러는 한국 기간산업망의 마비를 유발할 수 있기 때문에, 한국의 안정에 심각한 위해를 가할 수 있다. 동아시아 지역에는 원자력발전소가 집중적으로 건설되고 있는데 원자력발전소가 인구밀집지역에 근접하기 때문에, 원자력발전소에 대한 방호는 한반도에서 단순한 안전 쟁점이 아니라 잠재적으로 안보 쟁점이다. 둘째, 위협에 대한 주관적 평가가 증폭되기 때문에 안보 쟁점이 된 사례로 외국인에 의한 테러와 보건(전염병)을 들 수 있다. 한국인이 해외에서 테러 공격을 받는 사례(2004년 김선일씨 살해 사건, 2007년 아프가니스탄 인질 사건, 2009년 예멘 폭탄테러)를 겪으면서, 한국에서도 테러 위협이 증가하였다. 2003년부터 2008년 사이 국내에서 테러 조직과 연계되었다는 혐의로 74명이 구속 또는 강제 퇴거되었는데, 예방적 조치로 보인다(이광빈 2008). 보건(전염병) 문제는 2003년 중국발 사스 경험과 연결되어 안보 쟁점으로 묘사되기도 한다. 범유행 전염병이 외부로부터 유래할 때, 보건 쟁점이 안보 쟁점으로 수용될 가능성이 높아진다. 셋째, 특정 현상이 기존 안보 쟁점과 직접 연계된 사례로 대인지뢰, 비행기 테러를 들 수 있다. 남북한이 매설한 대인지뢰가 집중호우로 유실되자, 집중호우와 지뢰가 안보 영역으로 들어왔다. 북한 공작원이 네 차례 비행기 납치와 연관되었기 때문에, 비행기 테러가 오래 전부터 안보 영역으로 들어왔다.

# 참고문헌

국립국어원. "표준국어대사전." http://stdweb2.korean.go.kr/search/List_dic.jsp (검색일:
    2017.9.10)
국방부. 1997. "대인지뢰 전면금지 국제추세와 우리의 입장,"『국방소식』(1997.9.10).
국방일보. 2001. "국방일보 선정 2001 군 10대 뉴스."『국방일보』(2001.12.28).
국회환경포럼. 1998. "국회환경포럼." http://ebook.assembly.go.kr/ebooklnk/research/
    pdf/research25111939.pdf (검색일: 2017.9.20)
기상청. "자료조회–종관기상관측." 기상자료개방포털 https://data.kma.go.kr/cmmn/main.
    do (검색일: 2017.6.20)
김상배. 2015. "신흥안보의 부상과 과학기술의 역할." 한국과학기술기획평가원 Issue Paper
    #18(2015).
_____. 2016a.『신흥안보의 미래전략』서울: 사회평론아카데미.
김상배 편. 2016b.『신흥권력과 신흥안보: 미래 세계정치의 경쟁과 협력』서울:
    사회평론아카데미.
김수욱 · 박은희. 1998. "북한 식량공급부족의 원인과 해결방안에 관한 연구."
    『한국농업교육학회지』30(1): 73-96.
김채수 · 장익근 · 이정철. 1999. "북한 농업기반의 현황과 문제점."『북한연구학회보』2(1):
    245-265.
김철규. 2002. "북한의 농업 위기와 식량 문제: 거시 역사적 접근."『농촌사회』12(1): 111-
    132.
남궁곤 · 조동준. 2010. "국제규범의 국내확산경로– 대인지뢰금지규범의 국회내 유입과
    발의를 중심으로."『한국정치학회보』44(3): 27-52.
대한민국 통계청. "사망원인별 사망률 추이." e-나라지표(2017.9.20a). http://www.index.
    go.kr/potal/main/EachDtlPageDetail.do?idx_cd=1012 (검색일: 2017.10.2a).
_____. 원유도입량 및 정유능력(1980-2015). 북한통계 http://kosis.kr/bukhan/index.jsp
    (검색일: 2017.10.2b)
_____. 석탄 및 철광석 생산량(1965-2915). 북한통계 http://kosis.kr/bukhan/index.jsp
    (검색일: 2017.10.2c)
동아일보. 1973. "生命(생명)노리는 爆發物事故(폭발물사고) 治安局(치안국) 集計(집계)통해
    알아본다."『동아일보』(1973.5.29).
로동신문. 1996. "붉은기를 높이 들고 새해의 진군을 힘차게 다그쳐나가자."『로동신문』
    (1996.1.2).
_____. 1997. "우리 사회는 혁명적 랑만이 차넘치는 생기발랄한 사회."『로동신문』
    (1997.11.28).
_____. 2001. "당창건 55돌을 맞는 올해를 천리마대고조의 불길속에 자랑찬 승리의 해로
    빛내이자."『로동신문』(2000.1.1).

박영민. 2007. "올 전반기 지뢰 1104발 제거."『국방일보』(2007.8.10).

유호근. 2014. 비전통안보 이슈로서 식량안보: 한국적 함의. OUGHTOPIA 29(2): 127-152.

유호상. 2002. "국민의 군대로 깊이 각인."『국방일보』(2002.12.17).

_____. 2006. "후방지역 지뢰제거 육군, 올 계획 밝혀."『국방일보』(2006.1.6.).

이광빈. 2008. "알카에다 연계조직 국내에서 암약."『연합뉴스』(2008. 9. 21).

이상철. 2007. "지뢰제거작전이 준 선물."『국방일보』(2007.11.19).

임상철. 2006. "북한의 홍수피해는 천재가 아닌 인재이며 예방의 첩경은 산림복원이다."
　　　『북한』2006년 9월.

전웅. 2004. 인간안보와 국가안보.『국제정치논총』44(1): 25-49.

차문석. 2006. "신의주 공장 연구:고난의 행군 시기의 공장 실태."『통일문제연구』18(1): 41-
　　　71.

최수영. 1996. "북한 식량난, 농업구조 문제가 근본원인."『통일한국』14(9): 54-56.

한국논단. 2003. "미의회 조사국 작성/북한도발사(1950~2003)."『한국논단』(2003년 11월):
　　　112-133.

한국대인지뢰대책회의. 2006. "강원도 내 민간인 지뢰피해자 실태조사 보고서"(2006).
　　　평화나눔회 자료실 http://www.psakorea.org/board/index.html?id=report (검색일:
　　　2017.9.20)


American Heritage Dictionary. https://ahdictionary.com/ (검색일: 2017.9.10)

Ball, James. 2014. "How Safe is Air Travel Really?" *Guardian* (2014.7.24.).

Balzacq, Thierry. 2005. "The Three Faces of Securitization: Political Agency, Audience
　　　and Context." *European Journal of International Relations* 11(2): 171–201.

Banerjee, Dipankar, and Robert Muggah. 2002. *Small Arms and Human Insecurity:
　　　Reviewing Participatory Research in South Asia*. Colombo, Sri Lanka: Regional
　　　Center for Strategic Studies.

Brown, Lester. 1977. "Redefining National Security." World Watch Institute Paper #14.
　　　(1977 October).

Bruce Schneier. 2003. *Beyond Fear: Thinking Sensibly about Security in an Uncertain
　　　World*. Berlin: Springer.

Bush, Jr., George W. 2002. "Security Freedom's Triumph." *New York Times* (2002.9.11.).

Buzan, Barry, Ole Wæver, and Jaap de Wilde. 1998. *Security: A New Framework for
　　　Analysis*. Boulder: Lynne Rienner Publishers.

Clare, Michael. 1992. *World Security*. New York: St. Martin's Press.

Collins Dictionary. https://www.collinsdictionary.com/ (검색일: 2017.9.10).

Del Rosso Jr., Stephen J. 1995. "The Insecure State: Reflections on "The State" and
　　　"Security" in a Changing World." *Daedalus* 124(2): 175-207.

FAO/WFP. 2010. Special Report: Crop and Food Security Assessment Mission to the
　　　Democratic People's Republic of Korea (16 November 2010). http://www.fao.org/
　　　docrep/013/al968e/al968e00.htm (검색일: 2017.9.20).

Gigerenzer, Gerd. 2004. "Dread Risk, September 11, and Fatal Traffic Accidents." *Psychological Science* 15(4): 286 – 287.

International Campaign to Ban Landmines. 2000. "Country Report – Republic of Korea." Landmine Report 2000. http://archives.the-monitor.org/index.php/publications/display?url=lm/2000/report.html (검색일: 2017.9.20).

Jo, Dong-Joon. 2008. "Bring International Anti-Landmine Norms to Domestic Politics: Korea Campaign to Ban Landmines as an Effective Intermediary." *Review of Korean Studies* 11(3): 81-95.

Kehaulani, Sara and Susan Schmidt. 2003. "U.S. Checking Foreign Airlines for Terror Risks." *Washington Post* (2003.12.24).

Kimmelman, Michael. 2017. "The Dutch Have Solutions to Rising Seas. The World Is Watching." *New York Times* (2017.6.15).

Krikorian Greg. 2004. "LA checked as Possible 'Dirty Bomb' Attack Target." *Los Angeles Times* (2004.1.7).

Lee, Seung Joo. 1997. "The Position Paper-Republic of Korea." Paper presented at the Convention on the Prohibition of the Use, Stockpiling, Production and Transfer of Anti-Personnel Mines and on Their Destruction." (Oslo, Norway; 1997.9.1).

Mathews, Jessica Tuchman. 1989. "Redefining Security." *Foreign Affairs* 68(2): 162-77.

Mosher, Dave and Skye Gould. 2017. "How Likely Are Foreign Terrorists to Kill Americans? The Odds May Surprise You." *Business Insider* (2017.1.31).

Nowrasteh, Alex. 2016. "Terrorism and Immigration: A Risk Analysis." CATO Institute Policy Analysis #798 (2016.9.13.).

Nye, J. S. 1965. "Patterns and Catalysts in Regional Integration." *International Organization* 19(4): 870-884.

Office of the President Republic of Kiribati. 2014. "Kiribati Buys a Piece of Fiji." Kiribati Climate Change (2014.5.30).

Purvis, Katherine. 2016. "Sinking States: the Islands Facing the Effects of Climate Change." *Guardian* (2016.2.15).

Romm, Joseph. 1993. *Defining National Security*. New York: Council on Foreign Relations Press.

Rutherford, Kenneth R. 2004. "Nongovernmental Organizations and the Landmine Ban." Richard A. Matthew, Bryan McDonald and Kenneth R. Rutherford, eds. *Landmines and Human Security*. Albany, NY: State University of New York Press.

Sanderman, Peter M. 2012[1993]. *Responding Community Outrage: Strategies for Effective Risk Communication*. Creative Commons http://petersandman.com/media/RespondingtoCommunityOutrage.pdf (검색일: 2017.9.10).

Savage, Ian. 2013. "Comparing the Fatality Risks in United States Transportation across Modes and Over Time." *Research in Transportation Economics* 43(1): 9-22.

Sigal, Leon V. 2006. *Negotiating Minefields: the Landmine Ban in American Politics*.

New York, NY: Routledge.

Smeltz, Dina, Ivo H. Daalder, Karl Friedhoff, and Craig Kafura. 2016. "America in the Age of Uncertainty." Chicago Council on Global Affairs (2016.10.6).

Swain, Ashok. 2013. *Understanding Emerging Security Challenges: Threats and Opportunities*. New York: Routledge.

Ullman, Richard H. 1983. "Redefining Security." *International Security* 8(1): 129-153.

USAID. "U.S. Overseas Loans and Grants." Greenbook https://www.usaid.gov/developer/greenbookapi (검색일: 2017.9.10).

Wexler, Lesley. 2003. "The International Deployment of Shame, Second-best Responses, and Norm Entrepreneurship: The Campaign to Ban Landmines and the Landmine Ban Treaty." *Arizona Journal of International and Comparative Law* 20(3): 561-606.

# 제2부

# 한반도 신흥안보의 세계정치

제6장

기술환경과 신흥안보의 복합지정학: 남북한 관계의
맥락

배영자

# I. 문제제기

최근 기술변화 속도가 증가하고 새로운 기술이 빠르게 확산되면서 다양한 사회적 변화가 진행되고 있다. 사물인터넷, 빅데이터, 인공지능, 생명공학기술, 나노기술, 태양광 등 다양한 분야의 기술발전이 가속화되는 가운데 신기술이 가져오는 사회적 편의와 동시에 새로운 위협들이 주목되고 있다. 빅데이터와 사물인터넷 기술로 인한 전방위적인 프라이버시 침해, 생명공학기술 활용의 윤리적 허용 범위에 대한 논란, 인공지능기술의 발전과 노동시장 구조의 변화 등 신기술의 발전과 함께 불가피하게 따라오는 문제들이 위협으로 인식되고 있다.

최근 우리가 일상생활에서 접하는 위협을 신흥안보의 관점에서 분석하는 시도가 진행되고 있다(김상배 2016). 신기술 활용으로 인한 위협들은 미시적 차원의 개별안전(individual safety)의 문제로 그칠 수도 있지만 대부분 일상적인 작은 위협들이 특정한 순간에 집합안전(collective safety) 또는 집합안보(collective security)의 문제가 되고, 더 나아가 질적 연계성이 커지면서 거시적 차원에서 일반 안보(general security)의 문제로 발전하는 특성을 보인다. 예컨대 개인 수준의 일상적인 해킹이나 사이버공격이 국가 차원의 분쟁 대상이 되는 경우가 대표적이라 볼 수 있다. 미시적 안전에서 거시적 안보 문제로 확산되는 과정에서 다양한 국가 및 비국가 행위자, 비인간 행위자 등이 관여하게 되며, 문제의 발생원인, 확산경로 및 파급효과가 단선적이기보다는 복합적으로 드러난다.

본 연구에서는 새로운 위협을 발생시키고 있는 다양한 신기술 가운데 특히 원자력발전, 사이버안보, 인공지능기술에 주목하고, 해당 기술 활용 과정에서 발생하는 위협을 신흥안보 시각에서 고찰하고자 한다. 원자력발전은 일상적인 안전 문제가 특정한 계기를 통해 거시적 안보 이슈로 발전할 수 있는 이슈이다. 마찬가지로 사이버안보도 개인 수준의 안전 문제가 국가안보로 확대되고 있는 사례이다. 인공지능기술의 경우 그 영향력의 범위가 막대하여 로봇전쟁, 각종 스마트 무기의 부상 등 다양한 거시적 지정학적 안보로 확대될 수 있는 이슈이다. 원자력발전, 사이버안보, 인공지능기술의 경우 각 기술들을 활용하는 과정에서 안전사고의 위험이 상대적으로 높으며 이슈영역 내의 안전 사고가 양적으로 증가하여 일정한 수준을 넘는 경우(양질전화 임계점) 미시적 안전이 거시적 안보 이슈화된다. 아울러 원자력발전과 지진, 사이버안보와 테러 등 이질적인 위협들이 상호 연계되면서(이슈연계 임계점), 위협으로 인한 피해가 가중된다. 또 때로는 신기술로 인한 위협이 국가 간 전통적인 안보경쟁으로 이어지면서(지정학적 임계점) 국가 간 분쟁으로 발전하기도 한다.

본 연구에서는 특히 신기술 관련 위협이 남한과 북한의 안보경쟁에 가지는 함의를 '복합지정학'의 관점에서 생각해 보고자 한다. 원자력발전, 사이버안보, 인공지능기술로 인한 새로운 위협은 미시적이거나 가상적인 위협에 그치지 않고 안보를 둘러싼 첨예한 갈등 상황에 있는 남한과 북한에서 지정학적 위협 요소로 발전하고 있다. 실제로 최근 북한의 한수원 해킹, 북한의 남한 기간시설에 대한 사이버공격 등이 시도된 바 있다. 신기술 활용과 관련된 위협을 전통적인 안보 개념과 지정학의 논리로 설명할 수 있는 부분이 존재한다. 그러나 다른 한편 신기술로 인한 위협과 이에 대한 방어 전략을 생각할 때 전통안보와 지정학의 개념으로 담기 어려운 새로운 현상을 인식해야만 한다.

첫째, 신기술을 활용한 위협들은 물리적 영토를 넘는 새로운 공간에서 혹은 그 공간을 매개로 갈등이 발생하고 있으며 따라서 신기술 위협과 방어는 지리적 영토와 사이버공간을 복합적으로 고려해야 한다. 원자력발전, 사이버안보, 인공지능기술 등에 토대한 북한의 가상공간의 침해와 공격은 물리적 영토에 대한 침해나 공격으로 발전하지 않는 경우에도 지정학적 의미를 가질 수밖에 없다.

둘째, 신기술의 특성 자체가 안보 이슈의 특징을 규정한다. 여기서는 기술이라는 비인간 행위자가 안보와 위협을 구성하는 주요한 요인이 되기 때문이다. 전통적인 안보 논의에서 기술적 우위는 공격 및 방어 능력의 향상을 위한 중요한 조건이었지만, 신기술의 경우 기술적 우위가 공격 및 방어 능력의 우위로 연결되지 않고, 오히려 기술적 우위로 인해 공격과 방어가 취약해지는 아이러니가 존재한다. 공격과 방어 능력의 심각한 비대칭성으로 인해, 상대적으로 낮은 기술로 엄청난 파괴력을 동반하는 공격을 비교적 쉽게 할 수 있는 반면, 상대적으로 발전되지 못한 기술체계 그 자체가 방어력이 될 수 있다. 상대적으로 발전된 기술체계를 가진 국가가 효과적으로 방어하기 매우 어렵기 때문에, 다양한 차원의 새로운 방어 전략의 구축이 요구되고 있다.

셋째, 신기술의 위협을 이해하는 데 '구성되는 안보 위협' 관점이 매우 유용하다. 신기술을 활용하는 위협의 경우 실재하는 위협과 구성되는 위협 사이에 팽팽한 긴장이 존재한다. 특히 사이버공격의 경우 공격 주체가 명확하게 밝혀지기 어려운 속성으로 공격 주체에 대한 확인하기 어려운 추측과 괴담들이 등장하게 되며, 일종의 신뢰의 게임이 진행되는 경우가 대부분이다. 아울러 위협이 실재하는 것은 분명하지만 특정한 국내외 정치상황에서 과잉안보담론화가 발생하게 될 가능성도 충분하기 때문에 신기술 위협에 대한 적절한 안보담론의 구성이 문제시된다.

아래 〈표 6-1〉에서는 원자력발전, 사이버안보, 인공지능기술이 각

**표 6-1.** 기술 신흥안보와 복합지정학

| 창발위협 | | 1단계: 양질전화 | 2단계: 이슈연계 | 3단계: 지정학적 연계 |
|---|---|---|---|---|
| | | | | 남북한 갈등의 복합지정학 |
| 기술 환경 | 원자력 안보 | 원자력 안전사고 의 양적 증대 | 환경 재난 | 북한의 원전 해킹으로 인한 원전 안전사고 발생 |
| | | | 사이버 테러 | 원전 안정성에 대한 과잉안보화 북한 원자력발전에 대한 공격 불가능 (비대칭성) |
| | 사이버 안보 | 사이버공격의 양적 증대 | 첩보·기밀 유출 | 북한에 의한 주요기밀 유출 북한에 의한 기간시설 해킹 및 마비 |
| | | | 기간시설 파괴 | 사이버공격의 과잉안보화 북한에 대한 사이버공격 불가능 (비대칭성) |
| | 인공지능 위협 | AI, IoT 등 활용 과정에서 개인정 보 침해 네트워 크 오작동 등 안 전사고 발생 | 신체 안전성 침해 | 각종 지능형 무기(나노먼지 스 마트 무기 등) 개발, 로봇전쟁 준비? |
| | | | 고용 위협/ 사회불안 | 기술현황을 뛰어넘는 안보 의제 화? 북한의 관련 기술 상대적 열세 |

각 미시적 안전 수준에서 거시적 및 지정학적 안보로 연쇄적으로 발전하는 과정을 명시하고 특히 남북한 관계의 복합지정학의 맥락에서 드러나는 위협 가능성을 개괄적으로 제시하였다. 본문에서는 원자력발전, 사이보안보, 인공지능기술 각각에 내재된 위협을 분석하고 이것이 미시적 안전에서 거시적 안보로 발전되는 과정을 고찰한다. 특히 신기술 위협이 현재 남북한 안보경쟁 맥락에서 어떻게 인식되고 대응되어야 하는지 생각해 본다.

## II. 기술환경과 신흥안보(1): 원자력발전

원자력은 핵무기와 연결되며 가장 중요한 전통안보 이슈로 다루어져왔다. 원자력의 평화적 이용에서 출발한 원자력발전소 운영 및 증대는 체르노빌 원전폭발에 이은 후쿠시마 원전 사고 이후 본격적으로 신흥안보 이슈로 인식되고 있다(배영자 2016). 원자력기술은 전통적인 군사안보는 물론 에너지, 환경 이슈가 연계되는 복합성을 지니고 있으며, 원전기업, 국가, 국제기구, 시민단체 등이 원자력발전을 공급하고 운영하며 활용하고 견제하는 주요 행위자이다.

현재 세계 30여 개국이 원자력발전을 가동 중이다. 전체 발전 용량을 기준으로 미국은 전 세계 원자력발전의 31%를 차지하는 원자력 대국이며 여기에 프랑스, 일본, 러시아, 한국이 합쳐 세계 원자력발전의 4분의 3을 차지하고 있다. 후쿠시마 사고 이후 독일, 스위스 등은 원전을 점차적으로 감소시키거나 중단할 것을 결정하였다. 예컨대 독일은 2011년 일본 후쿠시마 원전 사고 직후 현재 운영 중인 원전 17기를 2022년까지 모두 폐쇄하겠다고 발표하였다. 반면 프랑스, 러시아, 한국, 캐나다, 중국, 영국 등 많은 국가들은 현실적으로 원전을 대체할 만한 에너지 공급원이 없다고 주장하며 원전 유지 및 확대를 고수하겠다고 밝히고 있다. 터키, 아랍에미리트, 폴란드, 이집트, 베트남, 인도네시아, 이란 등 많은 비원전 국가들도 원자력발전 신규 진입을 추진하고 있다. 후쿠시마 사고 이후에도 의외로 많은 국가들이 기존 원전정책을 고수하거나 혹은 신규 진입을 계획하고 있음을 알 수 있다. 2016년 현재 세계 상업운전 원자로는 434기(설비용량 약 398GW)이며 미국이 99기, 프랑스 58기, 일본 43기, 중국·러시아 각각 30기, 한국 24기를 운전 중이다. 특히 유럽 국가들과 미국에서 원전 건설이 소

강상태에 있는 반면, 동아시아 지역에서는 현재 30기 건설을 계획하고 있는 중국은 물론 한국, 일본에서 모두 원자력발전이 적극적으로 활용되고 있는 상황이다.

## 1. 원자력발전과 미시적 안전

한국의 경우 현재 운영되고 있는 24기의 원자로 가운데 특히 노후화된 고리 1호기와 월성 1호기에서 잦은 사고가 발생하고 있다. 아래 〈표 6-2〉에서 보여지듯 원전이 가동되기 시작한 1978년부터 2016년 현재까지 총 700여 건의 안전사고가 발생하였고, 특히 고리 1호기와 월성 1호기의 노후화로 사고 발생이 집중되어 온 것을 알 수 있다. 고리 1호기는 2017년 영구 폐쇄될 예정이고 월성 1호기도 폐쇄가 결정되었다. 하지만 고리 2호기 등이 설계수명 종료 기간이 차례로 다가오고 있어 해당 원전의 안전성과 수명 연장을 둘러싸고 지속적으로 공방이 진행될 것으로 보인다.

이제까지 한국 원자력발전의 운영이 비교적 안전하게 이루어져 온 것은 사실이나 일상적인 운영 과정에서 끊임없이 사고가 발생한 것을 알 수 있고, 한국 원전 일부가 노후화되는 과정에서 안전사고나 원자력발전 안전성 문제에 관해 지속적으로 논란이 제기될 것으로 예상되는 상황이다.

## 2. 원자력발전과 거시적/지정학적 안보

원자력발전의 일상적 운영 과정에서 발생하는 안전사고 이외에 원자력발전이 사이버테러나 지진 해일과 같은 대형 자연재해와 연계될 때

**표 6-2.** 한국 원자력발전 사고 발생 현황(1998~2016)

| 부지 | 2007 | 2008 | 2009 | 2010 | 2011 | 2012 | 2013 | 2014 | 2015 | 2016 | 총발생건수 |
|---|---|---|---|---|---|---|---|---|---|---|---|
| 고리1호기 | 1 | 1 | 0 | 1 | 1 | 1 | 1 | 0 | 0 | 0 | 130 |
| 고리2호기 | 2 | 1 | 1 | 2 | 1 | 0 | 0 | 1 | 0 | 0 | 64 |
| 고리3호기 | 1 | 3 | 1 | 1 | 2 | 0 | 0 | 0 | 0 | 0 | 52 |
| 고리4호기 | 1 | 0 | 0 | 0 | 0 | 0 | 3 | 0 | 1 | 0 | 43 |
| 한울1호기 | 2 | 2 | 0 | 0 | 1 | 1 | 1 | 2 | 0 | 1 | 49 |
| 한울2호기 | 2 | 0 | 0 | 0 | 0 | 0 | 1 | 0 | 0 | 1 | 30 |
| 한울3호기 | 0 | 0 | 0 | 0 | 0 | 0 | 0 | 0 | 0 | 1 | 17 |
| 한울4호기 | 2 | 1 | 1 | 0 | 0 | 0 | 0 | 0 | 0 | 1 | 13 |
| 한울5호기 | 0 | 0 | 1 | 0 | 0 | 0 | 1 | 2 | 0 | 0 | 11 |
| 한울6호기 | 1 | 0 | 0 | 0 | 1 | 1 | 0 | 0 | 0 | 0 | 6 |
| 월성1호기 | 0 | 0 | 0 | 0 | 1 | 2 | 0 | 1 | 0 | 1 | 54 |
| 월성2호기 | 0 | 1 | 1 | 0 | 0 | 0 | 0 | 0 | 1 | 0 | 19 |
| 월성3호기 | 1 | 1 | 0 | 0 | 0 | 0 | 0 | 2 | 0 | 0 | 22 |
| 월성4호기 | 2 | 0 | 1 | 0 | 1 | 1 | 0 | 1 | 1 | 0 | 12 |
| 한빛1호기 | 1 | 0 | 1 | 0 | 0 | 0 | 0 | 1 | 0 | 1 | 42 |
| 한빛2호기 | 3 | 0 | 1 | 1 | 0 | 0 | 0 | 2 | 2 | 0 | 52 |
| 한빛3호기 | 2 | 0 | 0 | 2 | 0 | 0 | 0 | 1 | 1 | 0 | 23 |
| 한빛4호기 | 0 | 2 | 0 | 0 | 0 | 0 | 0 | 0 | 0 | 0 | 20 |
| 한빛5호기 | 1 | 1 | 1 | 1 | 2 | 2 | 0 | 1 | 0 | 0 | 19 |
| 한빛6호기 | 0 | 1 | 2 | 0 | 0 | 1 | 1 | 0 | 0 | 0 | 10 |
| 신고리1호기 | 0 | 0 | 0 | 6 | 2 | 1 | 0 | 1 | 0 | 0 | 10 |
| 신고리2호기 | 0 | 0 | 0 | 0 | 0 | 2 | 0 | 0 | 0 | 0 | 2 |
| 신고리3호기 | 0 | 0 | 0 | 0 | 0 | 0 | 0 | 0 | 0 | 4 | 4 |
| 신월성1호기 | 0 | 0 | 0 | 0 | 0 | 3 | 1 | 0 | 0 | 0 | 4 |
| 신월성2호기 | 0 | 0 | 0 | 0 | 0 | 0 | 0 | 0 | 0 | 1 | 1 |
| 총발생건수 | 22 | 14 | 11 | 14 | 12 | 16 | 8 | 15 | 6 | 11 | 709 |
| 가동호기수 | 20 | 20 | 20 | 21 | 22 | 23 | 23 | 23 | 25 | 25 | 512 |
| 발생빈도 | 1.1 | 0.7 | 0.55 | 0.67 | 0.55 | 0.7 | 0.35 | 0.65 | 0.24 | 0.44 | 1.38 |

출처: 원전안전운영정보시스템(http://opis.kins.re.kr/opis)

거시적 안보 이슈로 발전하게 된다. 2011년 일본 후쿠시마 원전 사고
나 2015년 한수원에 대한 사이버공격이 대표적 사례이다. 2011년 후
쿠시마 원전 사고는 원전 운영지역에 지진과 해일 같은 대규모 자연재
해가 발생하면서 원전과 연계되어 거시적 사고로 발전하였다. 한국 역
시 원전이 위치한 고리, 월성, 울진 지역이 지진에 취약한 지역임이 밝
혀지면서 원전의 안전성 문제가 제기되어 왔다. 한국의 경우 문제가

**그림 6-1.** 한국 지각구조와 원전 위치
출처: 국민일보(2007.1.21)

더욱 복잡한 것은 원전이 비교적 좁은 지역 반경 내에 밀집되어 있다는 사실이다. 특정 지역에 6기 이상의 원전이 모여 있는 곳이 세계적으로 11곳이 있으며 한국은 고리, 월성, 울진, 영광 4지역 모두 6기 이상의 원전이 가동되고 있고 해당 지역의 거주 인구가 상대적으로 매우 많아 원전사고 발생 시 대량의 인명피해 발생과 거시적 안보 이슈가될 잠재력이 상대적으로 높은 상황이다.

원자력발전이 사이버테러와 연계되어 실질적인 거시 안보 이슈가된 상황도 발생하였다. 2014년 12월 한수원의 내부문서인 원전 설계도와 부품도 등이 'who am I'라고 밝힌 원전반대그룹에 의해 해킹되어 인터넷에 공개되는 사고가 발생하였다. 정부합동수사단 발표에 따르면 2014년 12월 15일부터 2015년 3월 12일까지 총 6회에 걸쳐 한수원 관련 자료를 공개하며 원전중단을 협박한 사건이 있었고 월성원전 운전도면, 고리 1호기 설계도, 원전제어 프로그램 해설문서, 한수원에서 일하는 임직원 1만여 명의 개인정보, 아랍에미리트(UAE)로 보낸 대통령의 친서 등이 공개되었다고 한다. 범행에 사용된 중국 선양 IP 대역은 평소 북한 해킹조직이 사용하는 것으로 보안업계에 알려진 'kimsuky' 계열 악성코드들의 IP 주소들과 12자리 숫자 중 9자리가 일치한다. 한수원 해킹 사건은 자료 유출만으로 종결되었으나 이는 2010년 이란 부셰르와 나탄즈 원자력발전소 원심분리기의 장애를 유발해 전 세계를 경악하게 한 스턱스넷 사건이 한국에서도 재현될 가능성을 보였다는 점에서 충분히 주목할 만한 상황이다. 당시 이란은 스턱스넷으로 불리는 악성코드의 공격을 받아 원심분리기 작동 및 원전 가동이 중지되는 피해를 입은 것으로 알려졌다.

현재 중국의 활발한 원전 건설은 동아시아 지역의 잠재적 위협으로 부상하고 있다. 2016년 현재 중국에서는 모두 23기의 원전이 가동 중이고 30기를 짓고 있으며 매년 3~4개씩 신규 원전 가동을 시작하고 있는 상황이다. 현재 건설 계획 중인 원전의 위치를 고려할 때 원전사고로 누출된 방사능이 편서풍에 의해 한반도에 직접적으로 영향을 줄 수 있는 곳이 많다. 이 중국 원전들은 북으로 랴오닝성에서 아래로 산둥성과 장쑤성까지 5곳이다. 이 지역에서 현재 5기의 원전을 가동 중이고 7기를 건설 중이다. 이곳으로부터 한반도까지 날아오는 바람은 빠르면 반나절, 길어야 3일 이내에 도착한다. 한국이 중국의 동북부 원전 운영과 건설에 민감할 수밖에 없고 지정학적 갈등의 소지를 안고 있다.

원자력발전으로 인한 위협은 가장 중요한 신흥안보 이슈 가운데

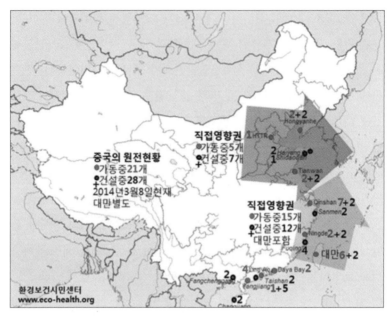

**그림 6-2.** 중국 원전의 영향 평가
출처: 오마이뉴스(2014.03.11) 재인용

하나이며 특히 북한과의 지정학적 대결 상태에 있는 한국의 안보 상황에서 복합지정학적 관점에서 바라보고 대처할 것이 요구된다. 원자력발전의 남북 간 비대칭으로 인해 한국이 북한에 비해 원자력발전으로인한 취약성이 훨씬 크며 특히 원자력발전소에 대한 북한의 직접적인공격보다는 원전에 대한 사이버공격 가능성이 높다. 아울러 국내 원전문제에 대한 첨예한 찬반 분열 속에서 원전의 안보 위협이 실제보다과장되게 구성될 가능성도 높다.

## 3. 원자력발전 위협 대응 방안

신흥안보 이슈로 주목받고 있는 원자력발전이 미시적 안전 문제를 넘어 거시적 안보 이슈나 지정학적 갈등으로 발전하는 것을 예방하고 유사시 빠르고 적절하게 대응할 수 있는 체제를 구축하는 것이 필요하다. 미시적인 원자력 안전사고가 거시적으로 확산되는 것을 조기에 발견하기는 매우 어렵다. 또한 자연재해나 사이버공격과 원자력발전이 연계될 때 예측되는 피해를 미리 관리하는 것도 쉬운 일은 아니다. 그럼에도 불구하고 원자력발전이 거시/지정학적 위협으로 발전할 잠재력은 상대적으로 매우 높은 편이다. 원자력발전의 위험을 신흥안보 관점에서 보다 다층적으로 예방하고 관리할 수 있는 체제 구축에 대한 논의가 활성화되어야 한다.

먼저 남한이 북한의 원전에 대한 사이버공격을 실효성 있게 견제하거나 방어할 수 있는 방안이 구축되어야 한다. 원전 안전사고가 남북한 갈등 현안으로 부상하는 것에 대응하기 위해 원전에 대한 사이버공격의 위협, 특히 북한의 해킹으로부터 원전 안전성을 지키기 위한 대책이 마련되어야 한다. 다른 한편 북한이 아닌 내부 안전사고를 북한의 공격으로 과잉 안보담론화하는 것에 대한 경계도 필요하다. 지역적 차원에서 한중일 원자력발전을 상호 감독하고 정보를 교환하는 협력 채널도 강화해야 한다.

## III. 기술환경과 신흥안보(2): 사이버안보

사이버공간의 익명성과 초국경성으로 인해 해킹, 바이러스유포 등 다양한 사이버위협과 공격이 증대하면서 사이버안보에 관심이 모아지고 있다. 사이버안보는 사이버범죄(cyber crime), 사이버첩보(cyber espionage), 사이버테러(cyber terror), 사이버전(cyber warfare) 등 사이버공간에 대한 다양한 침해에 대항하는 것으로서, 다양한 사이버위협으로부터 사이버공간을 방어하고 보호하는 능력을 의미한다. 일반적으로 우리나라에서는 'cyber-security'가 개인정보 침해 차원의 사이버위협에 대한 대응을 논의할 때는 사이버보안으로, 개인을 넘어 주요 기업이나 공공기관, 정보통신 인프라 등 국가적 수준의 사이버위협에 대응을 의미할 때는 사이버안보로 번역되고 있다.

최근에는 사이버공격이 단순한 해킹을 넘어 목표가 분명하고 치밀하게 계획된 테러 형태로 기업비밀 혹은 국가 주요기관을 목표로 공격하는 경우가 증대하고 있다. 컴퓨터 네트워크를 통한 기업 및 공공기관 해킹, DDoS 공격, 플레이머(Flamer) 및 스턱스넷(Stuxnet) 등 바이러스와 악성코드 유포 등을 통해 주요 기밀정보를 빼내가고 상대방의 컴퓨터 네트워크에 치명적 손상을 입히는 경우가 잦아지면서 관심을 끌고 있다. 사이버안보도 개인 수준의 미시적 안보가 사회기간시설 파괴, 국가 간 갈등으로 확대될 수 있는 전형적인 신흥안보 이슈로 볼 수 있다.

## 1. 사이버보안과 미시적 안전

정보기기가 통신, 금융 등에 광범위하게 활용되면서 해킹 등으로 인한 정보 유출이 급속도로 증대하고 사이버보안 이슈가 중요해지고 있다. 카드회사, 인터넷상거래업체 등을 통한 대규모 개인정보 유출 사건이 끊임없이 발생하고 있다. 〈표 6-3〉에서 보듯 해킹 시도는 해마다 증가

**표 6-3.** 국가 정보통신망 해킹 시도

(단위: 건)

| 구분 | 최근 통계치 | | | | |
|---|---|---|---|---|---|
| | 2011 | 2012 | 2013 | 2014 | 2015 |
| 해킹 시도 건수 | 14,039 | 28,797 | 35,810 | 18,123 | 52,795 |

출처: 행정자치부 정책자료(http://www.moi.go.kr/frt/sub/a05/statistics/screen.do)

하고 있으며 2015년 한 해 한국에서 피싱, 스미싱, 파밍 차단 건수가 15,470건으로, 모바일뱅킹 사용 증가에 따라 이를 악용한 전자 금융 범죄도 확산되고 유형도 다양해지고 있다. 예컨대 2015년 9월에 온라인 휴대폰 커뮤니티 '뽐뿌'의 웹사이트가 해킹에 노출되어 195만 명의 회원정보가 유출되는 사고가 발생했다. 조사 결과, 취약한 웹페이지에 해커가 SQL 인젝션공격을 수행하여 아이디, 암호화된 비밀번호, 생년월일 등을 탈취한 것으로 밝혀졌다. 향후 사물인터넷 확산에 따라 정보보호의 대상이 기존의 정보통신 기기 중심에서 우리 주변의 모든 사물로 확대될 것이며, 그 피해의 형태가 정보 유출이나 금전적 피해에 그치지 않고 생명 또는 신체에 대한 위협으로도 나타날 수 있다. 빅데이터의 경우 정보 유출의 규모와 피해의 정도가 훨씬 커질 수 있는 상황이다.

## 2. 사이버안보와 거시적/지정학적 안보

사회 주요 기간시설 정보통신네트워크 운영이 보편화되면서 개인 수준의 해킹을 넘는 사회기간시설 마비와 정보 유출 위험이 증대되고 있다. 정보통신네트워크 침해가 해킹이나 피싱 등 개인 수준의 정보 유출을 넘어 기간시설 전산망 마비, 기간시설을 공격하는 사이버테러로 발전하는 사례가 자주 발생하고 있다. 특히 남북한이 대치하고 있는 한국의 경우 북한의 사이버공격이 실제로 다수 발생하면서 관심이 모아지고 있다. 예컨대 2013년 3월 20일 주요 방송사들의 컴퓨터가 일제히 작동을 멈춘 사고가 발생하였다. 직원들의 PC는 정상작동 중에 재시작이 필요하다는 안내로 재부팅을 요구하거나 갑자기 재시작하기 시작했다. 이후에 부팅이 안 되고 작동을 멈춘 채 재부팅하라는 메시지가 떴다. 비슷한 시각 NH농협은행, 신한은행 서버에도 문제가 생기기 시작했고, 신한은행의 모든 전산망이 마비되며 창구거래, ATM 거래가 모두 중단되었다. 우리은행은 악성코드 공격이 아닌 DDoS 공격을 받았으나 내부 보안망으로 방어하였다. 동시에 LG유플러스의 그룹웨어도 해킹당했다는 사실이 알려졌다. 피해를 본 6개 기관의 컴퓨터에서 모두 후이즈 팀의 이름이 들어간 악성코드가 발견되어 일차적 범인은 후이즈 팀인 것이 확실시되었고 후이즈 팀의 정체와 북한과의 연계성에 대해 논란이 제기되었다.

사이버공격은 개인이나 특정 기업 및 집단을 넘어 국가 대 국가 간의 갈등으로 확산되기도 한다. 에스토니아·그루지아에 대한 사이버공격, 스턱스넷, 소니사 해킹 등 다양한 사례에서 국가 간의 갈등이 사이버공간에서 진행된 사례를 볼 수 있다. 국가 간 갈등은 사이버침해(cyber exploitation), 사이버공격(cyber attack), 사이버첩보(cyber espionage) 등의 형태를 띠고 발생하며, 물리적 교전으로 이루어지던 기존의 전쟁과 여러 모로 다른 양상으로 진행되고 그 효과도 다르기 때문에 신흥안보 이슈로 분석된다.

다른 나라의 기간 시설을 파괴할 목적으로 악성 바이러스를 개발하여 침투시킨 최초의 사례는 스턱스넷이다. 미국이 이스라엘과 협조하여 수행한 스턱스넷 작전은 이란의 핵시설 무력화를 목적으로 하여 수행되었다. 2006년 부시 행정부 시절 이란의 핵프로그램을 파괴하는 계획이 수립되었다. 타깃은 핵무기의 연료를 생산하는 원심분리기이며, 그 회전속도를 변경시켜 원심분리기를 파괴하는 내용의 스턱스넷이 개발되었다. 스턱스넷은 일반적인 악성 프로그램들이 불특정 다수의 시스템을 망가뜨리는 것과 달리 목표물만 타격하도록 고안되었다. 당시 스턱스넷은 이란 핵시설에서 사용되는 독일 지멘스사의 산업시설 제어 프로그램을 공격 대상으로 하였다. 여러 단계 과정을 통해 이란의 주요 핵시설인 나탄즈 우라늄 농축시설과 부셰르 원자력발전소를 스턱스넷이 공격하면서, 나탄즈 우라늄 농축시설에서 원심분리기 1000여 대가 파괴되었고, 부셰르 원전의 가동도 수개월간 정지되었다. 당시 이란은 서방국가를 스턱스넷의 배후로 지적하였고, 실제로 미국과 이스라엘, 독일 등의 협조가 있었던 것으로 추정된다. 악성 프로그램이 국가 기간시설을 물리적으로 타격할 수 있다는 사실이 입증된 후 전 세계 국가들은 본격적으로 사이버전쟁에 대비한 보안 강화 대책을 마련하기 시작하였다.

　　사이버공격으로 인한 위협은 가장 중요한 신흥안보 이슈로 부상하고 있으며 특히 북한과의 지정학적 대결 상태에 있는 한국의 안보 상황에서 복합지정학적 관점에서 바라보고 대처할 것이 요구된다. 사이버공격의 경우 인터넷 인프라와 기술활용 수준이나 범위의 남북 간 비대칭으로 인해 한국이 북한에 비해 훨씬 취약할 수밖에 없다. 북한의 남한에 대한 실질적인 물리적 공격의 가능성에 비해 북한의 사이버공격의 위협은 매우 높고 실제로 공공기관은 물론 은행, 방송국 등 각종 기간시설에 대한 공격이 진행되어 왔다. 취약성이 훨씬 크며 특히 원자력발전소에 대한 북한의 직접적인 공격보다는 원전에 대한 사이버공격 가능성이 높다. 아울러 실제 사이버공격의 위험성이 매우 높음에도 불구하고 국내 정치적 상황의 전개에 따라 북한의 사이버공격 위협이 지나치게 과장되고 국내정치적 목적으로 사회적으로 구성될 가능성이 있는 것도 사실이다. 원전의 안보 위협이 실제보다 과장되게 구성될 가능성도 높다.

## 3. 사이버안보 대응 방안

현재 한국은 북한은 물론 중국, 미국 등으로부터의 사이버공격 위협이 일상적으로 존재한다고 볼 수 있다. 미시적 안전에서 거시적 안보 나아가 국가 간 사이버갈등을 총체적으로 관장하는 국내 사이버안보 전략의 구심점이 필요한 상황이다.

현재 사이버전쟁의 개념과 특성 및 이를 규제할 수 있는 국제규범에 대한 논의가 진행되고 있다. 비대칭적 파괴효과, 책임소재 불분명, 방어보다는 공격이 유리, 사이버공격의 신일상성 등을 반영한 사이버공격 규제방안에 대한 규범 마련 논의가 탈린매뉴얼, 부다페스트협약, 유엔 GGE, 사이버공간총회 등 다양한 장에서 진행되고 있다. 이 가운데 가장 주목할 만한 것으로, 2013년에 북대서양조약기구(NATO) 산하 CCDCOE(Cooperative Cyber Defence Center of Excellence)는 전쟁선포 및 전쟁행위의 정당성, 관할권, 국가 책임, 자위권, 무력분쟁, 대응조치, 사이버공격 대상의 제외, 사이버공격 시 전쟁포로 보호, 인프라 공격 시 주의, 중립지역에서 공격권 행사금지 등을 다룬 탈린매뉴얼(Tallinn manual)을 공식적으로 발표하였다. 2015년 6월에 제4차 유엔 정부전문가그룹(GGE, Group of Governmental Experts)에서는 사이버공간의 국제법, 자발적 국제규범, 신뢰 구축 방안에 대한 폭넓은 논의를 통해 국가 간 이해도를 증진시키고 협력 기반을 조성하는 보고서를 마련하였다. 또, 2015년에 세계 사이버스페이스 총회에서는 사이버공간 관련 분야별 규범 및 협력관계 발전 방안과 평시 국가 사이버작전에 대한 대외적 대응 조치를 마련하였다. 정보보호를 위한 국제적 논의는 계속될 것이며, 우리나라는 이러한 국제규범 논의에 적절히 대처하면서 신흥안보로서 사이버안보 이슈에 대해 미시적 안전, 거시적 안보, 국가 간 갈등의 다양한 측면에 대응하기 위한 실효성 있는 방안을 마련해야 한다.

## IV. 기술환경과 신흥안보(3): 인공지능기술의 위협

정보기술(IT), 인지과학, 나노기술, 바이오공학이 결합된 인공지능기술의 발전이 가속화되고 있다. 인공지능기술이 발전하여 이것이 몸속에 삽입되거나 생활에 밀착됨으로써 인간과 기계의 경계가 불분명해지는 포스트휴먼 시대의 도래가 예측되기도 한다. 인간의 육체적, 지적, 심리적 가능성을 강화하고, 인간이 노화와 죽음에서 벗어날 수 있도록 과학의 성과를 활용하는 포스트휴먼 기술 논의가 활발하게 진행되고 있다. 실제로 빅데이터, 클라우드 컴퓨팅, 3D프린팅, 사물인터넷, 웨어러블 디바이스, 헬스케어 장비, 로봇(Robot) 등 다양한 기술들이 결합되어 포스트휴먼의 출현이 현실화되고 있다.

무인자동차, 스마트팩토리, 드론 등 각종 인공지능기기 등이 발전되고 활용되는 과정에서 드러날 수 있는 위협에 대한 논의도 시작되고 있다. 예컨대 인공지능기술 활용 과정에서 신체 안전성에 대한 부작용이나 네트워크 오작동 등 다양한 오류들이 발생할 수 있는 것으로 예측되고 있다. 노동현장에서 생산자동화 기기들의 활용이 확산되면서 사회적 고용불안에 대한 염려가 증대하고 있다. 또한, 로봇들이 국가 간 전쟁에 투입되는 로봇전쟁 시나리오가 현실화되고 있다. 인공지능 기기에는 미시적 안전은 물론 거시적 안보 및 지정학적 갈등의 다층적 안보적 함의를 지닌 위협이 내재되어 있다.

## 1. 인공지능기술과 미시적 안전

인공지능기술의 가장 중요한 기초인 각종 전자기기의 연결이나 신체 장착 과정에서 신체 안전성이나 주요 인프라 오작동 위험이 존재하고 정보 보안 및 프라이버시 침해 위험이 증가할 것으로 예상되고 있다. 전자네트워크에 연결된 스마트기기는 데이터 프라이버시, 데이터 무 결성, 서비스 지속성 등을 위협할 수 있다. 식별, 감시, 모니터링, 위 치추적, 범죄음모적발 등을 이유로 개인정보 침해나 네트워크 오작동 위험이 증대하면서 미시적 안전의 중요성이 강조되고 있다. 신체에 스 마트 전자기기를 장착하는 과정에서 각종 기기의 부작용 내지 신체 안 전성 관련 사고가 발생할 수 있다. 개인정보 침해와 네트워크 오작동 은 극단적인 경우 인공지능 존재나 정체성에 대한 위협을 야기할 수 있다.

인공지능에 관한 백악관 OSTP 보고서는 실험실에서 만들어진 인 공지능기기, 예컨대 무인자동차 등이 실제 일상생활에 투입될 때 오작 동과 안전성 침해의 우려가 있는 것은 사실이며 인공지능기기의 안전 성을 강화해야 할 필요성을 강조하고 있다(OSTP 2016).

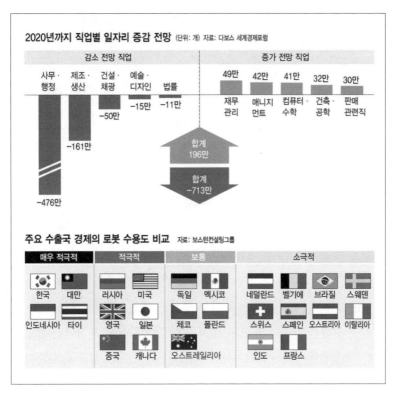

출처: 한겨레(2016.3.18)

## 2. 인공지능기술과 거시적 안보

인공지능 시대의 가장 큰 위협 가운데 하나가 일자리 감소에 대한 우려이다. 로봇혁명으로 2025년까지 전체 직업 가운데 3분의 1이 사라질 것이라는 예측도 있다. 산업시설 자동화의 초보적 단계인 현재에도 이미 기계가 인간 노동을 대신하여 세계적으로 일자리가 급격히 줄어드는 추세가 진행 중이다.

아울러 인공지능의 발전은 인구를 상위 10%와 나머지 90%로 양분하게 될 것이라는 예측도 나오고 있다. 기술발전의 흐름을 주도하고 쫓아갈 수 있는 10%는 고임금과 풍요로운 삶을 누리지만, 나머지 90% 는 임금이 정체되거나 감소하는 상황에 직면한다는 것이다. 기본임금 제 등 다양한 대안이 논의되고 있음에도 불구하고 노동시장 축소와 고용감소로 인한 사회불안은 미래 사회에 중요한 안보 의제로 부상할 수 있는 상황이다.

미국에 비해 한국의 로봇혁명 속도가 오히려 더욱 빠를 것으로 예측되고 있다. 보스턴컨설팅그룹은 향후 10년간 세계 주요 공업국 가운데 한국에서 제조업생산현장 인력의 로봇 대체가 가장 빠른 속도로 진행될 것이라고 전망한 바 있다. 한국 다음으로는 일본(25%), 캐나다(24%), 미국(22%) 등의 순으로 로봇의 인력 대체 효과가 높을 것으로 전망되었다. 인공지능과 노동시장 문제는 양날의 칼의 측면이 있다. 저출산 고령화에 따른 인력 감소와 생산성 저하를 극복한다는 측면에서는 긍정적일 수 있지만, 중산층 감소와 고용 없는 성장을 심화시키는 부작용도 우려되고 있다.

## 3. 인공지능기술과 지정학적 갈등

조만간 국가 간 전쟁에서 로봇이 활용되는 것이 현실화될 가능성이 매우 높다. 미국은 자동로봇 무기(LAWS, Lethal Autonomous Weapon Systems)들이 수행하는 로봇전쟁에 본격적으로 대비 중이다. 보고서에 따르면 미 육군은 2025년께 전장에서 로봇 운영을 염두에 두고 있다. 미국은 현재 세계 최초로 2족 인간형 로봇 펫맨(Petman)을 개발하였고, 이 로봇은 인간을 대신해 화재 현장과 방사능 오염지역에서 수색과 구조 활동 임무를 수행하며 앞으로 전투임무도 수행할 예정이

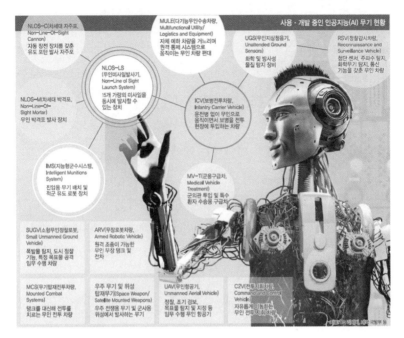

출처: 세계일보(2016.03.20)

다. 미 해군이 개발한 2족형 로봇 사피어(Saffir)는 인간형상인 휴머노이드 로봇으로 내장된 센서로 함정 내 화재 위치를 찾아내고 열 범위를 측정해 화재진압용 소방호스를 스스로 제어할 수 있도록 개발되었다.

일본은 세계 최초의 인간탑승형 거대 로봇 구라타스(Kuratas)를 개발하였다. 내부 좌석에 인간 조종사가 앉도록 고안되었으며 인간형 로봇 팔 2개, 바퀴형 다리 4개, 1분당 BB탄 6천 발을 발사하는 6연장 개틀링건 2정을 갖추고 있으며 랩탑, 태블릿, 스마트폰 등과 같은 장치에 연결된 사용자가 직접 또는 원격으로 조종할 수 있다.

각국은 전쟁 비용이나 위험 감소를 위해 적극적으로 전쟁로봇을 개발하고 있는 중이다. 감정 없이 합리적 판단만으로 전장에 투입되는 군사용 로봇 개발이 과연 전쟁의 위험과 비용을 줄일 수 있을지 아니면 새로운 문제를 유발할지에 대한 논의가 진행 중이다. 군사용 로봇의 윤리적 측면에 대한 보다 면밀한 사고와 검토가 요청된다.

현재 북한의 인공지능기술 수준은 상대적으로 낙후되어 있어 남북한 전장에 로봇이 직접 개입되는 데에는 시간이 많이 걸릴 것으로 볼 수 있다. 그러나 미국, 중국, 러시아, 일본 등에서 인공지능 무기들이 빠르게 개발되고 있는 상황을 고려할 때 남북한 군사적 갈등에 인공지능 무기들이 활용될 가능성을 완전히 배제하기는 어렵다. 전반적인 인공지능 무기 개발 추세에 주목하면서 남북한 갈등에 이러한 무기들이 시사하는 바를 생각해 보아야 한다.

인공지능기술로 인한 위협은 현재까지 현실화되고 있지는 않지만 가까운 미래에 중요한 신흥안보 이슈로 부상할 것이며 북한과의 지정학적 대결 상태에 있는 한국의 안보 상황에서 복합지정학적 관점에서 바라보고 대처할 것이 요구된다. 인공지능기술의 확산으로 네트워크 간의 연결성과 사이버안보와의 관련성이 밀접해질 것이다. 남북 간 인공지능기술 수준 및 활용 비대칭으로 인해 한국이 북한에 비해 인공지능기술의 위협에 더 취약하게 될 것이다. 전장에서 로봇 활용의 확대가 남북한 군사적 대결이나 갈등에 영향을 미치게 될 것이다.

## 4. 인공지능기술 대응 방안

현재 인공지능에 대한 낙관론과 비관론이 동시에 제기되고 있다. 포스트휴먼, 인공지능의 도래를 진화의 한 국면으로 간주하고 인간이 가진 한계를 극복하면서 문제를 해결하는 데 도움이 되는 방향으로 기술발전을 이끌어 가려고 노력해야 한다는 측과 기계가 인간을 대신하는 것의 위협과 한계화된 인간이 처한 상황을 비관적으로 인식하며 인간중심주의를 보다 공고히 하려는 네오휴머니즘 계열이 대립하고 있다. 최근 발행된 백악관 OSTP 보고서나 스탠포드 대학에 거점을 둔 AI100의 연구 결과는 모두 인공지능과 인공지능의 유용성과 잠재력을 긍정적으로 평가하면서 이로부터 파생되는 위협들을 관리할 수 있는 것으로 보고 있다(OSTP 2016; 100 Year Study of AI 2016).

현재 인공지능 관련 기술이 초보적으로 개발 중인 상황에서 신흥안보 관점에서 이에 대한 종합적인 대책이 마련되기를 기대하기는 어려운 실정이다. 인공지능기술이 가지는 불확실성과 양면성을 고려할 때 이를 어떻게 관리해 나가야 하는지에 대한 명확한 해답을 찾기는 쉽지 않다. 기술발전을 수동적으로 바라보는 것이나 위험성을 강조하면서 기술의 폐기를 주장하는 것은 모두 다 바람직하지 않다. 인공지능기술에 다양한 위험성이 내재되어 있고 인간의 사고나 물질적 환경에 근본적인 변화를 가져올 가능성이 높기 때문에 인공지능 과학기술에 대해 충분한 관심을 가지고 연구개발 과정 중 지속적인 모니터링을 통해 기술발전 과정을 적절하게 관리해 나가야 할 필요가 있다.


## V. 나가며

전통적인 안보담론과 고전지정학은 국가 간의 영토를 둘러싼 갈등을 중심으로 위협과 안보를 논의해왔다. 남북한 간의 갈등은 압도적으로 전통적인 안보 논의나 고전지정학의 틀로 이해되어 왔다. 원자력발전의 안전성, 사이버공간의 안보, 인공지능기술의 안전성 등은 모두 남북한 관계와 무관하게 발전된 남북관계 외부에서 발생한 신기술 활용 과정에서 등장한 위협들이지만, 이러한 위협들이 남북한 갈등의 요소로 재구성되고 있어 주목이 요청된다. 신기술로 인한 위협들은 전통적인 안보담론이나 고전지정학의 개념만으로 잡히지 않는 새로운 측면이 존재한다. 신기술 관련 위협은 물리적 영토를 넘는 새로운 공간에서 혹은 그 공간을 매개로 갈등이 발생한다는 점, 즉 지리적 영토와 사이버공간이 복합적으로 연계되어 있다는 점이 독특하다. 기술이 안보의제의 특성을 구성하는 매우 중요한 행위자라는 점, 즉 전통적인 안보 논의에서 기술적 우위는 공격 및 방어 능력의 향상을 위한 중요한 조건이었지만 신기술의 경우 기술적 우위가 공격 및 방어 능력의 우위로 연결되지 않고, 오히려 기술적 우위로 인한 공격과 방어가 취약해지는 아이러니 상황이라는 점도 주목되어야 한다. 공격과 방어 능력의 비대칭성이 커서, 상대적으로 낮은 기술로 엄청난 파괴력을 동반하는 공격을 비교적 쉽게 할 수 있는 반면, 상대적으로 발전되지 못한 기술체계 그 자체가 방어력이 될 수 있고, 발전된 기술체계를 가진 국가는 효과적 방어책을 마련하기 매우 어려운 실정이다. 또한 실재하는 위협과 구성되는 위협 간의 팽팽한 긴장이 존재한다. 특히 사이버공격의 경우 공격 주체가 명확하게 밝혀지기 어려운 속성으로 많은 괴담들 등이 난무하며 복잡한 신뢰의 게임이 진행될 수 있고, 위협이 실재하는 것은 분명하지만 과잉안보담론화가 발생하게 될 가능성도 충분하기 때문에, 적절한 안보담론의 구성이 중요한 문제로 부각되기도 한다.

전술한 바와 같이 원자력발전과 북한의 테러, 사이버안보와 북한의 테러, 남북한 로봇전쟁 위협 등 신기술로 인한 위협은 남북한 갈등 관계에서 엄연히 존재한다. 그러나 신기술 위협에서 지정학적 갈등은 위협의 일부분이다. 남북한 관계와 연관되는 부분 이외에서도 신기술 위협은 명백히 존재하며, 신기술로 인한 위협을 과도하게 남북한 관계의 맥락에서만 접근하는 것은 경계되어야 한다. 신기술로 인한 위협의 경우 신흥안보의 미시적, 거시적, 지정학적 연계는 물론 고전지정학을 넘는 복합지정학을 염두에 둔 적절한 안보담론과 안보전략에 대한 구체적인 논의가 필요하다.

# 참고문헌

김상배. 2016. "신흥안보와 미래전략: 개념적 이론적 이해." 김상배 엮음. 『신흥안보의
    미래전략』. 사회평론아카데미.
배영자. 2016. "원자력의 복합성과 신흥안보." 김상배 엮음. 『신흥안보의 미래전략』.
    사회평론아카데미.

국민일보(2007.01.21) 한반도 주변의 지각구조
오마이뉴스(2014.03.11) 중국원전의 영향력 평가
한겨레(2016.3.18) 2020년 일자리 전망
세계일보(2016.03.20) 개발중인 인공지능 무기 현황
세계원자력협회 http://www.world-nuclear.org/
원전안전운영정보시스템 http://opis.kins.re.kr/opis
행정자치부 정책자료 http://www.moi.go.kr/frt/sub/a05/statistics/screen.do

Hurwitz, Roger. 2014. "The Play of States: Norms and Security in Cyberspace."
    American Foreign Policy Interests, 36:5
Nye, Joseph S. 2013. "From bombs to bytes: Can our nuclear history inform our cyber
    future?" Bulletin of the Atomic Scientists, Vol. 69 Issue 5.
OSTP. 2016. Preparing for the Future of Artificial Intelligence. https://www.
    whitehouse.gov/sites/default/files/whitehouse_files/microsites/ostp/NSTC/
    preparing_for_the_future_of_ai.pdf
100 Year Study on AI. 2016. Report of the 2015 Panel.
    https://ai100.stanford.edu/sites/default/files/ai100report10032016fnl_singles.pdf

제7장

인구·이주·난민 안보의 복합지정학과 한반도*

이신화

\*    이 장은 이신화. 2017. "인구, 이주, 난민안보의 '복합지정학': 지구촌 신흥안보의 위협
     과 한반도에의 함의." 『아세아연구』 60(1), pp. 6-50를 기반으로 작성되었다.

# I. 서론

일반적으로 안보라는 개념을 논할 때 '누구를 위한 안보인가'라는 대상의 문제와 '안보를 확보하기 위해 정치, 경제, 사회적 가치에 대해 얼마만큼의 대가를 치러야 하는가'라는 비용의 문제를 규명하는 것은 중요한 일이다. 그러나 국제사회가 냉전종식, 9·11 테러사태, 세계화와 정보화의 심화현상을 거치면서 안보를 이해하고 접근하는 시각과 방법에 변화가 생기게 되었다.

냉전기 전통적인 안보 프레임에서는 국가 간 전쟁 가능성과 외부 세력의 위협 가능성을 제거하는 군사적, 정치적 '경성안보'(hard security) 이슈들을 최우선시 하고, 경제, 환경, 인권, 질병과 같은 '연성안보'(soft security) 혹은 '신흥안보'(emerging security) 이슈들은 부차적으로 간주하였다. 하지만 탈냉전기, 특히 21세기 들어 기후변화, 에너지경쟁, 테러리즘, 사이버공격, 전염병 확산, 내전, 인도적 위기상황, 난민발생 등과 관련된 비군사적·비전통적 안보 이슈들이 전통안보 못지않게 국가 차원이나 개인 차원에서 중대한 위협요인으로 부상하였다. 특히 연성안보들은 유럽, 아프리카, 동남아 등지에서 살펴볼 수 있듯이 전쟁이나 국가 붕괴와 같은 극단적인 상황이라기보다는 일상 삶 속에 만연해 있는 이슈들로 개인이나 사회 단위의 단순한 안전(safety)문제였는데, 제대로 관리되지 않거나 다른 사회문제나 국가 차원의 문제와 맞물려 대규모의 심각한 안보(security)로 비화될 수 있다는 점에 주목할 필요가 있다(김상배 2016).

더욱이, 신흥안보 문제가 전통안보와 연계되는 사례가 점점 늘고 있다. 지구온난화나 무역갈등, 난민유입 문제 등이 국가 간 긴장 및 갈등을 초래하고, 문화적, 종교적 정체성 문제가 테러나 경제난과 연계되어 국가 내 폭력분쟁을 야기하거나 국가 간 충돌로 이어지기도 한다. 공격주체나 위협방법의 규명이 힘든 사이버공간에서의 해킹이나 테러는 북한과 같은 국가 행위자에 의해 일어나는 경우도 있지만, 다양한 비국가 행위자들의 소행일 가능성도 높아 응징이나 예방이 어려울 뿐 아니라 제3차 세계대전은 사이버전쟁일 것이라는 경고가 나올 만큼 국가적, 국제적 차원의 안보위협이다(Smith 2015). 오늘날 지구촌 전체 인구의 15%에 해당하는 10억 명이 국내 및 국제 이주자들이고, 난민을 포함한 강제이주자도 6,531만 명에 달한다. 난민들이나 강제유민들은 대부분 인도적 보호와 도움을 요하는 무고한 피해자들이지만, 아프리카나 유럽 등지에서 볼 수 있듯이 얼마나 많은 규모로 어떠한 특성의 난민들이 어떠한 정치, 경제, 사회, 생태적 상황에 처한 국가로 유입되는가에 따라 수용국뿐 아니라 지역 차원의 불안정이나 분쟁을 촉발 또는 악화시키는 행위자가 될 수 있다.

　이러한 새로운 안보위협들은 한반도의 맥락에서도 이미 발생하고 있다. 해킹이나 원전사고 등으로 인한 원자력 안전성 문제도 후쿠시마 사태에서 보듯이 초국가적 피해를 야기하면서 원자력 안보가 화두가 되었다. 에너지 패권경쟁과 관련한 중동문제, 중-러 에너지공조, 대체에너지 개발경쟁 등 국제사회 내 에너지안보 이슈는 주요 국가의제이며, 한국과 같은 에너지 수입의존국의 경우 에너지대책은 국가생존 문제와 직결되어 있다. 북한이탈주민(탈북자) 문제는 인도주의적 접근이 필요한 이슈이지만, 급변사태로 대량 탈북사태가 발생할 경우 한반도와 주변국은 정치, 경제, 사회적 부담으로 총체적 국가혼란에 빠질 수도 있다. 하지만, 주변 강대국들의 역학과 북한 변수로 인한 지정학적 소용돌이 속에 정치, 군사적 이슈가 여전히 가장 중차대한 안보문제인 한국에서 신흥안보문제는 크게 주목받지 못하고 있다. 특히 미, 중,

러, 일 주변 강국 지도자들을 중심으로 '스트롱맨'(strong man) 시대
가 열리면서 규칙기반이 아닌 자국 이해관계에 따라 힘의 경쟁을 강화
하는 소위 '지정학의 귀환'(return of geopolitics) 현상이 두드러지면서
신흥안보 이슈나 그와 관련된 지역 차원의 협력문제는 부차적 관심영
역에 머물러 있는 실정이다.

이러한 맥락에서 본고는 비전통적 신흥안보 위협들이 어떻게 인
도적 위기를 뛰어넘어 군사적 안보나 지정학적 경쟁과 맞물려 국가안
보 이슈가 되는지를 살펴보는 것을 목적으로 한다. 어떤 특정한 신흥
안보 이슈가 어떠한 복잡한 과정을 거쳐 사회안보나 국가안보에 위협
이 되는지, 그리고 이러한 신흥안보가 어떠한 상황에서 지정학적, 군
사적 이슈와 맞물려 심각한 국가 간 긴장이나 충돌을 야기할 수 있는
국가적, 지역적, 세계적 안보문제가 되는지에 대한 이해와 분석이 필
요하다. 여러 영역에서의 안보 개념들이 어떤 측면에서는 중첩되고
(예: 정치안보나 환경안보의 인간안보적 측면), 어느 상황에서는 충돌하
는지(예: 경제발전과 국가안보로 인한 인간안보 침해, 환경보호를 위한
경제활동 저해) 등에 대한 종합적인 이슈분석이 바람직할 것이다.

특히 기존의 비전통안보 연구가 세계적 차원이나 유럽과 동남아
와 같은 특정 지역적 차원에서는 국가안보 이슈로 주목을 받은 반면
한국에서는 제대로 된 연구나 정책적 성찰이 부족했다는 점을 지적할
필요가 있다. 군사적 전통안보의 관점만으로는 오늘날 한반도를 둘러
싼 복잡한 지정학적 안보문제를 제대로 이해할 수 없으므로 '복합지정
학'(complex geopolitics)의 관점에서 전통-비전통 안보의 상호작용을
고찰해야 한다. 즉 북한의 군사적 도발과 급변 가능성, 영토분쟁을 포
함한 역내 국가들 간 양자적 갈등이 지배하는 동북아 상황을 미루어볼
때, 글로벌 차원이나 다른 지역에서는 '탈지정학적' 성격을 띤 신흥안

보 이슈라도 한반도에서는 지정학적 역학에 따라 발발하거나 확산될 여지가 많기 때문에 정치군사안보에 비전통안보 문제를 더한 복합적인 관점에서 문제를 풀어나가는 것이 중요할 것이다(김상배 2016). 그러므로 본고에서는 인구문제, 이주 및 난민 이슈와 관련된 위협을 중심으로 이러한 문제들이 한국에는 어떠한 외교안보적 도전 이슈가 되고, 남북한 관계의 맥락에서는 전통안보 이슈와의 연계성을 포함하여 어떠한 함의를 가지는지, 그리고 왜 전통안보와 연계한 '포괄안보'(comprehensive security)의 시각에서 다루어져야 하는지 검토하고자 한다.

## II. 안보 차원에서의 인구변화

### 1. 인구과잉과 인구절벽

지구촌 전체 인구는 74억 명을 넘어서고 있고, 2050년이 되면 96-99억 명에 달할 것으로 예측된다. 선진산업국과 신흥산업국에서 빠르게 진행되고 있는 저출산과 노령화로 인한 '인구절벽' 현상[1]이 경제, 사회, 국방을 비롯한 여러 분야에서 심각한 우려를 낳고 있지만, 전 세계적으로 볼 때는 30-35년 후면 닥칠 인구 100억 명 시대의 '인구과잉'이 여전히 큰 문제이다(그림 7-1 참조). 국가별로 보면 현재 최다 인구 보유국인 중국의 자리를 2050년에는 인도가 차지하고 나이지리아의

---

1    한 국가에 있어 생산가능인구의 비율이 급속히 줄어들어 생산과 소비가 크게 줄고 경제 활동이 위축되어 심각한 경제위기가 발생할 수 있는 현상으로 미국 경제학자 해리 덴트가 2014년 제시한 개념이다(Dent 2014).

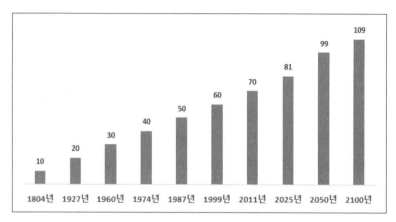

**그림 7-1.** 세계 인구 증가 추이 (단위: 억 명).
출처: United Nations Department of Economic and Social Affairs(UNDESA)(2015); Population Reference Bureau(PRB)(2016).

**표 7-1.** 인구 최다보유국, 2016년 vs. 2050년

| 2016년 | | 2050년 | |
|---|---|---|---|
| 중국 | 13억 7800만 명 | 인도 | 17억 800만 명 |
| 인도 | 13억 2900만 명 | 중국 | 13억 4400만 명 |
| 미국 | 3억 2400만 명 | 미국 | 3억 9800만 명 |
| 인도네시아 | 2억 5900만 명 | 나이지리아 | 3억 9800만 명 |
| 브라질 | 2억 600만 명 | 인도네시아 | 3억 600만 명 |
| 파키스탄 | 2억 300만 명 | 파키스탄 | 3억 4400만 명 |
| 나이지리아 | 1억 8700만 명 | 브라질 | 2억 2600만 명 |

출처: Population Reference Bureau(PRB)(2016).

인구증가가 눈에 띄게 커질 것으로 보이고, 이 외에도 방글라데시, 콩고민주공화국, 에티오피아가 세계 인구 10대 보유국이 될 것으로 전망된다(표 7-1 참조).

주로 저개발국들에서 나타나고 있는 인구과잉 현상은 자원부족, 빈곤증대, 일자리경쟁, 정치사회적 불안을 비롯한 다양한 문제를 양산하고 있으며, 이러한 '인구쇼크'를 해결하기 위해 식량증산과 경제개발 등을 통한 인구부양력을 제고하고 산아제한과 같은 인구성장억제책을 시행하고 있지만 그 효과는 미미한 실정이다. 물론 전체 인구에서 차지하는 생산가능연령(15-64세) 인구비율이 큰 국가들은 '인구보너스' 현상으로 노동력과 소비가 동시에 증가하여 경제성장을 가져올 수 있다는 점에서 인구증가는 이점이 있다. 중국의 경제 급성장의 주요 요인 중 하나로 인구보너스가 꼽히는 이유이다. 또한 국제정치에서 강국으로 부상하는 주요 요건으로서의 인구는 오랜 기간 동안 영토 및 자원과 더불어 국력의 핵심요소로 간주되어 왔다. 노동력 및 시장과 경제력의 바탕이 되는 인구 규모는 국민성, 사기, 정부의 수준, 산업규모 등과 더불어 한 국가의 힘을 가늠하는 기본 척도이며(Morgenthau 1967), 전시에는 국가생존을 위해 싸우는 병력 제공의 기본적 수단이기 때문이다. 하지만, 아프리카의 베이비붐으로 인한 인구의 폭발적 증가세는 식량과 자원 간 불균형으로 '맬서스의 재앙'을 상기시킨다는 우려를 낳고 있다.

반면, 서구산업국과 아시아 신흥경제국들에서 점점 문제시 되고 있는 저출산과 고령화 현상은 한 사회 내 생산가능인구의 비중을 현저하게 감소시켜 노동력 확보가 힘들고 저성장과 복지부담의 증가 및 사회 활력 침체를 야기하고 있다. 인구보너스와 반대되는 인구오너스(population onus)는 65세 이상 인구가 국가 전체 인구의 7% 이상을 차지하는 노령화사회에서 나타나는 현상으로 전체 인구에서 차지하는 생산연령 비중이 하락하고 부양할 노인인구는 늘어나면서 경제성장 둔화가 가시화된다. 특히 수요부족이 물가하락 및 생산감소를 가져와 실업률이 증가하고, 이는 다시 소비위축을 가져오는 악순환이 거듭되면서 디플레이션이 나타나게 된다. 일본의 '잃어버린 10년'이란 1980년대 말-1990년대 초 주식시장과 부동산시장이 연이어 급락하면서 2000년까지 극심한 경제침체기를 겪은 것을 일컫는데, 정부의 많은 노력에도 불구하고 지금까지도 디플레이션에서 벗어나지 못하고 있는 이유도 인구절벽에서 기인하는 바가 크다. 일본은 노년층 인구수가 전체의 1/4를 차지하고 있어 오늘날 세계에서 '가장 늙은' 나라로 기록되고 있다. 인구감소로 투자, 생산, 소비 침체를 겪는 국가들은 인력부족을 메우기 위해 외국인 노동자 유치정책을 추진하게 되었는데, 이러한 인구유입은 국가경쟁력의 측면에서는 중요하지만 체류 외국인들이 늘어나면서 이들의 사회적, 경제적 영향이 확대되어 사회통합 문제가 대두되었고 이민정책이 이들 국가들의 주요 정책 이슈로 대두되고 있다(Ogawa et al. 2005).

　　100년 이상 저출산문제로 고심해온 선진국들과 근래 들어 급속한 인구감소를 우려하게 된 신흥산업국들에 있어 적정 병력을 유지하는 것도 국가적 걱정거리가 되고 있다. 군사기술 발달과 21세기 새로운 형태의 전쟁이 나타나고 있어 병력보다는 총체적인 군사역량이 중요한 시대가 되고 있지만, 군 인력 규모도 국방안보에 있어 여전히 중요하다. 1956년 징병제를 도입하여 만 18세 이상 남성들은 병역법에 따라 군복무를 의무화한 독일은 1990년 통독 이후 군복무 기간을 점차 축소하였고 2011년 직업군인과 자원자만 군대를 가는 모병제로 전환하였다. 징병제 폐지의 직접적 이유는 통일로 인한 전쟁위협 감소와 유럽 재정위기로 국방예산 감축이었지만, 저출산으로 경제활동인구가 감소하고 병력 규모를 유지하기 힘든 것도 주요 요인이었다.[2]

　　한편, 지역별 혹은 국가별 인구격차(population divide)가 점점

더 문제시 되고 있다. 유엔이 발표한 48개의 세계 최저개발국 인구
는 2050년까지 현재의 두 배 혹은 그 이상으로 늘어날 것으로 전망되
며, 이들 대부분 국가들은 사하라이남 아프리카에 위치하고 있다. 반
면 유럽, 남미, 아시아에 산재한 42개국에서는 인구감소 현상이 나타
날 것으로 전망된다. 특히, 현재 2,000만 명에서 2050년 1,400만 명으
로 급감할 것으로 예상되는 루마니아를 비롯한 여러 유럽 국가들의 경
우 감소 현상이 두드러져 현재의 7억 4,000만 유럽 전체 인구수는 7억
2,800만 명으로 줄어들 것으로 예측되고 있다. 또한 주목할 것은 세계
인구의 1/4 이상이 15세 미만인 오늘날의 인구분포는 평균 6명의 아
이를 출산하는 아프리카에서 기인한 것이고, 이와 대조적으로 유럽과
아시아의 33개국은 65세 이상 노년층 인구가 15세 이하의 연령층보
다 많은 상황이다(PRB 2016). 이러한 인구양극화 문제는 세계화와 맞
물려 이주·난민 문제, 질병, 정체성 갈등, 극단주의, 테러, 증오범죄와
연계되어 한 국가 내에서뿐 아니라 인접국, 혹은 다른 지역으로까지
확산되는 양상을 보이고 있어 새로운 안보문제로 부각되고 있다.

　　요약하면, 인구폭증과 인구부족의 양적 증대와 연계된 인구문제
가 21세기 국제관계의 새로운 변수로 부상하게 된 것이다. 그러므로
인구안보란 한 국가 내 인구과잉이나 인구절벽 현상이 점점 심각해져
경제, 사회, 환경자원과 같은 문제를 야기하거나 다민족국가 내 인종
그룹별 인구양극화로 인한 공동체 갈등이 고조되는 경우, 혹은 국가
간 인구격차로 인해 이주 및 난민문제 등으로 국제관계 차원에서도 서
로 연계되어 긴장관계나 분쟁을 초래하는 경우를 일컫는다.

---

2　　"Germany to Abolish Compulsory Military Service." *The Guardian*, November 22,
　　2010.

## 2. 한국의 인구안보 문제

한국의 경우, 2016년 8월 기준 인구 5070만 명의 세계 27위 국가이지만 2050년이면 4810만 명으로 감소하여 세계 41위로 지구촌에서 '가장 빨리 늙어가는' 나라 중 하나가 될 것으로 예측된다(통계청 2016). 1960년 출산율 6%였던 한국은 남아선호사상을 불식시켜 인구를 조절하고자 '아들 딸 구별 말고 둘만 낳아 잘 기르자,' '잘 기른 딸 하나 열 아들 안 부럽다' 등의 구호까지 내세우며 국가 차원에서 산아제한 노력을 벌였다. 그러나 1980년에 들어서 2% 남짓으로 출산율이 크게 떨어졌고, 이후 지속적으로 저출산 현상이 이어지면서 2000년대 들어와서는 1.3% 미만의 세계에서 전례 없는 초저출산율을 기록하여 이미 '고령화사회'(65세 이상 인구가 총 인구 중 7% 이상)에 진입하였다. 이러한 '초고속 초고령화'로 한국은 2018년에는 고령사회(14% 이상)가 되고 2026년에는 초고령사회(20% 이상)가 될 뿐만 아니라 2050-60년에는 65세 이상 인구가 총 인구의 40% 이상을 차지하게 될 것으로 예측되고 있다. 한국이 고령화사회에서 초고령사회로 진입하게 될 예상 소요 연수는 26년으로 일본(36년), 독일(77년), 미국(94년), 프랑스(154년)와 대비하여 훨씬 빠른 인구고령화 추세에 있다(표 7-2 및 표 7-3 참조).

　　지난 10년간 격세지감을 느낄 만큼 '엄마, 아빠, 하나는 외로워요,' '혼자는 싫어요' 등 범국민적 출산장려 표어가 만들어지고 중앙정부와 지방자치단체 등에서 다양한 보육서비스 정책을 표방하면서 아이 낳기를 장려하고 있다. 하지만 한국의 출산율은 2005년 1.08%로 최저치를 기록한 이래 계속하여 OECD 국가들 중 꼴찌를 차지하고 있는 실정이다(OECD 2015). 한 국가가 장기적으로 인구를 유지하기 위

**표 7-2.** OECD 주요 회원국 출산율 추이(1960~2015)

|  | 1960 | 1970 | 1980 | 1990 | 2000 | 2005 | 2010 | 2015 |
|---|---|---|---|---|---|---|---|---|
| 프랑스 | 2.73 | 2.48 | 1.95 | 1.78 | 1.87 | 1.92 | 1.89 | 2.08 |
| 스웨덴 | 2.20 | 1.94 | 1.68 | 2.14 | 1.55 | 1.77 | 1.87 | 1.88 |
| 일본 | 2.00 | 2.13 | 1.75 | 1.54 | 1.36 | 1.26 | 1.27 | 1.4 |
| 한국 | 6.00 | 4.54 | 2.83 | 1.57 | 1.47 | 1.08 | 1.22 | 1.25 |
| OECD 평균 | 3.23 | 2.71 | 2.14 | 1.86 | 1.65 | 1.62 | 1.74 | 1.68 |

출처: OECD Social Policy Division(2016).

**표 7-3.** OECD 주요국 인구고령화 속도

|  | 고령화사회(7%) 도달 연도(연) | 고령사회(14%) 도달 연도(연) | 초고령사회(20%) 도달 연도(연) | 도달 소요 연수 (7% → 20%) |
|---|---|---|---|---|
| 한국 | 2000 | 2017 | 2026 | 26년 |
| 일본 | 1970 | 1994 | 2005 | 35년 |
| 터키 | 2010 | 2034 | 2049 | 39년 |
| 칠레 | 1999 | 2025 | 2042 | 43년 |
| 독일 | 1932 | 1972 | 2009 | 76년 |
| 캐나다 | 1945 | 2010 | 2025 | 80년 |
| 이탈리아 | 1927 | 1988 | 2007 | 80년 |
| 미국 | 1942 | 2013 | 2029 | 87년 |
| 프랑스 | 1864 | 1979 | 2019 | 155년 |
| OECD 평균 | 1960 | 2000 | 2024 | 64년 |

출처: OECD(2015).

해서는 합계출산율이 2.1명은 되어야 하는데, 여성들의 교육수준이 높

아지고 사회진출이 늘어나면서 결혼과 출산도 늦어지거나, 독신가구
가 증가하고 핵가족이 보편화되었고 엄청난 교육비를 포함한 자녀양
육비의 부담이 늘면서 아이 낳기를 꺼려하는 사회적 현상이 두드러지
게 되었다.

출산율이 감소하면 생산가능인구가 줄어 노동력이 부족해지고 인
건비가 크게 인상되고 제조업과 수출경쟁력이 감소하여 경제성장의
동력을 잃게 된다. 1960-70년대 인구 억제책을 펴기는 했으나 한국
은 선진국보다 '젊은' 인구구조를 토대로 추격형 성장전략을 통해 경
제발전을 이루었다. 그러나 이제는 사회보장제도와 같은 사회안전망
이 제대로 구축되지 못한 상태에서 세계화와 기술변혁으로 인한 소득
불평등이 확대되는 것과 맞물려 저출산과 고령화 현상이 급속도로 나
타나면서 잠재성장률 하락은 물론이거니와 빈곤문제와 사회정치적 불
안정성이 커질 가능성도 높아지고 있다. 한편 저출산 현상이 사회적으
로 이슈가 될 순 있지만 장기적 차원에서 볼 때 4차 산업혁명으로 인
해 많은 일자리가 소멸되고 더 많은 여성과 노년층 인력의 노동시장
진입으로 일자리 부족문제는 해소할 수 있기 때문에 한국경제에 활력
을 불어넣기 위해서는 출산장려보다 경제혁신과 구조조정이 우선적으
로 선행되어야 한다는 지적도 있다(정구현 2017). 하지만, OECD 추정
한국 잠재성장률은 현재의 3% 중반대에서 2050년대에는 1%대로 하
락할 것으로 전망된다. 인구고령화는 노년층 빈곤문제나 의료, 연금과
같은 복지지출 증가로 경제역동성을 저하하고 국가재정을 위한 국민
들의 부담증가로 이어지게 된다. 한국 복지지출 전망 수치를 살펴보면
현재 운영되는 사회보장제도를 그대로 유지할 경우라도 공공사회지출
이 2010년에 비해 2060년에는 3배가량 증가할 것으로 예상된다(박형
수·홍승현 2011).

한편, 아직도 분단 상태인 한국이 인구절벽으로 지금과 같은 징병제, 즉 국민개병제에 의한 상비군 유지가 힘들 경우 안보문제와 직결될 수밖에 없다는 우려의 목소리도 커지고 있으며, 모병제 전환 이슈를 둘러싼 찬반론도 거세지고 있다(신성호·양희용 2015). 모병제에 찬성하는 측은 기본체력이 우수하고 동기가 뚜렷한 군인들을 정예로 만들 수 있어 보다 효과적이고 강한 군대를 만들 수 있고, 경제활동인구가 증가하여 GDP도 상승하게 되며, 미국, 일본, 영국, 프랑스, 독일 등 100여 개국이 이미 모병제를 채택하고 있다는 점을 강조한다. 반면, 한반도에서 북한군은 120만 명인데, 현재 한국의 60만 군인력이 30만 명으로 줄어들어 전력에 큰 차질이 생길 수밖에 없고, 크게 오를 월급 등을 충당할 예산확보 문제, 그리고 부유층과 고위층 자제들의 병역 기피의 합법적 루트가 되어 사회불평등에 따른 불만과 분노가 커질 것 등을 이유로 모병제에 반대하는 목소리도 만만치 않다.

한국의 인구문제 중 또 하나 짚고 넘어가야 할 이슈는 인구가 대도시로 집중된 현상이다. 농업 위주의 국가였던 한국은 북한으로부터 남하한 인구 및 해외귀환 동포의 유입 등으로 1960년 도시인구가 28%가 되었고, 이후 급속한 산업화과정을 겪으면서 도시이주 인구가 크게 늘면서 1970년 44%, 1975년 52%, 1990년대 들어서는 서울 포함, 부산, 대구, 인천, 광주, 대전, 울산 등 7대 도시 인구가 47.4%에 달하였다. 2005년 이후 부산, 대구 등은 출산율은 줄고 인구유출은 많아 인구수가 감소하는 반면, 수도권의 인구밀도는 계속 증가하여 2015년 기준 수도권(서울, 인천, 경기도)에만 전체 인구의 절반이 모여살고 있다(통계청 2016). 이렇듯 농촌 공동화(空洞化) 현상과 도시 밀집이라는 과소-과밀의 불균형 현상으로 농촌에는 일손이 없고 노인과 결혼이민자 등 취약계층이 느는 반면, 대도시는 인구집중으로 주택이 부족해

집값이 오르고 교통혼잡이나 환경오염, 범죄율 증가와 같은 문제가 발생하고 있다. 인구과밀은 경제적, 사회적 문제일 뿐 아니라 북한과의 대척점에 있는 한국으로서 도시인구밀집 지역은 '안보위험지대'이기도 하다. 예를 들어 북한의 무모한 도발은 북한정권의 자멸로 이어질 확률이 높으나, 한국의 대도시를 겨냥하여 핵미사일을 발사할 경우 62만 명가량의 사상자가 발생할 수 있다는 점에서 심각한 안보사안이다(최강·홍규덕 2017).

요약하면, 한국은 저출산, 고령화, 노동력 감소 등으로 인구오너스 현상에 직면하여 국가재정 고갈이나 경제침체에 대응할 방안 마련이 중요하며 이를 위해 체계적, 지속적 이민정책을 추진해야 한다. 한반도 군사대치 상황에 있어 병력감소 문제를 어떻게 극복해나갈 것인가도 중차대한 국책과제가 되고 있다. 또한 일본뿐 아니라 한자녀 정책을 폐지한 중국의 경우도 베이징, 상하이 등 경제가 발달한 지역부터 계속 출산율이 낮아지고 있다. 최근 몇 년간 유럽과 미국을 중심으로 이민문제가 정체성 갈등, 민족주의 감정 고조 등으로 사회갈등 문제를 야기하고, 정치적으로도 포퓰리즘과 반(反)이민을 화두로 한 리더들이 득세하는 분위기 속에서 한중일 3국이 인구감소와 그로 인한 이민유입의 필요성 증대 문제를 동북아 차원에서는 어떻게 다룰 수 있는지에 대한 방안을 체계적, 포괄적으로 모색하는 것이 중요하다. 이를 위해 국가 및 여타 행위자들의 쌍무적, 다자적 협력과 지역거버넌스 구축 노력이 필요하다.

## III. 안보 차원에서의 이주 및 난민 문제

### 1. 이주안보

이주란 인간의 개별적 혹은 집단적 행동의 결과로 한 국가 내 혹은 국경선을 넘어 사람이나 집단이 이동하여 거주지가 바뀌는 것을 일컫는다. 노동, 교육, 가족과의 재결합을 포함한 여러 이유나 목적에 따라 자발적 혹은 비자발적/강제적 이주로 분류할 수 있다. 유엔은 이주를 '지리상의 단위지역에 있어 지리적, 공간적 유동성의 한 형태로서 출발지에서 목적지로의 주소변경을 수반하는 행위'로 정의한다. 이 경우 출퇴근이나 계절별 인구이동, 단기 여행과 같이 일시적인 이동은 이주에 포함되지 않는다(UNDESA 2016).

이주와 이동은 선사시대부터 있었고 인간은 자신의 거주지를 떠나 새로운 곳에 정착하여 사냥, 유목생활, 농경 등을 통해 행동영역을 넓혀갔다. 이 과정에서 경제활동이나 사회생활을 위한 장소와 자원을 확보하기 위한 목적, 혹은 기존 거주지에서의 다른 집단과의 갈등, 인구과밀 스트레스, 환경변화 등으로 인해 또 다른 정착지를 찾아 떠나기도 하는데, 이는 오늘날에도 그대로 적용되는 인구이동의 원인이다. 이에 더해 현대사회에 들어서는 교통통신의 발달로 지리적 거리가 좁혀지고, 세계화와 정보화가 진전되면서 상품과 자본만이 아니라 인적 교류도 활발해졌다.

오늘날 세계 도처에 흩어져 있는 이민자들은 전 세계 총 인구의 3.2% 정도이며, 이들이 한 국가를 만들 경우 인구수로 세계 5위에 해당할 정도의 규모이다. 이는 국제사회의 모든 나라들이 국제이주와 얼마나 긴밀하게 연계되어 있는지를 반증하는 수치이다. 특히 지난 15

년간 전 세계적으로 국제이주는 큰 폭으로 늘어 2000년 1억 7000명에서 2010년 2억 2200만 명, 그리고 2015년에는 2억 4400만 명에 이르렀다. 이들 국제이주자 수에 자국 내에서 거주지를 이동하여 정착한 7억 4000여 만 명을 합치면 전 세계 인구의 20%에 버금가는 규모이다. 2015년 말 기준 전체 이주자들의 2/3가 20개국에 살고 있는데, 그 중 가장 큰 규모는 4700만 명(전체 19%)의 이주자가 거주하는 미국으로 외국 태생자 비율이 나라 전체 인구의 43%에 육박한다. 다음으로 독일과 러시아에 각각 1200만 명의 이주자가 있고, 그 뒤를 이어 사우디아라비아에 1000만 명이 있다(UNDESA 2016).

세계 전체 이주자의 60%가 미국과 서구유럽으로 이동하였는데, 역사상 이주의 흐름이 반드시 선진산업국(북)으로만 움직였던 것은 아니었더라도 자국보다는 삶의 형편이 나은 국가로 향해왔다. 일반적으로 과잉인구나 경제난, 치안불안 등이 만연한 저개발국 사람들이 보다 나은 기회가 있어 보이는 선진국으로 이동하는 것이 보편화된 이주 형태였다. 그러나 개도국들(남) 간 인구이동도 꽤 큰 비중을 차지하고 있어 오늘날 전체 이주자 40%는 남에서 북으로, 33%는 남에서 남으로, 22%는 북에서 북으로 이동하였고, 북에서 남으로 이주하는 사람들도 5%였다(IOM 2016)

국제이주자들의 평균 연령은 39세로 5년 전인 2000년 기준 38세와 별다른 차이를 보이지는 않았으나, 아시아, 남미, 오세아니아에서의 평균 연령은 조금 더 젊어졌다. 남녀 성별로 볼 때 전 세계적으로는 남성이주자가 절반을 약간 상회(51%)하나, 유럽과 북미에서는 여성이주자가, 아프리카와 아시아에는 남성이주자가 많으며, 특히 서아시아에는 남성이 훨씬 더 많이 이주해 살고 있다. 대다수 이주자들은 중간소득 국가 출신으로 자국보다 소득이 높은 국가로 이주하였다(1억

**표 7-4.** 이주자의 대륙 간 이동규모, 2015년

| 출신 대륙 | 유입 대륙 | 국제이주자 (명) |
|---|---|---|
| 아시아 | 아시아 | 6200만 명 |
| 유럽 | 유럽 | 4100만 명 |
| 남미 | 북미 | 2600만 명 |
| 아시아 | 유럽 | 2000만 명 |
| 아프리카 | 아프리카 | 1800만 명 |
| 아시아 | 북미 | 1700만 명 |
| 아프리카 | 유럽 | 900만 명 |
| 유럽 | 아시아 | 800만 명 |
| 유럽 | 북미 | 800만 명 |

출처: United Nations Department of Economic and Social Affairs(UNDESA)(2016).

5700만 명). 출신국별로 보면, 총 국제이주자의 43%에 해당하는 1억 400만 명은 아시아에서 태어났고, 25%인 6200만 명은 유럽, 15%인 3700만 명은 남미와 카리비안 연안, 그리고 14%인 3400만 명은 아프리카로부터 이주해온 사람들이다. 국가별로는 인도(1600만 명)가 가장 많은 이주자를 수용하고, 그 다음으로 멕시코(1200만 명), 러시아(1100만 명), 중국(1000만 명), 방글라데시(700만 명), 파키스탄(600만 명), 우크라이나(600만 명) 순이다. 2000–2005년 사이에 국제이주로 인해 북미와 오세아니아에서는 각각 42%, 32%의 인구가 늘었고, 국제이주가 주춤하였던 유럽의 인구는 감소하였다(UNDESA 2016; IOM 2016).

　자발적 인구이동의 가장 큰 이유는 보다 나은 경제적, 사회적 여건을 찾아 나서는 것으로 목적지의 유인요소(pull factor)가 분명하지만, 자국 거주지의 부정적 상황이나 부를 획득하기 힘든 푸시요인

(push factor)도 동시에 존재하는 경우가 종종 있기 때문에 자발적, 비자발적 이주 여부를 명확히 파악하는 것은 쉽지 않다. 더욱이 인권유린이나 천재지변, 인신매매와 같은 푸시요인으로 인해 어쩔 수 없이 자신의 거주지를 떠나는 강제이주도 늘고 있다. 근로이주의 경우, 노동인력이 부족한 선진국이나 신흥산업국들은 주로 3D 업종에 종사할 수 있는 저개발국 이민자를 받아들여 자국민들이 기피하는 분야의 인적 자원으로 활용하고자 한다. 그러나 이주노동자들의 고용기회는 제한적이거나 일시적인 경우가 많고, 전문적인 기술이나 자격을 보유하지 않고서는 일자리를 구하는 게 쉽지 않다. 또한 언어장벽, 문화적 차이 등으로 인해 채용이 거절되거나 직장에서 차별과 고초를 겪기도 한다. 교육을 목적으로 하는 자발적 이주의 경우, 1970년대 중반 이후 영어권으로의 유학이 크게 늘었다. 유학생들이 학위 취득 후에도 직장을 잡아 계속 체류하기를 희망하는 사례가 늘고 있는데, 고학력/고숙련 이민자들을 환영하는 분위기가 있는 반면 외국인과 일자리 경쟁을 해야 하고 역차별을 당하기도 한다는 내국인의 불만으로 인해 사회적 갈등이 나타나고 있다.

　　이민자들에 대해 비교적 수용적인 입장을 견지해온 서구 선진국들의 경우, 경제침체가 장기화되고 취업난이 가중되면서 영국의 유럽연합 탈퇴(BREXIT, 브렉시트) 및 미국의 도날드 트럼프 시대의 도래에서 보듯이 자국중심주의, 신고립주의 등을 통해 이민 장벽을 강화하는 추세이다. 예를 들어, 영국은 2차 세계대전 이후 인구감소와 노동력 부족을 우려하여 적극적인 이민정책을 폈으나 1958년 내국인과 식민지 출신 이민자들 간 큰 충돌이 생겨 사회적 문제가 되기도 하였다. 1969년 이민자 수 감축을 공약으로 건 보수당이 집권하면서 영국거주 비본국인을 통제하는 새로운 이민법이 생겼다. 그 후 1981년 인종

차별적 요소를 제거하고 이민자들의 통합을 고려한 영국국적법을 제정하였다. 그러나 냉전종식 이후 동유럽 8개국의 EU 가입이 이루어진 후 이민자 수가 급증하여 경제적, 사회적 부담이 커지면서 이민규제 문제가 중요한 선거쟁점으로 부상하였고 결국 2016년 국민투표 결과 브렉시트가 결정되었다(Somerville 2009).

1946년 이민청을 설립한 프랑스는 북아프리카 등지로부터 노동인력을 받아들이기 시작하였으나 1970년대 발생한 석유위기 사태로 경제가 어려워지자 전문 인력이나 계절노동자를 제외한 이주를 통제하였다. 더욱이 예전 식민지 국가였던 알제리, 모로코, 튀니지 등에서 온 이주자와 내국인 사이에 반목과 갈등이 생긴 것도 이민억제책과 무관하지 않았다. 그럼에도 가족재결합과 장기 체류자에 대한 영주권 부여 등으로 이주민 수는 꾸준히 증가하였다. 하지만 이민자 주도의 데모나 폭력이 늘어나면서 2002년 샤르코지 대통령은 강력한 이민정책을 추진하게 되고, 2003년, 2006년, 2007년 이민법 개정을 통해 매년 이민자 수를 통제하고, 가족재결합과 국제결혼 등에 대한 규정도 강화하였다(Murphy 2006).

미국의 경우, 1952년 이민·귀화법인 맥카란 월터법을 제정하여 고숙련 전문 인력과 그 가족들을 우선적으로 받아들여 이민자 전체 규모의 절반을 할당하는 등 이민유형별 우선순위를 정하였다. 1965년 법 개정을 통해 이민차별을 철폐하였고 1970년대 이후 이민자 수가 꾸준히 증가하였으나, 1986년 멕시코를 비롯한 남미로부터의 불법이민 통제를 목적으로 하는 이민개혁조정법이 제정되었다. 1993년 뉴욕 세계무역센터 폭발사건을 계기로 선별과 봉쇄를 중심으로 한 이민정책이 강구되어 왔고, 2001년 9·11 테러사건 등을 거치며 이러한 조치는 더욱 강화되고 있다(한국보건사회연구원 2011). 미국 트럼프 대통령이 취임 일주일 만에 이라크, 이란, 시리아, 리비아, 예멘, 수단, 소말리아 등 이슬람 7개국에 대한 미국 입국금지를 골자로 하는 반이민 행정명령을 발동한 것에 대해 연방법원에서 제동을 걸었다. 또 다른 행정명령이나 이민자 정책이 발표되는 것에 대해 1,100만 명에 이르는 미국 내 불법체류자들은 추방될 수 있다는 위기의식을 느끼고 있으며, 트럼프의 이민규제정책은 미국뿐 아니라 지구촌 곳곳의 반대시위를 확산시키고 있다. 그러나 미국인 절반이상이 이민금지령에 찬성하는 여론조사도 있어[3] 이민문제를 둘러싸고 미국사회가 양분되는 현상이 나타나고 있다.

한편, 한 국가에서 다른 국가로 합법적이지 않은 수단이나 과정을 통해 입국하여 체류국의 출입국관련법에 위반이 되고 있는 불법이주자들의 경우가 골칫거리가 되고 있는 국가가 늘고 있다. 특히 2011년 '아랍의 봄' 이후 중동지역에서 민주화 정부들이 실패하고 그 이전보다 사회가 더 불안해지거나 폭력사태 및 내전이 발발하면서 지중해를 건너 유럽으로 쏟아져 들어가는 불법이주자들과 난민들이 크게 늘었다. 2016년 시리아, 리비아 및 여타 중동과 아프리카 등지에서 유럽으로 밀입국한 이주민이 181,500명으로 추산되는 가운데, 지중해를 건너다 목숨을 잃은 사람들이 4,579명으로 역대 최고 수치를 기록하였다.[4]

강제이주 혹은 불법이주 중 가장 심각한 유형의 하나인 인신매매는 사람을 물건처럼 사고파는 불법적 행위로 인간의 기본 권리를 유린하는 비인도적인 초국가적 범죄이다. 인신매매가 자행되는 이유는 성

---

3    "In Ban on Migrants, Trump Supporters See a Promise Kept," *The New York Times*, January 30, 2017.

4    "Bodies of Dozens of People Wash Ashore in Western Libya," *The Guardian*, February 21, 2017.

매매, 강제노역, 소년병 징집, 아동매매, 강제결혼, 장기밀매 등 다양한데, 국제노동기구(ILO)에 따르면, 2014년 5월 기준, 노동(68%), 성착취(22%), 국가 주도의 강제노동(10%)을 이유로 매매된 인신피해자는 총 2100만 명이다. 전체 피해자의 55%가 여성과 소녀들이고 45%가 남성과 소년들이었는데, 전체 26%에 해당하는 550만 명이 18세 미만의 미성년자들이었다. 지역별로는 아시아태평양 국가들에 1,170만 명(56%)으로 가장 많고, 아프리카에 370만 명(18%), 남미와 카리비안 연안에 180만 명(9%), 동부 및 남유럽국가들과 독립국가연합(CIS)에 160만 명(7%), EU를 포함 선진산업국에 150만 명(7%), 중동지역에 60만 명(3%)으로 추산된다(IOM 2015; UNODC 2016).

　유엔을 비롯한 국제기관들과 여러 국가들의 다양한 법적, 행정적 제재 노력에도 불구하고 인신매매가 계속 발생하는 이유는 이로 인한 수익이 연간 1500억 달러에 달할 정도로 크기 때문이다. 이 중 가장 큰 수익이 되는 분야가 성매매로 990억 달러에 달하는데, 전체 인신매매 피해자의 22%가 성착취를 목적으로 매매되는 데 비해 그로 인한 수익은 총 수입의 66%를 차지한다(ILO 2016). 또한 우려스러운 것은 최근 몇 년 사이 강제이주가 급증했는데, 이들은 자국을 탈출하거나 유입국에 정착하는 과정에서 인신매매의 표적이 될 가능성이 높다는 점이다. 생존을 위해 기존 거주지를 탈출하거나 새로운 정착지를 물색하는 과정에서 많은 경우 이들은 물질적으로나 기회 면에서 매우 취약하기 때문이다. 또 다른 비자발적 이주자 유형으로는 자연재해, 산업재해 등으로 인한 환경유민이 있다. 이들은 국외로 이동하기보다는 국내의 다른 지역을 찾아 정착하는 경우가 더 빈번한 것으로 보인다(박흥순·서창록·박재영·이신화 2015).

　1994년 인구와 개발에 대한 국제회의(ICPD) 개최 이후 국제이주 및 관련된 개발의제들이 꾸준하게 국제사회에서 주목받았다. '2030년 지속가능개발의제'에도 이주와 관련한 여러 가지 목표를 포함시켰고 이주지위(migratory status)에 따른 국가구분을 권장하였다. 그러나 이주민 권리보호와 합법적이고 질서 있는 이주를 증진하기 위한 국제법적 노력에 대한 국가들의 반응에는 온도차가 있어 왔는데, 2015년 10월 기준 국제이주와 관련된 유엔의 법적 장치 5개를 모두 승인한 국가가 36개국인 반면, 하나도 승인하지 않은 국가 역시 14개국이나 되었다(OECD 2016).

요약하면, 국제이주가 경제성장과 인재계발 및 빈곤문제 완화에 기여한다는 순기능적 요소가 있음에도 불구하고, 이주민과 내국인 간의 통합문제, 이주의 규모나 빈도와 복합성 등으로 인해 오랜 이주역사와 체계적인 이주민 관리를 운영하던 선진국들도 장벽을 높이기 시작하였다. 반이민정서가 커진 유럽의 경우 '이민안보'가 EU 개개 회원국에게 중요한 국가안보 의제가 되었다. 지난 몇 년 동안 테러, 경제난과 실업 등으로 이민자들에 대한 반감이 커진 유럽은 2016년 출범 43년 만에 영국이 회원국에서 탈퇴하는 상황이 현실화되면서 불확실성과 혼란을 겪게 되어 통합과 협력을 지향해온 EU 존속 자체가 우려되는 상황이 나타나고 있다. 2016년 2월 EU는 난민에 대한 인도주의적 관점을 견지하며 지원은 계속하지만, 불법이주자에 대한 단속은 강화하겠다는 결정을 공표하였다(EC 2016; 2017). 이렇듯 이민 역사가 오래된 유럽과 이민자로 이루어진 미국 등지에서 반이민정서 및 정책이 가시화되면서 국제이주를 사회안보, 국가안보와 연계하여 종합적, 체계적으로 관리함으로써 인신매매나 밀입국 등의 불법이주를 차단하고 인구이동의 부정적 인식이나 결과를 줄여나가는 범국가적 노력의 필요성이 점점 커지고 있다.

## 2. 난민안보

2015년 말 기준 전 세계 강제이주자는 2,130만 명의 난민, 1,000만 명의 무국적자(stateless people)를 포함하여 총 6,530만 명에 달한다. 난민 전체의 53%에 해당하는 난민들은 3개국, 즉 시리아(490만 명), 아프가니스탄(270만 명), 소말리아(110만 명)로부터 배출되었고, 6대 난민수용국으로는 터키(250만 명), 파키스탄(160만 명), 레바논(110만 명), 이란(97만 9,400명), 에티오피아(74만 6,100명), 요르단(66만 4,100명)을 꼽는다. 지구촌 분쟁과 박해 등으로 매일 34,000명가량이 강제유민이 되고 있고 이들 중 절반 이상은 18세 미만의 미성년자들이다(UNHCR 2016).

일반적으로 난민들은 인도주의적 관점에서 보호와 지원이 필요한 피해자들이라는 것이 난민에 대한 학술적 연구나 정책모색에서 대전제이다. 2015년 유엔의 전후 평화구축 관련 보고서에 따르면 난민

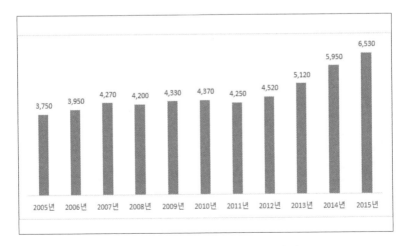

**그림 7-2.** 전 세계 강제이주자 증가추이(2005~2015년, 단위: 만 명)

출처: United Nations High Commissioner for Refugees(UNHCR)(2016).

사태 및 대량학살과 같은 인도적 위기를 방지하거나 줄이는 것은 분쟁
예방이나 발발 시 조기 대응을 통해 위기 원인을 제거해야한다는 점을
강조하고 있다(UNPBC 2015). 유엔의 '공식난민'인 초국가적, 정치적
난민만이 아니라 환경파괴나 경제난 등에 의해 발생되는 비정치적 난
민들과 자국 내를 떠도는 국내유민(IDP)들에 대한 국제사회의 보호를
주장하는 경우도 난민은 무고한 피해자라는 전제를 깔고 있다. 특히
탈냉전기 급증한 내전의 특성은 전선 없는 전투로 대다수의 피해자가
민간인이다. 전시에 상대방의 피해를 극대화하는 일환으로 여성이나
아동들을 대상으로 한 강간이나 학살을 전투전략으로 활용하고, 이러
한 행위는 보복을 불러일으켜 어제의 피해자가 오늘의 가해자가 되는
폭력과 인권유린의 악순환 양상으로 이어지곤 한다. 폭력분쟁 이외에
도 정부에 의한 탄압을 피해 자국을 탈출하는 난민들이 냉전 직후 10
년 동안 급증세를 보이다가 2000년대 들어서 다소 주춤하였으나, 지
난 5년 사이 난민을 비롯한 강제이주자들이 다시 크게 늘기 시작하였
다. 가장 큰 이유는 시리아 내전이 악화되면서 시리아 전체 인구의 절
반가량이 탈출하였기 때문이다. 이외에도 수십 년간 내전과 기근 혹은
무정부상태인 소말리아와 아프가니스탄의 수백만 명의 난민들 문제가
해결되지 않고 있고, 리비아, 중앙아프리카공화국, 남수단, 콩고민주
공화국, 우크라이나를 비롯한 여러 국가들의 내전이나 정치불안의 악
화, 그리고 예멘과 부룬디 등에서의 분쟁재발 등으로 지구촌은 2차 세
계대전 이후 최대의 난민위기를 맞게 되었다(이신화 2016).

　　난민을 대거 배출하는 나라들은 많은 경우, 폭력분쟁, 공동체 갈
등, 중앙정부의 차별이나 박해, 경제난 등으로 인도적 위기상황에 빠
져 있다는 공통점이 있다. 유엔이나 여타 국제기구들 및 비정부단체들
이 이들 난민들에 대한 인도적 지원뿐 아니라 정치적 해결책을 모색

하려고 노력해왔지만, 이들 난민배출국의 상황이 호전보다는 악화되는 경우가 많아 난민들의 본국 귀환 가능성은 점점 희박해지고 있다. 하지만 피해자로서의 난민사태, 즉 분쟁이나 박해 및 천재지변 등으로 인해 난민이 발생한다는 일방향(one-way) 접근만으로는 난민유입으로 야기될 수 있는 국내외적 영향을 정확히 파악하고 대처하는 데 한계가 있다. 최근 가장 두드러진 문제는 난민 유입국들의 수용정책이나 현지인들의 반감이 사회문제를 넘어 국가 간 정치외교적 갈등으로 비화하고 있다는 점이다. 대표적인 예로 2015년 8월 이후 중동과 북아프리카로부터의 대규모 난민이동으로 유럽 국가들이 몸살을 앓고 있는데, 예전부터 저개발국으로부터 이민자와 난민들이 많이 유입되었지만 지금처럼 수백만 명이 밀려드는 경우나 국경 통제로도 사태가 나아지지 않는 상황이 지속되자 유럽 국가들은 현 난민사태를 최대 현안문제이자 안보위협으로 규정하게 되었다. 난민문제를 인도적 관점보다는 자국의 안정에 위협이 된다는 국가안보적 도전의 측면에서 간주하기 시작하면서 기존 협약들을 변경하거나 파기해서라도 빗장을 단단히 걸어 잠그려고 하는 것이다.

1951년 유엔난민협약에 의해 난민으로 인정받은 사람들에 대해 EU 회원국 중 첫 도착국가가 수용해야 한다는 '더블린조약'은 회원국들 간 난민 수용책임을 균등하게 갖자는 취지하에 1990년 제정되어 EU 난민정책의 근간이 되어왔다(EC 2017). 하지만 지난 2-3년 사이 지중해나 발칸반도를 통해 대다수 난민들이 이탈리아와 그리스로 들어오면서 이 두 나라와 다른 EU 회원국들 간 난민수용을 둘러싼 갈등이 커졌다. 2015년 프랑스 파리 동시다발 테러는 난민들 중 테러범들이 있다는 우려와 더불어 유럽 전체에 반(反)난민, 반(反)이슬람을 기치로 한 극우파의 득세를 가져왔다.

프랑스를 비롯한 난민수용에 부정적이거나 미온적이었던 여러 회원국들뿐 아니라 난민수용에 비교적 포용적이던 스웨덴과 독일 등도 장벽을 높이기 시작하였다. 스웨덴의 경우, EU 내 검문검색 폐지와 여권심사 면제를 골자로 1985년 제정된 센겐조약, 일명 국경개방조약을 재고해야 한다는 움직임이 커지고 있다. 즉, 센겐조약이 난민포용을 직간접적으로 장려하여 결과적으로 테러범들의 자유로운 왕래를 부추겼다며 난민통제와 이슬람계 자국민에 대한 감시를 강화해야 한다는 주장이 확산된 것이다.[5] 난민에 대해 가장 관대한 입장을 견지해온 독일 앙겔라 메르켈 정부의 경우, 2015년 8월 첫 도착지와 상관없이 시리아 난민을 전원 수용하겠다고 발표하였으나, 밀려드는 난민들에 대한 부담과 거센 국내 여론의 비판에 부딪혀 발표 3개월도 채 지나지 않아 '묻지마 수용' 정책을 폐기하였다. 2016년 12월 말 베를린 테러 사건 이후 독일 극우파도 메르켈의 인도주의적 난민정책이 문제라는 혐오 선동에 박차를 가하고 있어 독일 내 사회적인 논란거리가 되고 있다.[6]

저개발국에서의 분쟁과 난민의 역학을 살펴보면 상황은 더욱 심각하다. 오늘날 대량 난민유입으로 유럽이 위기를 맞았다고는 하지만, 여전히 지구촌 전체 난민의 85% 이상은 출신국과 유사한 정치혼란, 내전, 경제 피폐, 환경파괴와 같은 위험하거나 열악한 상황인 인접 저개발국으로 탈출하고 있다(UNRIC 2016). 특히 사하라이남 아프리카의 경우 밀려든 난민들이 아무리 무고한 피해자일지라도 유입 자체로 야기된 정치적, 경제적, 생태적 문제로 인해 그 지역이 또 다른 분쟁이

---

5    "Schengen: Controversial Eu Free Movement Deal Explained." *BBC News*. April 24, 2016.
6    "독일 '묻지마 난민 수용' 폐기…포용서 통제로 U턴." 『연합뉴스』. 2015.11.12.

나 인도적 위기상황에 처하거나, 유입국과 배출국 사이에 전쟁이 야기 되는 경우도 드물지 않게 일어난다. 유입국의 수용한계치를 넘어서는 난민들이 단기간 안에 밀려든다거나 오랜 기간 동안 그 지역에 머물면 서 경제적 부담과 정치적 불안정을 가중시킨다면, 난민문제는 더 이상 인도적 사안만일 수는 없다.

1992년 임시캠프로 시작한 케냐의 다다브 난민캠프는 세계에서 가장 큰 규모로 한때 35만 명가량의 소말리아 난민들이 머물기도 했 었고, 2017년 1월 기준 25만 6천여 명이 수용되어 있다. 수용난민 수 가 점점 확대되면서 재정난뿐 아니라 치안불안, 성폭력, 질병 등이 만 연하여 케냐 정부로서는 이들이 커다란 골칫거리일 수밖에 없다. 2013 년 말 케냐와 소말리아 정부는 UNHCR의 주선으로 3년에 걸친 자발 적 난민송환과 관련한 합의문에 서명하였으나, 본국으로 돌아가기를 희망하는 난민들은 극소수에 불과하였다. 소말리아 난민들은 캠프의 기본적 의식주 상황이 상당히 열악함에도 불구하고 본국으로 돌아가 는 것보다는 이곳에 머무는 것이 조금은 안전하다고 인식한 것이고, 이곳에서 20여 년을 살아온 난민들, 특히 젊은 세대에게 소말리아는 더 이상 조국이 아니었다. 하지만 케냐 정부는 국제법으로 금지하고 있는 난민의 강제송환금지 원칙에도 불구하고, 합의한 3년 기한 만료 및 자국의 경제문제와 치안을 이유로 다다브 캠프를 폐쇄하고 난민들 을 돌려보내겠다고 발표하였다. 유엔과 인도적 구호단체 등이 강력하 게 반발하면서 케냐 정부는 송환시기를 2017년 5월로 늦추었으나, 실 질적으로 송환이 이루어지게 될 경우 국제사회의 비판보다는 송환을 거부하는 난민들의 반발로 인한 예기치 않은 사태발발이 더 문제시 될 것으로 보인다.[7]

한편, 난민으로 위장하여 인접국으로부터 들어온 무장 세력들이나 테러범들이 난민촌을 전진기지로 본국을 공격할 경우 출신국 정부가 보복공격을 할 수 있고, 난민들이 지역민과의 마찰 과정에서 폭력사태가 발발할 경우 배출국과 수용국 정부 간 갈등상황이 발생하여 국가적, 지역적 안보에 위협이 될 수 있다. 1994년 르완다 대량학살을 자행한 후투족 민병대와 구정부군들은 내전에서 투치족에게 패한 후 민간인 후투족 무리에 끼어 인접국 콩고민주공화국(당시 자이레) 국경 지역으로 피신하였으나, 그곳 난민촌을 기지 삼아 본국 투치정부를 공격하는가 하면, 자이레의 쿠데타와 내전을 촉발하고 자이레 모부투 정권이 무너지는 데 결정적 역할을 하였다. 이렇듯 국경을 넘나드는 '난민전사들'(refugee warriors)과 수용국과 출신국을 비롯한 주변국들의 정치군사적 이해관계에 따른 상호 교차지원이나 보복공격 등이 복잡하게 얽혀 난민들은 또 다른 분쟁을 야기하거나 악화시키는 데 직간접적으로 연루되게 된다.

요약하면, 난민 규모나 급박성, 유형에 따라 발생할 수 있는 수용국에서의 다양한 부담이나 안보위협을 국가안보 문제로 인식하는 것 자체를 비판할 수는 없지만, 이를 빌미로 난민사태를 정치화, 안보화하여 난민 거부나 강제송환을 정당화하는 나라들이 늘고 있다(송영훈 2014). 하지만 난민을 배척하는 정책은 인도주의적 측면에서 바람직하지 못할 뿐 아니라 현실주의 정치 측면에서도 현명한 결정이 되지 못한다. 법적, 행정적 혹은 물리적 장벽을 높여 난민을 거부하는 것이 효과적인 단기해결방안이 되지 못하고 있을 뿐 아니라 중장기적으로 볼 때 더 큰 역풍이 되어 국가적, 지역적 차원의 불안정을 초래할 것이기 때문이다.

7    "Kenya Delays Dadaab Refugee Camp Closure by Six Months." *Alzazeera*. November 16, 2016.

## 3. 한국의 이주 및 난민 안보 문제

오랫동안 단일민족국가로 알려졌던 한국의 체류외국인 인구는 2016
년 6월 말 기준 200만 명을 넘어 전체 인구의 3.9%를 차지하게 되었
다. 이 수치는 영국의 체류외국인 비율 8%, 프랑스 6%, 캐나다 6%에
비해 적은 규모이지만, 1990년 5만 명에 불과했던 외국인 수가 2000
년 약 50만 명, 2007년 100만 명, 2013년 150만 명으로 빠르게 늘어
났고, 2011-15년 동안 연평균 8%가 증가한 것이다. 2021년 한국 총
인구수가 5156만여 명으로 예상되는 가운데, 체류외국인 수는 300만
명에 달하게 되어 전체 인구수의 5.82%를 차지할 것으로 보여 OECD
평균으로 예측되는 5.7%보다 높을 것으로 추산된다(법무부 2016).
　　이렇듯 한국의 외국인 체류자 수가 눈에 띄게 늘고 있는 것은 '코
리안 드림'을 좇아 한국을 찾는 중국동포와 저개발국 노동자 및 결혼
이민자들이 늘고 있기 때문이다. 무엇보다 중국동포들에게 재외동포
자격을 확대하는 정책으로 2000년 15만 9,000여 명이던 조선족 수가
2016년 112만 명으로 증가한 것이 장기외국인 체류자 수 급증의 가장
큰 원인이었다. 이 밖에 동남아 여성들을 중심으로 한 결혼이민, 아시
아 저개발국들뿐 아니라 아프리카 등지로부터 온 노동인력들이 늘어
났고, 외국 국적을 소지한 한국인들이 영주권을 신청할 조건이 완화된
것도 주요 증가 원인으로 꼽힌다. 2000년 수치와 비교할 때 미국, 일
본, 대만, 필리핀, 인도네시아로부터의 이주는 줄어든 대신 중국, 베트
남, 태국, 우즈베키스탄으로부터의 유입은 늘었다. 결혼이민자의 경
우, 2001년에는 중국(50.5%), 일본(23.3%), 필리핀(12.1%) 등 89개국
으로부터 25,200명가량이었던 것에 비해, 2016년에는 중국(37.9%),
베트남(27.2%), 일본(8.5%) 순으로 145개국으로부터 15만 1,800여

명으로 6배가량 증가하였다. 취업 외국인의 경우, 2000년 20,530여 명 대비 2016년에는 60만 8,860여 명으로 30배 가까이 증가하였는데, 이는 2004년 시행된 고용허가제 및 2007년 도입된 방문취업제로 외국인들의 취업 기회가 커졌기 때문이다. 외국인 유학생의 경우, 2000년 중국(44.7%), 일본(14.4%), 미국(11.2%) 순으로 84개국 4,010여 명에서 2016년 중국(59.5%), 베트남 (10.3%), 몽골(5.4%), 일본(2.5%) 등 172개국 10만 1,600여 명으로 25배 증가하였다(법무부 2016).

더욱이 이 수치는 법무부 공식 통계이기 때문에 규모 및 신상파악이 어려운 불법체류자들을 감안할 경우 한국 내 외국인 거주자들은 훨씬 더 많을 것으로 추산된다. 21만 4,000여 명으로 잠정 집계되고 있는 불법체류자의 경우, 2000년 전체 체류외국인의 41.8%에서 2010년 13.4%로 내려갔고, 2016년 법무부가 4월부터 12월까지 시행한 불법체류자 자진출국자 입국금지 한시적 면제정책 결과 10.6%로 감소하였다(출입국 · 외국인정책본부 2016). 외국인들이 어떠한 비자를 발급받을 수 있는지 모르거나 해당되는 비자가 없어 불법체류를 하는 경우가 많았기 때문에 기한 내 자진하여 출국한 불법체류외국인들에 한하여 불법체류했던 기간에 상관없이 입국금지를 유예해 준 것이다.[8] 또한 불법체류자의 비중이 줄어든 이유는 체류외국인 수가 늘어나 상대적인 비율이 감소된 것과도 연관이 있는 것으로 추측된다.

30년 안에 외국인 국적 혹은 체류자 수가 500만 명을 능가할 것으로 예측되는 한국의 이민정책은 외국인들이 자발적으로 찾아오는 것을 넘어 세계에서 노령화가 가장 급속도로 진행되고 있는 나라로서 노동인력 부족과 같은 스스로의 필요에 따라서도 보다 체계적이고 지속

---

8 "불법체류 외국인 2만8천여 명 자진출국···올해 12월까지 연장." 『연합뉴스』. 2016.9.20 일.

적인 이민정책이 필요한 시점이다. 이러한 정책은 국가 및 국제기구들과의 쌍무적, 지역적, 국제적 차원의 협력을 통해 이주 거버넌스의 틀을 갖출 필요가 있으며, 이는 자발적, 강제적 인구이동으로 인한 이득과 폐해를 동시에 고려하여 수립되어야 한다. 특히 이주민과 내국인의 사회통합 이슈, 불법체류자 관리문제와 내국인 노동자와의 일자리 경합으로 인한 사회불안 확대, 외국인 노동인력 확대로 종교적, 문화적 갈등 발발 가능성, 전염병 전파로 인한 보건안보 문제 증가 등 예기치 않은 부정적 여파에 대한 종합적인 정책적 고려가 필요하다.

한편, 한국의 난민수용 역사는 상대적으로 짧다. 1992년 난민지위에 관한 유엔협약과 난민의정서에 가입·비준하였으나, 실질적으로 외국인에게 난민지위를 부여한 것은 2001년 2월이 처음이었다. 1990년대 말부터 급증한 탈북자들로 인해 국내에서 난민에 대한 관심이 높아졌고, 재중 탈북자에 대한 강제송환을 비판하면서 정작 한국에서는 외국난민을 한 명도 수용하지 않는다는 외부의 비판을 의식하면서 수용을 시작한 것이다. 이후에도 다른 국가들에 비해 적은 규모의 난민 지위만을 인정하였다. 2013년 7월 난민법이 시행되면서 2015년 난민으로 인정된 수가 처음으로 100명을 넘어섰다. 난민 신청자들도 2011년부터 눈에 띄게 증가하였고, 특히 세계 도처에서 발생하는 내전과 정정불안으로 2014년에는 전년 대비 84%, 2015년에는 92%로 신청자가 폭증하였다. 1994년 이후 2015년까지 난민 신청을 한 외국인은 총 1만 5,250명이었고, 그 중 난민 지위를 인정받은 사람은 3.8%(576명)도 채 안 되어 OECD 회원국들 중 가장 낮은 수준이다(표 7-5, 그림 7-3 참조). 지난 20년간 전체 난민 신청자들의 국적을 살펴보면, 파키스탄(18.3), 이집트(9.8%), 중국(7.4%), 시리아(6.9%), 나이지리아(6.7%) 순이었고, 2015년 난민 신청자 5,711명의 경우는 파키스탄

(20%), 이집트(14.2%), 시리아(7.1%), 중국(7%) 순이었다(출입국·외
국인정책본부 2016).

　　이러한 통계수치는 중동지역의 정치적 혼란과 분쟁이 한국에게
결코 강 건너 불구경일 수만은 없음을 반증한다. 더욱이 UNHCR에 따
르면, 2015년 한 해만도 아태지역에는 350만 명의 난민과 190만 명의
국내유민 및 140만 명의 무국적자를 포함하여 770만 명의 강제이주자
가 있는데 이들 중 대다수는 아프가니스탄과 미얀마 출신이었다(UN-
HCR 2016). 이와 같이 아태지역에서도 난민과 밀입국자가 늘고 있다
는 것은 머지않아 더 많은 한국행 난민 행렬이 현실화될 확률이 크다
는 것을 의미한다. 따라서 난민문제는 이민문제와 맞물려 한국사회에
서도 신흥안보 이슈로 부상하고 있다.

　　1990년대 중반부터 국제사회의 관심을 끌게 된 탈북자문제는 경

**표 7-5.** 한국의 외국난민 지위 인정 추이(2001~2015년)

| 연도 | 2001 | 2002 | 2003 | 2004 | 2005 | 2006 | 2007 | 2008 |
|---|---|---|---|---|---|---|---|---|
| 난민 신청자 (명) | 251[10] | | | 148 | 410 | 278 | 717 | 364 |
| 난민 인정 (명) | 1 | 1 | 12 | 18 | 9 | 11 | 13 | 36 |

| 연도 | 2009 | 2010 | 2011 | 2012 | 2013 | 2014 | 2015 | **총계** |
|---|---|---|---|---|---|---|---|---|
| 난민 신청자 (명) | 324 | 423 | 1,011 | 1,143 | 1,574 | 2,896 | 5,711 | **15,250** |
| 난민 인정 (명) | 70 | 47 | 42 | 60 | 57 | 94 | 105 | **576** |

출처: 출입국·외국인정책본부(2016).

9    이 수치는 1994년 정부통계가 시작된 때부터 2003년까지 난민 신청을 한 총 외국인 수
이다.

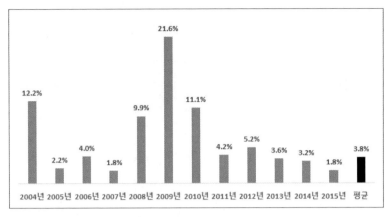

**그림 7-3.** 연도별 외국 난민 신청자 수 대비 난민 인정 비율
출처: 출입국·외국인정책본부(2016).

제난과 기근이 탈출의 직접적 동기였기 때문에 이들을 난민으로 인정
해야 하는가는 계속하여 논란거리가 되어왔다. 하지만 북한정권의 대
응능력 부족 및 인권유린과 같은 정치적 요인에 의해 상황이 악화되었
다는 점을 고려할 때, 탈북자를 중국의 주장처럼 경제적 목적으로 유
입된 불법체류자로 정의하는 것은 문제가 크다. 강제송환을 원칙으로
하는 중국의 탈북자정책으로 인해 북송된 사람들은 불법국경출입죄로
강제수용소에 수감되거나 민족반역죄로 죽임을 당하기도 하고 그 가
족들까지 처벌되는 고초를 겪는다. 중국에 체류하면서는 북송될 두려
움과 이를 악용하는 집단에 의한 노동력 및 성착취에도 반발하지 못하
는 인권유린의 피해자가 되기 일쑤이다. 북한의 인권문제와 더불어 탈
북자들의 고충이 국제사회에 알려지면서 2009년 유엔총회에서 탈북
자에 대한 강제송환금지원칙을 촉구하고 인도적 견지에서 탈북자들
을 지원하고 이들의 UNHCR에 대한 접근보장권을 요구하는 북한인권
결의안이 채택되었다. 이와 같은 유엔의 조치가 중국과 북한 정부에게
압력으로 작용하여 탈북자의 안전과 권리가 보장되지는 못하였지만,

그 이후 북한 내 인권문제와 더불어 탈북자문제가 지속적으로 유엔회의의 의제가 되어왔다(자유아시아방송 2016).

국내 정착 탈북자 수는 2005-2006년 급증한 이후 지속적으로 늘었는데, 2011년 말 김정은 집권 이후 눈에 띄게 감소하였다. 이러한 추이는 북한의 경제가 예전에 비해 조금 호전되었기 때문이라는 시각도 있지만 김정은 정권이 들어서면서 주민감시가 강화되고 탈북하다 잡힐 경우 본인뿐 아니라 가족까지도 처벌될 우려가 커진 탓으로 보인다.[10] 2016년 들어 탈북자 수가 다시 조금씩 늘어나는 추세인데, 이는 불안정성과 불확실성 및 잔혹성이 증대하고 김정은 체제에 대한 불안감과 핵실험과 미사일 발사 등의 군사도발행위로 인한 국제사회의 제재가 강화되면서 경제난이 가중되고 있는 데 기인한다.

한국 정부는 1997년 시행된 '북한이탈주민 보호 및 정착지원에 관한 법률'을 근거로 탈북자에 대한 수용과 지원에 대한 공식적 입장을 밝혔지만, 대규모의 탈북자가 유입되어 체류하게 될 경우에는 외국인 이주자와 마찬가지로 사회통합, 재정적 부담, 문화적 차이 등을 해결해야 하는 어려움이 있을 수밖에 없다. 더욱이 탈북자를 비롯한 북한문제에 대한 한국 정부의 입장은 통일정책과도 긴밀하게 연결되어 있다. 즉, 탈북자 보호와 지원에 대한 입장은 역대 한국 정부의 대북정책, 남북관계 변화에 따른 국가안보전략에 따라서도 크게 변화되어 왔다. 지역적 차원에서 볼 때도 재중탈북자나 제3국으로 탈출한 후 한국으로 오는 탈북자들과 관련한 문제는 남-북, 북-중, 한-중, 그리고 제3국 간 갈등이 커질 소지가 있어 신중한 정치외교적 해법 마련을 필요

---

10  "국내입국 탈북자 수 3년간 절반 급감." *New Focus*. 2015년 2월 9일. http://www.yonhapnews.co.kr/bulletin/2015/02/09/0200000000AKR20150209103600014.HTML?input=1195m

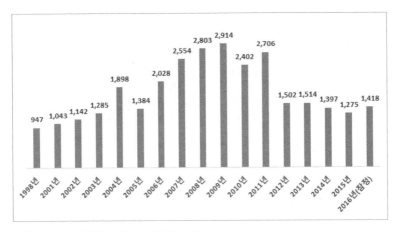

**그림 7-4.** 연도별 탈북자 입국 추이 (단위: 명)
출처: 통일부(2016).

로 한다.

특히 북한 급변 대량 탈북 가능성과 관련해서는 그 규모를 예측하기 위해 북한정권의 변화에 대한 여러 가지 가능한 북한 급변 시나리오를 설정하고 잠재 탈북집단 및 탈북 경로, 중국의 예상 대응방안 등을 추정하는 정부 차원뿐 아니라 주변국과의 공조를 통한 구체적 노력이 필요하다. 독일 분단 시 동독인들의 대규모 서독행이 결국 통독의 주요 원동력이 되었는데, 1949년 동독 수립 후 1990년 6월 통일까지 520만 명에 달하는 동독인들이 서독으로 넘어갔다(정용길 2009). 같은 맥락에서 북한의 내부불안이나 급변사태, 혹은 한반도 통일과 관련하여 중국이 예민하게 반응하는 이슈 중 하나가 탈북자문제이다. 즉 북한정권이 몰락하고 한국 주도의 통일이 이루어지는 경우 친미 성향의 통일한국이 들어설 것에 대한 우려와 북한의 핵과 대량살상무기 처리를 둘러싼 미국과의 갈등이나 무력충돌 가능성 등이 북한 몰락과 관련한 중국의 전통안보적 위협이라면, 수많은 탈북자들이 중국으로 한꺼

번에 밀려들어 경제적 부담과 사회적 혼란을 야기할 수 있다는 우려는 비전통적 신흥안보 문제이다. 2017년 2월 김정은의 이복형 김정남 암살 이후 조중 국경에 1,000여 명의 병력을 배치했다는 보도나 대북 인도적 지원을 늘려 급변사태가 발발해도 대량 난민유입은 방지하겠다는 중국의 입장은 중국이 얼마나 탈북자문제에 예민한지에 대한 반증이다(김상순 2017).

따라서 얼마나 많은 탈북자가 얼마나 빠른 시간 안에, 어떠한 식으로, 어디로 밀려들 것인가에 대한 시나리오 작성과 더불어 이들의 장기 또는 영구 체류 상황을 어떻게 관리해 나갈지에 대한 고려, 그리고 북한상황 변화에 따라 어떠한 유형의 탈북자가 한국, 중국, 혹은 제3국으로 유입되어 사회불안이나 국가 간 분쟁의 소지를 제공할 것인가 등에 대한 가능성 모색이 중요하다. 탈북자의 경우는 아프리카 등지에서 어렵지 않게 찾아볼 수 있는 난민전사가 될 가능성은 크지 않지만, 대규모로 국내에 유입될 시 순수 민간인을 위장한 간첩이나 북한군이 섞여 있어 한국 사회를 혼란에 빠뜨릴 개연성도 배제할 수는 없다. 한반도 유사시 대거 발생할 수 있는 탈북자에 대해 중국이 자국의 질서와 안정을 위해 국경을 봉쇄하거나 탈북자들을 빌미로 북한상황에 개입할 경우, 한국, 북한, 중국뿐 아니라 미국까지 복잡하게 얽히는 갈등과 분쟁으로 비화할 수 있다.

이렇듯 탈북자문제는 한반도의 복잡한 지정학적 역학관계와 얽힌 국가안보 및 지역안보 이슈임에도 불구하고 동북아 지역 차원의 다자협의체 부재로 탈북자를 포함한 난민과 이주자 이슈를 조정·관리하여 갈등이나 분쟁발생을 미연에 방지하거나 조기에 대응할 수 있는 메커니즘이 없는 실정이다. 동남아 국가를 포함하는 동아시아 차원, 그리고 유엔을 중심으로 한 국제사회에서의 국가들의 대북정책이나 입장, 그리고 국제공조를 강조하여 북한 급변사태 및 대량 탈북에 대한 일관성 있는 대비책이 필요한 이유가 바로 이러한 상황 때문이다. 유엔 차원에서 탈북문제를 논의할 시에는 북한 인권결의안 등과 연계하여 지속적인 국내외적 관심 고조와 국제협력을 이끌어내는 것도 효과적일 수 있다.

더욱이 유엔이라는 국제무대에서 동북아나 동아시아 차원에서는 중국의 유보적 태도나 반대로 진전되기 힘든 인권유린과 탈북자와 같은 인간안보 측면을 논할 기회를 확대함으로써 북한문제뿐 아니라 지구촌 분쟁문제와 인도적 위기상황에 대한 아시아의 목소리, 아시아적 접근에 대한 국제사회의 이해와 동의를 이끌어내고 이에 아시아의 책임국가로서 중국의 참여를 유도하는 것이 중요할 것이다. 예를 들면 유엔은 지난 10여 년간 인도적 개입이나 '주권은 국가의 특권이 아닌 책임'이라는 '보호책임'(R2P, Responsibility to Protect)과 같은 논의를 통하여 민간인 보호와 인권문제를 안전보장이사회 차원에서 다루는 노력을 해왔는데, 이러한 맥락에서 탈북자를 포함한 난민에 대한 논의와 해결방안을 모색해야 한다는 입장을 피력해야 한다. 한편, 동북아 지역 차원에서는 북한 급변사태나 탈북자문제가 역내 국가들 모두의 우려거리일 수 있다는 점을 적극 활용하여 이에 공동대응하기 위한 동북아 다자안보틀을 마련하는 기회로 삼을 필요가 있다. 따라서 앞서 언급한 유엔의 안보 역할과 연계하여 급변사태를 포함한 북한 미래의 불확실성과 난민위기에 대응하는 지역적 차원의 다자안보메커니즘 구축에 대한 가능성과 한계 및 방안 등을 고찰하는 노력이 중요하다.

요약하면, 저출산으로 인한 경제 및 산업개발 저조현상을 타개하기 위해서라도 체계적인 이민자 유입은 시급하고 중요한 한국의 도전과제이다. 후발이민국가로 이제는 '다민족국가' 대열에 진입한 한국에 있어서 점점 사회문제가 되고 있는 이주민문제는 중장기 관리계획을 세워 대응해야 하는 국가의 중차대한 정책과제가 되고 있기 때문이다. 물론 아직까지 아프리카처럼 난민이 분쟁을 촉발시키거나 서구 유럽에서처럼 이민자들에 의한 인종소요사태나 난민들로 인한 테러위협이 가시화되지는 않았다. 하지만 국제이주민들이나 난민들에 대한 무관심이나 배타적 태도를 견지한다면, 이들의 불만이 확대되어 집단행동을 통해 나타나고 사회적 혼란이 가중될 가능성을 배제할 수 없다. 반면, 난민이나 이주민에 대한 사회적 비용 증가로 유럽에서 외국인을 배척하는 극우정당들이 득세하고 트럼프 대통령의 반이민 행정명령이 미국인 절반 이상의 지지를 얻고 있는 추세를 감안할 때 내국민들의 불만 역시 무시할 수 없는 일이다. 재외탈북자의 경우, 집권층의 성향에 따라 한국 정부의 목표와 정책에 차이가 있어 왔다. 물론 이는 북한 핵문제 및 군사적 도발로 인한 역내 국제관계의 제약 및 남북관계의 부침에 기인하는 바가 크다. 하지만 한국 정부가 탈북자문제에 효과적으로 대처하기 위해서는 정권변화와 상관없는 일관된 정책 추진, 국제기구 및 민간단체와의 협력방안 모색, 유엔 및 국제무대에서 북한인권문제와의 연계 유도, 급변사태와 대량 탈북과 관련하여 복합지정학적 시각에서의 한반도 주변 강국의 입장분석 등이 종합적으로 이루어져야 할 것이다.

## IV. 결론

본고는 인구 및 이주·난민 안보를 비전통안보 위협이라는 시각으로만 고찰할 것이 아니라 전통적 안보문제와의 상호연계성을 파악함으로써 포괄적 안보패러다임 속에서 이해하고 해결점을 찾아가야 할 신흥안보 이슈임을 강조하고자 하였다. 우선 인구안보란 인구과잉으로 자원부족이나 빈곤 및 사회불안에 시달리는 저개발국가들과 인구절벽으로 경제침체를 우려하는 선진국과 신흥산업국의 문제에서 비롯되는 것이다. 한반도 상황에서 볼 때는 한국에서 저출산·고령화로 노동력이 감소되면서 국가재정 고갈이 가시화되고 군 인력이 축소함에 따라 남북한 병력격차가 커져서 안보불안이 더욱 심화될 우려가 있다. 동북아 차원에서 보면 한중일 인구오너스 현상으로 인해 이민유입의 필요성이 증대될 가능성이 있는데, 이는 글로벌 차원의 인구양극화와 연관되어 이주문제를 둘러싼 배출국과 수용국들 간 직·간접적 갈등으로 나타날 수 있다(표 7-6 참조).

　이주·난민 안보는 이주민과 난민 문제가 커지면서 사회통합, 정체성, 범죄와 테러, 보건안보 이슈 등과 연계한 국내외적 갈등이 심화되는 현상에서 비롯된다. 한반도 차원에서 보면, 이주민과 탈북자들이 느끼는 차별에 대한 불만, 한국 국민의 이주민에 대한 편견 및 일자리 경쟁으로 인한 사회갈등의 고조, 그리고 궁극적으로 내셔널리즘과 배타주의의 강화 현상으로 나타날 수 있다. 동북아 차원에서는 이민유입의 지역적 확대와 국가 간 긴장 및 전염병 전파 위협 등이 상존하게 되고, 탈북자를 둘러싼 한-중, 북-중 갈등이 가시화될 수 있다. 또한 북한 급변사태를 둘러싼 지역불안정도 커질 수 있다. 글로벌 차원에서는 지구촌 난민문제의 '안보화'와 배척, 불법이주와 체류국의 반발로 인한 불안정 현상 및 국가이기주의의 글로벌 확대 현상, 인종·종교·문화·경제적 측면에서 야기된 분쟁과 테러의 확산가능성 등을 우려해야 한다.

　하지만 보다 주목할 것은 이러한 신흥안보 개념 역시 국가를 일차

표 7-6. 인구 및 이주·난민 문제의 한반도-동북아-글로벌 안보위협 연계

| 위협 | 1단계: 양질전화 | 2단계: 이슈연계 | | 안보위협 연계 | | |
|---|---|---|---|---|---|---|
| | | | | 한반도 | 동북아 | 글로벌 |
| 인구 안보 | 인구문제 (인구과잉, 인구절벽) 의 양적 증대 | 인구 과잉 | 자원부족 빈곤, 사회불안 | 저출산, 고령화로 노동력 감소, 인구 오너스 현상, 국가 재정 고갈; 군인력 축소, 남북 한 병력 격차, 안 보불안 심화 | 한중일 인구오 너스 현상과 이 민유입 필요성 의 지역적 증대 | 인구과잉 저개발국과 인구감소 산업국 간 인구양극화, 이주문제 로 인한 국가갈등 |
| | | 인구 절벽 | 소득절벽 경제침체 | | | |
| 이주 난민 안보 | 난민·이주 민 문제의 양적 증대 | 사회통합문제 정체성안보 보건안보 범죄와 테러 | | 이주민의 차별에 대한 불만, 자국민 의 이주민에 대한 편견과 고정관념 으로 인한 사회갈 등 고조; 내셔널 리즘 강화 | 이민유입의 지 역적 확대와 국가 간 긴장 및 전염병 전파 위협; 불법이주 및 탈북자를 둘러 싼 남·북, 한·중, 북·중 갈등 고조; 대량 난민(대량 탈북 포함) 가능 성에 따른 지역 급변사태 가능성 증가 | 지구촌 난민문제의 '안 보화'와 배척; 불법이주 및 체류국의 반발로 인한 불안정 현 상 및 국가이기주의의 글로벌 확대; 전염병 전파위협 증가; 인종, 종교, 문화, 경제 등에서 비롯된 분쟁과 테러 확산 |
| | | 국가 간 갈등 | | | | |

적인 대상으로 전제한다는 점에서 전통안보와 맥을 같이한다. 즉 국내 외적 위협들에 대응하는 가장 중요한 행위자는 국가(정부)이고, 국민 의 안전과 복지를 확보하고 증진시키는 일차적인 책임도 국가에 있다 는 점에서 전통안보가 제시하는 기본적인 가정이 신흥안보 담론이나 정책수립에도 똑같이 적용된다. 더불어 고려할 것은, 서론에서 언급한 바와 같이 북한의 군사도발과 급변사태 가능성, 역사 및 영토 분쟁을 포함한 역내 국가들 간 양자적 갈등이 지배하는 동북아 지역정세에 미 루어볼 때, 전 지구적 차원이나 다른 지역에서는 '탈지정학적' 양상의

신흥안보 이슈라 할지라도 이 지역, 특히 한반도에서는 지정학적 역학에 따라 촉발되거나 악화될 가능성이 있기 때문에 정치군사안보에 비전통안보 문제를 더한 복합적인 관점에서 문제를 풀어나가는 것이 중요할 것이다.

또한 신흥안보 이슈들은 국가 간 문제나 한 주권국가 내에서 발생하는 문제일뿐 아니라 지역적, 세계적 차원에서 복잡하고 밀접하게 얽혀 있어 일국의 외교 노력이나 군사적 역량 배양이나 동맹과 같은 전통적인 방법으로만은 관리나 해결이 불가능하다는 특징을 지닌다(민병원 2007). 국제범죄, 테러, 산업보안, 통상마찰, 난민사태와 같은 인도적 위기 등 많은 현안들이 국내와 국외로 구분하기 힘들 정도로 상호 밀접하게 연계되어 발생하고 하고 있기 때문이다. 따라서 신흥안보 문제의 해결을 위해서는 국가 간 제로섬 경쟁이 아닌 '공멸이냐 공존이냐'라는 연대인식 속에 다자적 협력의 필요성을 제고하는 한편, 국제기구, NGO들을 아우르는 공동협력을 통한 대응이 효과적이다. 다자협력은 동북아 지역에서 상대적 약자인 한국이 연성안보 이슈에 대응하는 데 있어 명분과 실리를 동시에 구축할 수 있는 방안이다. 특히 이주 및 난민 사태는 글로벌 인도적 위기이자 강대국들이 효과적으로 선점할 정당성을 찾기 어려운 영역이다.

결론적으로 신흥안보의 중요성이나 적실성 및 국제사회의 관심이 증대되고 있음에도 불구하고 신흥안보 개념과 이를 위한 정책수립은 전통안보를 대체하는 것이 아니라 이를 보완하여 포괄적 안보를 이루는 것을 목적으로 한다. 그동안 하위정치 이슈로 간주되어 상위정치로 일컫는 군사정치적 이슈에 눌려 있었던 비전통안보 이슈들을 독립적으로 부각시켜 강조할 경우, 북한도발이나 미-중, 미-러, 중-일 군사적 갈등과 같은 전통적 안보문제가 가시화되는 사례가 발생하는 경우 신흥안보 위협에 대한 학문적, 정책적 관심은 다시 부차적 이슈로 뒤로 밀릴 가능성이 크다. 그러므로 신흥안보 그 자체에 천착하기보다는 비전통적 안보위협이 왜 전통안보 문제와 깊은 연관성이 있으며 어떠한 포괄적이고 체계적인 학문적 접근 노력과 정책 마련이 중요한지를 규명하고 분석하는 것이 바람직하다.

# 참고문헌

김상배. 2016. "신흥안보와 미래전략: 개념적·이론적 이해." 김상배 편. 『신흥안보의
    미래전략』 사회평론아카데미.
김상순. 2017. "김정남 암살과 북한 급변사태에 대한 중국의 고민." 『아주경제』 2017.2.20
민병원. 2007. "탈냉전기 안보개념의 확대와 네트워크 패러다임." 『국방연구』 50집 2호.
박형수·홍승현. 2011. "고령화 및 인구감소가 재정에 미치는 영향." 『인구고령화가 우리
    경제에 미치는 영향』 한국조세연구원.
박흥순·서창록·박재영·이신화. 2015. 『국제기구와 인권, 난민, 이주』 도서출판 오름.
법무부. 2016. 『외국인 통계월보』 6월호.
송영훈. 2014. "테러리즘과 난민문제의 안보화." 『국제정치논총』 제54권 1호, 3월.
신성호. 2016. "인구안보의 미래전략." 김상배 편. 『신흥안보의 미래전략』 사회평론아카데미.
신성호·양희용. 2015. "저출산/초고령사회와 국방." 『국방연구』 58권 3호, 9월.
외교부. 2016. "재외동포 정책 및 현황." http://www.mofa.go.kr/travel/overseascitizen/
    index.jsp?menu=m_10_40
이상식·최효진·김윤경·김영아. 2009. "선진국의 인구문제 및 정책방향: 저출산대책
    중심으로." 보건복지가족부, 한국보건사회연구원 정책보고서 2009-104.
이신화. 2016. "국제이주 및 난민문제의 안보적 접근." 김상배 편, 『신흥안보의 미래전략』
    사회평론아카데미.
자유아시아방송. 2016. "유엔, 12년 연속 북한인권결의안 채택." 2016.11.22. http://www.
    rfa.org/korean/weekly_program/hr_rights_first/fe-mj-11222016093810.html
재외동포재단. 2016. "재외동포현황." http://www.okf.or.kr/portal/OkfMainView.do
정구현. 2017. "한국경제 다시 활력 찾으려면." 『정책브리핑』 2017.1.12.
정용길. 2009. "통일전 동독인들의 서독으로의 탈출과 이주." 『북한학보』 34집 2호.
출입국·외국인정책본부. 2016. 『2015 출입국·외국인정책 통계연보』 6월.
    출입국·외국인정책본부 이민정보과.
최강·홍규덕. 2017 "한반도 통일전략." 정구현·이신화 외. 『대전환의 시대, 한국의 선택』
    클라우드 나인.
통계청. 2016. "총 인구, 인구성장률." 인구동향과. 2016.12.8. http://www.index.go.kr/
    potal/main/EachDtlPageDetail.do?idx_cd=1009
통일부. 2016. "북한이탈주민정책 통계 입국현황." 북한이탈주민정책, 12월.
한국보건사회연구원. 2011. 『외국의 이민정책 현황 및 시사점』 10월 28일.
    한국보건사회연구원.

Dent, Harry S. 2014. *The Demographic Cliff: How to Survive and Prosper During the
    Great Deflation of 2014-2019*. January. New York: Penguin Group.
European Commission (EC). 2017. "Country responsible for asylum application

(Dublin)." Migration and Home Affairs, February 3.

European Council. 2016. "European Council Conclusions on Migration." February 18. http://www.consilium.europa.eu/en/press/press-releases/2016/02/18-euco-conclusions-migration/?utm_source=dsms-auto&utm_medium=email&utm_campaign=European+Council+Conclusions+on+migration+%2818+February+2016%29.

International Labor Organization (ILO). 2016. "Forced Labour, Modern Slavery and Human Trafficking: Facts and Figures." http://www.ilo.org/global/topics/forced-labour/lang—en/index.htm

International Organization for Migration (IOM). 2016. *World Migration Report 2015*. Geneva: IOM.

Morgenthau, Hans J. 1967. *Politics Among Nations*. 4th ed. New York: Alfred A. Knopf.

Murpy, Kara. 2006. "France's New Law: Control Immigration Flows, Court the Highly Skilled." Migration Policy Institute (MPI), November 1.

OECD. 2015. *OECD Historical Population Data and Projection, 1950-2050*. https://stats.oecd.org/Index.aspx?DataSetCode=POP_PROJ

OECD. 2016. *International Migration Outlook 2016*. Paris: OECD.

OECD Social Policy Division (SPD). 2016. OECD Family Database Data, "Fertility Rates." July 7. https://www.oecd.org/els/family/SF_2_1_Fertility_rates.pdf

Ogawa, Naohiro, Makoto Kondo, Rikiya Matsukura. 2005. "Japan's Transition from the Demographic Bonus to the Demographic Onus" *Asian Population Studies* Vol 1, Issue 2. July.

Population Reference Bureau (PRB). 2016. *2016 World Population Data Sheet*. Washington, DC: PRB.

Smith, S. E. 2015. "Why World War III will be Fought on the Internet." *The Daily Dot*. January 8. http://theweek.com/articles/441194/why-world-war-iii-fought-internet

Somerville, Will. 2009. "United Kingdom: A Reluctant Country of Immigration." Migration Policy Institute (MPI). July 21.

United Nations Department of Economic and Social Affairs (UNDESA). 2015. *World Population Prospects*. the 2015 Revision. New York: United Nations.

United Nations Department of Economic and Social Affairs (UNDESA). 2016. *International Migration Report 2015*. ST/ESA/SER.A/375. New York: United Nations.

United Nations High Commissioner for Refugees (UNHCR). 2016. *Global Trends: Forced Displacement in 2015*. Geneva: UNHCR.

United Nations Office on Drugs and Crime (UNODC). 2016. *Global Report o Trafficking in Person 2016*. Vienna: UNODC.

United Nations Peacebuilding Commission (UNPBC). 2015. *Report of the Advisory Group of Experts on the 2015 Peacebuilding Review*. June 30.

United Nations Regional Information Center for Western Europe (UNRIC). 2016. "New Report: Developing Countries Host 80% of Refugees." December 8. http://www.unric.org/en/world-refugee-day/26978-new-report-developing-countries-host-80-of-refugees-

# 제8장

# 경제위기의 복합지정학과 한반도

이왕휘

# I. 머리말

경제위기는 전쟁과 자연재해와 함께 지정학에 가장 중요한 영향을 미치는 요인들 중의 하나라고 할 수 있다. 20세기 전반 미국에서 발생한 대공황은 주요 국가들의 경기침체를 불러일으켜 근립궁핍화 정책과 같은 보호주의적 경쟁을 심화시킴으로써 제2차 세계대전의 원인을 제공한 바 있다. 이런 역사적 경험이 존재하기 때문에 엄밀한 의미에서 경제위기는 신흥안보(emerging security) 이슈라고 보기는 어렵다. 그렇지만 20세기 후반 미국 주도의 세계화가 경제성장을 촉진하면서 경제위기의 위험과 피해에 대한 인식이 많이 약화되어, 전후 경제위기가 안보문제에 미치는 영향도 별다른 주목을 받지 못했다. 이런 사실을 감안하면, 경제위기는 신흥안보의 대상으로 간주될 수도 있다.

21세기에 들어 미국에서 발생한 세계금융위기는 경제위기의 중요성과 심각성을 다시 일깨워주는 계기를 제공하였다. 이 위기는 1980년대 초반부터 주기적으로 발생하였던 금융위기―1980년대 멕시코와 아르헨티나, 1990년대 아시아 등―와는 그 범위와 정도가 완전히 달랐다. 기존 위기가 특정한 국가나 지역에 한정되었으며 그 피해도 주로 경제적 부문에 한정되었던 반면, 이 위기는 전 세계로 확산되어 유럽에 재정위기를 촉발시키는 데 기여했을 뿐만 아니라, 세계적 차원의 세력균형에도 영향을 미치고 있다. 즉 미국 경제의 상대적 쇠퇴와 중국 경제의 부상은 이 위기 이후 더욱 분명해지고 있다(Nesvetailova and Palan 2008; Altman 2009a, 2009b; Baru 2009; Wu 2010).

이런 배경에서 세계경제포럼(WEF)의 세계위험 상호연계 지도에서 경제위기가 중요한 요소로 평가되는 것은 우연이 아니다. 이 지도에서 경제적 위험은 자산거품, 에너지가격 충격, 불법 무역, 금융 구조

또는 제도의 실패, 디플레이션, 관리 불가능한 인플레이션, 재정위기,
실업 또는 저고용(低雇用)으로 구성되어 있다. 이 경제적 위험들은 지
정학적, 사회적, 기술적 및 환경적 위험과 상호 연계되어, 더 크고 심
각한 위기를 발생시킬 수 있다.

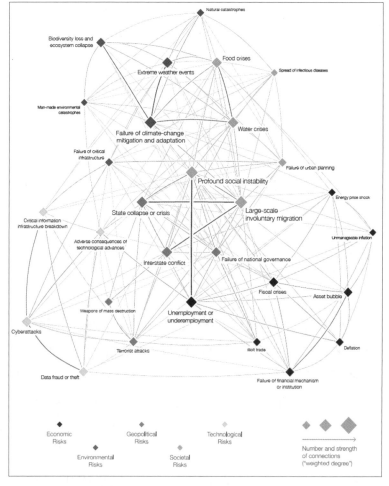

**그림 8-1.** 세계위험 상호작용 지도

출처: World Economic Forum(2016).

따라서 최근 경제위기에 대한 분석은 전통적인 지정학의 영역을 넘어서고 있다(김상배 2017; Mead 2014; Cowen and Smith. 2009). 이런 점에서 지정학과 지경학을 포괄하는 복합지정학은 선택이 아니라 필수라고 할 수 있다. 지경학은 경제안보(economic security), 경제외교(economic diplomacy), 또는 경제책략(economic statecraft)과 유사한 개념이다(Clinton 2011). 그러나 지경학은 경제 자원의 전략적 활용을 강조한다는 점에서 앞의 개념들과 차이가 있다. 즉 지경학은 외교나 안보를 모두 포괄하는 대전략을 전제하고 있다(Blackwill and Harris 2016; Shatz 2016). 더 나아가 21세기 지경학은 중국의 경제적 부상으로 더욱 복잡해지고 있다. 20세기가 미국의 독무대라고 할 수 있었다면, 21세기 초반에는 중국이 조연에서 주연으로 역할 변경을 시도하고 있다. 아직도 미국과 같이 포괄적이고 세련되지는 않았지만, 중국은 막대한 경제 규모를 전략적으로 활용하는 의지를 적극적으로 표명하고 있다(Reilly 2013; Zha 2015; Heath 2016).

1997년 아시아 금융위기의 여파로 심각한 지정학적 위험을 경험하였음에도 불구하고, 우리나라에서 경제위기의 중요성과 심각성에 대한 인식이 그다지 높지 않다. 2007년 세계금융위기의 희생양이 되지 않았기 때문에, 이제 경제위기는 우리나라와 별로 관계가 없는 문제로 생각할 수도 있다. 그러나 2015년 이후 최대 교역국인 중국의 경제성장 둔화로 인한 금융위기 위험이 상존하고 있는 상황에서, 경제위기에 대한 대비는 그 어느 때보다도 필요하다고 하겠다. 더 나아가 북한의 경제 위기와 안보 위협이 경제위기를 일으킬 수 있는 가능성에 대한 고려도 필요하다. 물론 수십 년간의 정책 실패와 경제 제제로 경제 성장이 지체되었을 뿐만 아니라 세계경제에서 거의 완전히 격리된 폐쇄 경제이기 때문에 그 충격은 제한적일 수 있다. 그렇지만 북한이 핵무기를 사용하게 되어 동아시아 지역이 전쟁의 소용돌이에 빠지게 된다면, 우리 경제와 동아시아 경제는 물론 세계 경제 전반에 큰 충격을 줄 가능성이 높다.

이런 문제의식에서 이 글은 경제위기가 한반도의 지정학에 미칠 수 있는 영향을 살펴보려고 한다. 이를 위해 경제위기의 발생 원인과 전파 과정을 2007년 세계금융위기 사례를 중심으로 검토한다. 이를 바탕으로 경제위기가 지정학에 미치는 영향을 체계적으로 분석한다. 마지막으로 경제위기의 지정학적 함의를 중국의 경제위기 가능성을 대상으로 예측해본다.

## II. 경제위기의 복합지정학: 네트워크의 창발과 전파 메커니즘

세계적 차원의 세력균형에 영향을 미치는 경제위기는 기껏해야 한 세기에 한두 번 발생하기 때문에, 경제위기가 복합지정학에 미치는 영향에 대해서는 정량적 분석이 사실상 불가능하다. 따라서 경제위기의 복합지정학은 대표적인 사례를 중심으로 논의를 할 수밖에 없다.

역사상 가장 심각했던 경제 위기인 1929년 대공황과 2007년 대침체는 모두 미국에서 발생하였다. 〈그림 8-2〉와 같이, 두 위기 모두 처음에는 미국 자본시장의 문제로부터 출발하여, 유럽을 비롯한 다른 지역으로 전파된 뒤, 종국적으로 세계적 차원에 영향을 미치는 위기로 발전하였다. 대공황과 대침체는 서로 다른 복합지정학적 결과를 가져왔다. 미국은 대공황을 성공적으로 극복하고 제2차 세계대전 이후 패권국으로 부상하였던 반면, 대침체 이후에는 경쟁자로 부상한 중국의 추격을 받고 있다.

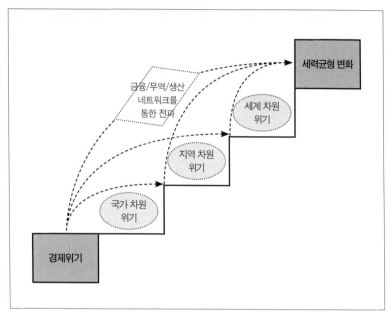

**그림 8-2.** 경제위기의 복합지정학

　먼저 세계금융위기의 원인인 미국 금융기관 부실은 처음엔 안보와 전혀 관련이 없는 문제로 간주되었다. 2007년 8월 이 문제가 본격화되었을 때 미국 재무부와 중앙은행은 금융시장에 유동성을 제공하면 충분히 해결할 수 있다고 생각했다. 그러나 이 위기가 대서양 사이에 촘촘하게 엮여진 금융/무역/생산 네트워크를 통해 유럽 금융시장으로 전파되면서, 미국의 비우량 주택담보대출위기(Subprime mortgage crisis)는 유럽부채위기(European debt crisis)라는 초국적 위기를 불러 일으켰다. 미국과 유럽의 위기는 불과 1년 사이에 전 세계로 확산되어 세계금융위기(Global financial crisis)로 발전하였다.

　미국의 위기가 세계적 위기로 발전하는 과정에서 가장 중요한 역할은 한 것은 20세기 말 가속화된 지구화의 결과로서 창발한 다양한 종류의 네트워크라고 할 수 있다(김상배 2014; Leonard 2016). 네트워크화는 세계통화금융, 세계무역, 세계생산에서 모두 빠르게 확산되고 있다. 더욱 놀라운 사실은 한 분야에서 발생한 네트워크와 다른 분야의 네트워크들이 연계되어, 세계적 및 지역적 차원에서 다양한 복합 네트워크들이 진화하고 있다는 것이다. 예를 들어 다국적 기업들이 건설한 생산네트워크가 투자협정은 물론 자유무역협정(FTA) 및 통화스왑과 연계되는 경향을 보여주고 있다(Oatley et al. 2013). 더 나아가 이러한 복합 네트워크는 다자적 질서와는 근본적으로 다르다. 대부분의 다자적 질서는 몇몇 강대국들을 중심으로 한 양자적 관계에서 출발하였기 때문에, 권력의 비대칭성이 분명하게 존재하고 있어 권력의 효과도 쉽게 예측할 수 있다. 반면 다층적인 연계를 통해 이뤄진 복합 네트워크에서는 권력의 비대칭성이 분명하지 않으며 그 효과도 예단하기 어렵다.

세계적 차원으로 촘촘하게 짜인 금융 네트워크가 없었다면, 미국 자본시장의 아주 작은 부분인 비우량 주택담보대출의 문제가 세계적 차원의 금융위기로 발전하지 않았을 것이다. 물론 금융 네트워크의 역할이 처음부터 인식된 것은 아니었다. 베어 스턴스와 리먼 브라더스가 연달아 파산하면서 전 세계 주식시장의 동반 폭락이 일어난 후, 금융 네트워크의 역할이 비로소 인식되기 시작하였다(이왕휘 2012).

금융네트워크의 발전은 금융시장의 효율성을 증대하려는 경제정책의 결과라고 할 수 있다. 1980년대 이후 미국과 영국을 비롯한 주요 선진 국가들이 금융 개방·자유화·탈규제·민영화 정책을 적극적으로 추진한 후, 세계금융시장의 규모와 거래량이 비약적으로 증가하였다. 영미권의 정책 전환은 1990년대 국제통화기금(IMF)과 세계은행을 통해 개발도상국으로 전파되었다.

1990년대 폭발적으로 발전한 정보통신기술(ITC)이 미친 영향도 무시할 수 없다. 정보기술과 통신기술의 결합으로 세계금융시장은 시차 없이 실시간으로 거래할 수 있는 물리적 환경을 확보하였다. ITC 기술을 통해 시공간적 한계를 극복한 금융기관들의 상호 거래가 비약적으로 증대하면서 세계금융시장에서 동조화 현상이 나타났다(Neu and Clift 2011; Garratt, Mahadeva and Svirydzenka 2011).

세계금융위기 이전까지 이러한 변화에 대한 긍정적 측면만 부각되어 부정적 측면이 간과되었다. 금융네트워크의 발전은 정부의 금융억압(financial repression)으로 발생한 시장 왜곡을 정정함으로써 금융 심화(financial deepening)를 가져오는 장점이 있다. 또한 금융네트워크를 통해 금융상품에 내재된 위험을 분산시킬 수 있는 효과도 기대되었다. 그러나 세계금융위기는 금융네트워크의 단점을 여실히 보여주었다. 한 나라의 위기가 금융네트워크를 통해 다른 나라로 신속하게 파급되었을 뿐만 아니라 그 충격도 증폭되었다.

실제로 금융네트워크의 부정적 측면은 금융위기 세 과정에 다 반영되어 있다. 첫 번째는 차입상환(deleverage)이다. 대출을 해준 금융기관들은 부실채권의 위험이 증가하면 대출을 회수한다. 위기가 심화되면, 부실채권 축소뿐만 아니라 자기자본 확충을 위해 대출 회수의 규모와 속도를 더욱 증가시킨다. 이런 과정이 반복되면, 금융기관이 대출을 할 수 있는 여력이 없어져 금융시장에 신용경색 현상이 발생한다. 신용경색 현상은 최종 대부자인 중앙은행의 자금 지원으로도 해결되지 않는 유동성 함정(liquidity trap)을 야기하기도 한다. 이 함정은 원금과 이자를 제때 갚을 가능성이 없다고 판단한 기업이 대출을 신청하지 않을 때 발생한다. 두 번째는 위기의 동조(synchronization) 현상이 등장한다. 금융네트워크에 연계되어 있는 한 극단적인 자본통제를 제외하고 금융위기의 전파를 막을 방법이 없다. 따라서 당장 피해를 받지 않는 금융기관들도 위기 예방을 위해 차입상환을 미룰 수 없게 된다. 동조화가 심화되면 금융위기는 국경을 넘어 다른 국가와 지역으로 전파되는 초국적 현상으로 전화된다. 마지막은 금융위기 변동성(volatility)의 증폭이다. 차입상환과 동조화 현상이 심화되면, 금융위기가 발생한 국가와 네트워크로 연계된 국가 사이에 자금거래가 일시적으로 폭증한다. 위기에 처한 국가는 자금 유출로 외환 부족, 자금이 유입된 국가들은 외환 과잉에 직면하게 된다(IMF 2011).

## III. 세계금융위기: 복합지정학적 분석

### 1. 원인과 전파 과정

지금까지 21세기 최대의 경제위기는 2007년 미국에서 벌어진 세계금융위기라고 할 수 있다. 앨런 그린스펀(Alan Greenspan) 전 연방준비제도이사회 의장이 '한 세기에 한두 번 일어날까 말까 한 사건'이라고 부를 정도로 세계금융위기는 그 규모와 강도가 유례가 없는 사건이었다(Greenspan 2008). 이 위기는 이전 위기와 비교에서 두 가지 특징들을 가지고 있다. 첫째, 기존 위기는 대부분 금융시장이 낙후된 개발도상국에서 일어났던 반면, 이 위기는 세계에서 가장 정교한 금융시장을 보유한 선진국인 미국에서 발생하였다. 둘째, 기존 위기는 그 범위가 특정 국가나 지역에 한정되었던 반면, 이 위기는 불과 6개월 만에 전 세계로 확산되었다. 가장 대표적인 사례가 주요 국가들의 동시적 주가 폭락이다.

전 세계적 차원으로 위기가 확산되면서 그 피해 규모는 순식간에 눈덩이처럼 불어났다. 네트워크가 복잡해지면 위기가 발생했을 때 그 피해 규모를 정확하게 알 수 없게 된다(Gai and Kapadia 2010). 금융적 대량살상무기(financial weapons of mass destruction)라고 불리는 파생금융상품은 다양한 구조화 금융(structured finance) 기법을 통해 세계 각국의 투자자들에게 판매되고 있다. 이 기법을 여러 번 사용한 파생금융상품은 궁극적인 위험의 소재를 알 수 없게 만든다. 미국에서 비우량 주택담보대출(subprime mortgage) 부실문제가 본격화되었던 2007년 9월 벤 버냉키(Ben Bernanke) 당시 연방준비제도이사회 의장은 금융기관의 자산상각 금액이 약 500-1000억 달러 정도로 추정하였다. 그러나 이 위기가 유럽으로 전파되어 미국과 유럽의 금융시장에 신용경색 현상이 나타났던 2008년 3월 경제개발협력기구(OECD)는 그보다 8배 많은 3520-4220억 달러로 추산하였다. 위기가 더 심화되면서 바로 다음 달 국제통화기금(IMF)은 그보다도 2배 많은 1조 달러로 추산하였다(이왕휘 2009).

〈표 8-1〉에 요약되어 있는 이 위기의 발생과 전개 과정을 보면, 한 국가에서 발생한 위기가 어떻게 초국적 위기로 전환되어 세계적 차원의 세력균형에 영향을 미치는가를 이해할 수 있다.

첫 번째 단계는 미국에서 비우량 주택담보대출의 부실이 심화되었다는 사실이 확인된 2007년 8월에 시작되었다고 할 수 있다. 처음에는 이 위기가 미국의 자본시장에만 국한된 위기라고 간주되었다. 이런 인식은 당시 시티그룹(Citigroup)의 최고경영자였던 척 프린스(Chuck Prince)가 7월 "유동성에 있어 음악이 멈추면 사태는 복잡해진다. 하지만 음악이나오는 한 계속 서서 춤을 춰야 한다. 우리는 여전히 춤을 추고 있다"(Nakamoto and Wighton 2007에서 재인용)라는 발언에

**표 8-1.** 세계금융위기의 전개 과정

|  | 1단계 | 2단계 | 3단계 | 4단계 |
|---|---|---|---|---|
| 시기 | 2007년 8월 | 2008년 3월 | 2008년 9월 | 2009년 2월 |
| 내용 | *미국에서 주택담<br>보대출 부실 심화<br>*미국과 유럽에<br>신용경색 | *베어 스턴스 파산<br>*세계적 주가 폭락 | *리먼 브라더스<br>파산<br>*미국 정부의<br>제1차 구제금융<br>*신흥시장으로<br>위기 전파 | *미국 정부의<br>제2차 구제금융안<br>*세계적 경기침체<br>심화 |
| 시가<br>총액 | $8,540bn | $7,320bn | $5,888bn | $3,586bn |
| 부실<br>상각 | $67bn | $504bn | $919bn | $1,038bn |

출처: Financial Times(2009).

잘 반영되어 있다. 그러나 이러한 낙관론은 미국 금융시장은 물론 유럽의 금융시장에서까지 신용경색 현상이 발생하면서 바로 사라졌다. 8월 독일 IBK 은행과 영국의 주택담보대출회사인 노던 록(Northern Rock)이 파산하였다. 이후 미국과 유럽의 거의 모든 금융기관들이 대출을 회수하기 시작하였다. 이렇게 위기가 확산되면서 국제적인 투자은행들도 대규모 부실상각을 피할 수 없게 되었다.

두 번째 단계는 미국의 비우량 주택담보대출 위기가 미국 자본시장 전체로 확산되었던 2008년 3월부터 본격화되었다. 비우량 주택담보대출을 파생상품으로 많이 만들어 판매하였던 베어 스턴스(Bear Stearns)가 더 이상 버티지 못하고 파산하였다. 당시 미국의 5대 투자은행이었던 베어 스턴스의 파산으로 미국은 물론 영국의 금융시장이 제대로 작동하지 않았으며, 주식시장도 폭락을 피할 수 없었다.

세 번째 단계는 세계금융위기의 정점인 2008년 9월 미국에서 네

번째로 큰 투자은행인 리먼 브라더스(Lehman Brothers)의 파산으
로 요약될 수 있다. 이 은행의 파산으로 신용경색이 악화되자 자유방
임주의에 따라 시장 개입을 꺼려했던 미국 정부는 긴급경제안정법안
(Emergency Economic Stabilization Act)을 제정하여 제1차 구제금융
을 실시하였다. 미국 재무부와 중앙은행은 파산 위기에 직면한 당시
세계 최대의 보험회사인 AIG에 공적자금을 제공하였으며, 메릴 린치
(Merrill Lynch)를 뱅크 오브 아메리카(Bank of America)가 인수합병
하도록 주선하였다. 사상 유례가 없는 금융기관의 연속 파산으로 미국
정부는 금융시장에 막대한 자금을 공급하였다.

　　네 번째 단계는 이러한 조치에도 불구하고 2009년 2월 신용경색
과 경기침체는 정점에 도달하였다. 미국 정부의 적극적 시장개입에도
불구하고 이 위기는 신흥시장으로 빠르게 전파되어 세계적 차원의 주
가 폭락 현상이 발생하였다. 〈표 8-1〉에 나와 있듯이 세계 주식시장의
시가총액은 2007년 8월 8조 5400억 달러에서 2009년 2월 3조 5860
억 달러로 급락하였으며, 부실상각액은 같은 기간 670억 달러에서 1
조 380억 달러로 폭등하였다. 이런 상황에서 오마바 대통령은 취임하
자마자 재정부양을 포함한 금융안정계획(Financial Stability Plan)이라
는 제2차 구제금융안을 도입하였다.

## 2. 지정학적 결과

그 규모와 확산 속도가 보여주듯이, 세계금융위기는 심대한 지정학적
결과를 초래하였다. 1930년대 대공황 이후 영국 주도의 금본위제가
쇠퇴했듯이, 2000년대 세계금융위기도 미국 중심의 브레튼우즈 체제
에 심각한 균열을 야기하고 있다. 위기 이후 미국 경제는 성장이 둔화

되어 세계경제에서 차지하는 비중이 줄어들고 있다. 동시에 양적 완화와 같은 초저금리 정책과 과도한 재정적자 문제가 심각해지면서 달러화의 위상과 역할에 대한 회의가 확산되고 있다. 더 큰 문제는 개발도상국들이 더 이상 미국 금융제도를 모범으로 생각하고 있지 않다는 것이다. 이 문제는 미국이 세계경제를 주도하는 데 필요한 정당성을 약화시키고 있다. 래리 서머스(Larry Summers) 전 재무장관이 지적했듯이, "지금으로부터 50년 또는 100년 뒤 우리 시대의 역사는 2008년도의 대침체나 2010년대 미국이 직면한 재정문제가 아니라 세계가 중국으로 향하는 역사 무대의 움직임에 어떻게 적응하는가에 관한 것이다."(Wessel and Prada 2011에서 재인용)

반면 중국은 세계 최대의 외환보유고를 기반으로 대규모 해외투자를 공세적으로 추진하고 있다. 2009년 독일을 제치고 3대 경제대국이 된 중국은 불과 1년 만인 2010년 일본까지 추월하여 2대 경제대국이 되었다. 구매력 GDP 기준으로는 2014년 중국은 미국을 넘어 제일자의 자리를 차지하였다. 중국은 제조업 생산에서는 2010년, 상품 수출에서는 2014년 미국을 추월하였다(이왕휘 2016 & 2017).

미국과 중국 사이의 경제력 격차 감소는 미국과 중국의 정책방향은 물론 지도력에도 영향을 미치고 있다. 브레튼우즈 체제에서 압도적이었던 미국의 지도력은 도널드 트럼프 대통령의 미국 우선주의(America First)로 약화될 가능성이 높다.

지난 수십 년 동안 우리는 미국 산업을 희생시키면서 외국 산업을 풍요롭게 만들었습니다. 우리가 다른 나라를 부유하게 만드는 사이에 우리나라의 부와 힘, 자신감은 완전히 사라졌습니다. 우리는 두 가지의 단순한 규칙에 따를 것입니다. 미국 제품을 사는 것, 미국인을 고용하는

것이 바로 그 규칙입니다. 우리는 다른 나라들과 우호선린을 추구할 것
이지만, 동시에 다른 나라들이 자국의 이익을 앞세울 권리를 갖는다는
이해를 바탕으로 할 것입니다(Trump 2017).

반면 중국은 개발도상국의 이익을 대표하는 것은 물론 미국을 대
신해 자유무역원칙의 수호자로서 역할을 자임하고 있다.

내가 강조하고 싶은 점은 세계를 괴롭히는 많은 문제들이 경제적 지구
화에 의해 발생하지 않았다는 사실이다. 세계의 문제를 경제적 지구화
때문이라고 비판하는 것은 현실에 부합하지도 않으며 문제를 해결하는
데 도움이 되지 않을 것이다. 경제적 지구화가 새로운 문제들을 일으키
고 있다는 점은 맞지만, 그렇다고 해서 경제적 지구화를 완전히 말소하
는 것이 정당화되는 것은 아니다(Xi 2017).

지역적 차원에서도 미국과 중국 사이의 세계적 차원의 지정학적
경쟁이 배태되어 있다. 한편에서는 미국 중심의 역외 대 중국 중심의
역내, 다른 한편에서는 역내의 주도권을 둘러싸고 중국과 일본의 경쟁
구도가 존재하고 있다. 이렇게 지정학적 경쟁구조가 중첩되어 있다는
점에서 동아시아 지역에서 경제위기의 지정학은 '복합적'이라고 할 수
있다.

역내와 역내의 이분법은 미국이 주도하던 냉전시대에는 부각되지
않았다. 중국의 경제적 부상이 본격화되기 전에 동아시아에서 미국은
정치와 경제 모두에서 압도적 우위를 가지고 있었다.

따라서 미국을 역외로 구분하기 시작한 시점은 탈냉전 이후라고
할 수 있다. 역외 차원에서 미국의 영향력에 대한 불만이 고조된 계기

는 1997년 아시아 금융위기였다. 지정학적 차원에서도 동아시아 국가
들은 미국과 국제통화기금(IMF)의 고압적 태도에 불만을 가졌다. 미
국은 일본이 제안한 아시아통화기금(AMF)의 설립을 좌절시켰으며,
IMF는 구제금융을 제공한 태국, 인도네시아 및 한국에 가혹한 정책조
건을 강요하였다. 이런 불만 때문에 동아시아 국가들은 지역협력의 범
위를 미국을 포함하는 아시아태평양보다는 미국을 배제한 동아시아로
한정하려는 시도를 하였다. 그 결과 위기 이후 동아시아 지역협력에서
미국이 주도하는 아시아태평양경제협력기구(APEC)보다 ASEAN+3
및 ASEAN+6가 더 각광을 받았다(Berger 1999).

지경학적 차원에서도 아시아 금융위기 이후 역내 협력에 대한 인
식이 급속하게 고조되었다. 가장 중요한 이유는 금융위기가 교역국들
의 금융/무역/생산 네트워크를 통해 주변국으로 확산되는 경향이다.
이 때문에 IMF나 세계은행과 같은 국제기구보다는 지역기구가 위기
를 대비하는 사전경보체제를 유지하는 데 더 효율적인 역할을 할 수
있다. 이런 맥락에서 ASEAN+3 국가들 사이의 양자 간 통화스왑협정
인 치앙마이 이니셔티브(CMI, Chiang Mai Initiative)가 1999년 출범하
였다(Plummer 2009). 이후 ASEAN+3은 통화스왑뿐만 아니라 자유무
역협정의 틀로서도 활용되고 있다(Dent 2010; Hamanaka 2010).

역외뿐만 아니라 역내에서도 복합지정학적 경쟁이 본격화되었
다. 경제적으로 부상한 중국이 ASEAN+3에서 주도권을 장악하게 되
면서, 일본은 인도, 호주, 뉴질랜드를 포함하는 ASEAN+6를 대안으
로 내세웠다(Okamoto 2009). 고이즈미 준이치로(小泉純一郎) 수상은
2002년 1월 싱가포르 ASEAN+3 회담에서 호주와 뉴질랜드의 참여를
제안하였다. 더 나아가 2006년 아베 신조(安倍晋三) 수상은 자유민주
주의와 자본주의를 공유하는 미국, 호주, 인도와 정상회담을 주장하였

다(Terada 2010; Ogawa 2010). 이 세 국가들에 대한 일본의 적극적 개입 요청은 일본이 더 이상 독자적으로 중국을 견제하기 어렵다는 지정학적 자각에서 기인한 것이라고 할 수 있다. 이런 이유에서 일본은 지역금융통화협력을 제외한 다른 분야에서는 미국을 배제하는 것에 유보적 태도를 보여 왔으며, 2013년에는 중국이 배제된 환태평양경제동반자협정(TPP) 협상에 참여하였다(Noble 2008).

　　중국이 일본에 비해 세계금융위기의 영향을 상대적으로 적게 받았기 때문에, 양국 사이의 경제력 격차는 2010년 역전되었다. 2009년 독일을 제치고 제3의 경제대국이 되었던 중국은 2010년에는 일본마저 제치고 제2위가 되었다. 더 중요한 사실은 위기 이후 아시아 지역의 무역네트워크에서 중국이 일본을 완전히 압도했다는 것이다. 일본과 미국에 대한 수출이 급격히 감소한 반면 중국에 대한 수출은 거의 줄어들지 않았다. 그 결과 아시아에서 중국에 대한 무역의존도가 높아지고 있다.

## IV. 경제위기와 한반도

### 1. 경제적 충격의 관리

2007년 미국 자본시장에서 발원한 세계금융위기는 2008년 9월 리먼브라더스 파산 직후부터 우리 경제에 충격을 주기 시작했다(글로벌 금융위기 극복백서 편찬위원회 2012; 국회예산정책처 2009). 가장 먼저 위기가 전염된 부문은 세계적 차원의 네트워크로 연결된 금융이었다. 미국과 유럽의 대형 금융기관들이 자기자본비율 확충을 위해 차입상환에 몰두하면서, 우리나라에 투자한 해외 자본의 이탈이 가속화되었다. 그 결과 환율이 8월 말에서 11월 말 사이 거의 40%까지 급상승하였다. 또한 코스피(KOSPI) 지수가 연중 최고치였던 5월 16일 1,888.88에서 10월 24일 연중 최저치인 938.75로 급락하였다. 외환시장과 자본시장의 불안정성은 금융시장 전체에 신용경색 현상이 야기되었다. 신용도가 낮은 기업과 가계는 금융기관들로부터 대출을 할 수 없게 된 것이다.

금융시장의 위기는 실물경제의 악화로 이어졌다. 외환위기의 충격이 가장 극심했던 1998년 이후 처음으로 2008년 4분기 GDP 성장률이 전년 동기 대비 -3.3%, 전기 대비 -4.6%로 하락하였다. 그 결과 2008년 GDP 성장률이 -5.7% 1998년 이후 가장 낮은 수준인 2.3%에 머물렀다.

그나마 다행으로 2008년 경상수지는 흑자였다. 경상수지 흑자는 당시 가속화되고 있던 외화 유출을 어느 정도 상쇄시켜 외환위기의 가능성을 낮춘다는 점에서는 긍정적으로 평가될 수 있다. 그러나 자세히 살펴보면 이 당시 흑자는 생산성 증대로 인한 수출 증가가 아니라 원화의 평가절하로 인한 가격경쟁력 강화 및 유가 감소와 경기 위축으로 인한 수입 감소에 따른 속칭 '불황형'이었다(김수동 2009).

이렇게 우리나라는 1997년 아시아 금융위기와 달리 2007년 세계금융위기에는 심각한 피해를 입지 않았다(김인준 2013; 성태윤 외 2011). 〈표 8-2〉에 요약되어 있듯이, 그 이유는 크게 세 가지 요인으로 설명될 수 있다. 첫째, 위기의 발원지에 근본적 차이가 있다. 전자는 우리나라와 경제적 교류가 활발하고 지리적으로 가까운 국가인 동남아시아국가들(특히 태국), 후자는 경제발전 정도도 다르고 지리적 거리도 먼 미국에서 발원하였다. 둘째, 우리나라의 기초경제여건(eco-

**표 8-2.** 아시아금융위기와 세계금융위기 비교: 원인, 영향, 대응책

|  | 동아시아위기 | 세계금융위기 |
|---|---|---|
| 원인 | • 금융 및 기업 부채 급증<br>• 단기외채 급증<br>• 위기의 전염<br>　(동남아시아에서 동북아시아로) | • 미국과 영국의 자본시장의 폭락<br>• 부실자산의 폭증<br>• 위기의 전염<br>　(미국에서 영국 및 유럽으로) |
| 경제적<br>충격 | • 기업 및 금융기관 구조조정<br>• 외환보유고 고갈로 IMF 구제금융<br>• 성장률 폭락 | • 수출의 일시적 감소<br>• 통화스왑 체결로 달러부족 해결<br>• 성장률 둔화 |
| 지정학적<br>영향 | • 미국의 영향력 확대<br>• 일본 경제의 침체 시작<br>• 중국 경제의 성장 가속화 | • 미국의 영향력 축소<br>• 일본 경제의 침체 고착화<br>• 중국 경제의 부상 |

**표 8-3.** 세계금융위기 대응책

| 정책 | 주요 내용 |
|---|---|
| 재정·조세 | • 적극적인 지출 확대<br>• 감세정책 |
| 통화·금융<br>외환 | • 금리 인하(5.25%→2%) 및 유동성 공급 확대<br>• 증시안정공동펀드, 채권시장안정펀드를 조성<br>• 외화유동성 공급 확대<br>• 은행 대외채무에 대한 지급보증<br>• 통화스왑 체결(미국·중국) 및 확대(일본) |
| 기업<br>구조조정 | • 은행자본확충펀드 조성<br>• 구조조정기금 설치<br>• 워크아웃 추진(건설·조선·해운업) |
| 고용·민생 | • 일자리 창출<br>　(청년·여성·고령자 등 취약계층의 취업지원 확대와 서비스산업　선진화)<br>• 서민생활 지원<br>　(주거지원, 서민금융 활성화, 취업 후 학자금 상환제도, 취약계층 지원)<br>• 사회보장제도 강화(긴급복지제도 등 한시적 제도의 영구화)<br>• 물가안정기반 구축(시장경쟁 촉진, 유통구조 개선) |

출처: 글로벌 금융위기 극복백서 편찬위원회(2012).

nomic fundamental)이 1997년보다 2007년에 상대적으로 건실했다.

특히 아시아 위기의 원인으로 지목된 기업 부채와 외환보유고 부족 문제가 10년 사이에 상당히 해소되었다. 마지막으로 세계금융위기 직후 우리나라가 IMF의 구제금융은 아니지만 미국 연방준비제도의 통화스왑을 통해 300억 달러를 지원받았다는 점도 중요하다. 이 통화스왑은 당시 달러 부족(dollar shortage)으로 고생하고 있는 금융기관들과 기업들의 외환 문제를 상당히 완화시켜 주었다.

피해 정도의 차이는 위기 대응책에서도 큰 차이로 이어졌다. 가장 근본적인 차이는 아시아 금융위기 직후 우리나라는 국제통화기금(IMF)에 구제금융을 받아야 했던 반면, 세계금융위기 직후에는 미국 연방준비제도의 통화스왑을 제외한 외부 지원이 없었다는 것이다. 이러한 차이는 정치사회적으로 엄청나게 다른 결과를 가져왔다. IMF는 구제금융에는 우리나라의 정책 자율성을 제한하는 정책조건(conditionality)이 수반되어 있다. 이 문제는 대응책의 내용과 우선순위를 정하는 데 큰 영향을 미쳤다. 당시 정치사회적 불안정을 관리하기 위해 재정확대와 저금리를 선호했던 우리 정부는 구제금융의 빠른 회수를 위해 재정긴축과 고금리를 요구한 IMF의 정책조건을 거부할 수 없었다.

## 2. 지정학적 위험의 부상과 대응책

우리나라는 아시아 금융위기와 달리 세계금융위기를 독자적으로 큰 피해 없이 잘 극복하였다. 그러나 세계금융위기의 복합지정학적 결과는 우리에게 다른 종류의 문제를 제기하였다. 미국과 중국의 경제력 격차 축소와 미국과 중국의 역할 변화는 우리에게 안보와 경제를 동시에 추구하기 어려운 상황을 조성하고 있기 때문이다.

현재 우리가 당면한 아시아 지역의 상황은 미중 대결의 가속화 라고 할 수 있다. 미중 갈등 구조는 메가 FTA 경쟁에 반영되어 있다. 미국과 중국에게 메가 FTA는 대전략의 일부로 간주되고 있다. 미국 은 중국을 견제—더 나아가서는 봉쇄—하려는 아시아중시(Pivot to Asia)/재균형(Rebalancing) 정책의 연장선상에서 최대 교역국인 중국 을 환태평양경제동반자협정(TPP)에서 배제하였다. 중국 역시 ASEAN 이 중심이 되어 추진해왔던 역내 포괄적 경제동반자협정(RCEP)를 미 국의 포위망을 탈피하려는 일대일로와 같은 서진(西進) 전략과 연계를 시도하고 있다(Aggarwal 2016; Hamanaka 2014; 이승주 2013).

현재 메가 FTA 경쟁은 도널드 트럼프(Donald Trump) 대통령이 TPP 탈퇴를 선언한 이후 사실상 휴지기에 들어갔다고 할 수 있다. 그 러나 미국을 제외한 나머지 11개 국가들은 일본의 주도하에 포괄적, 점진적 환태평양경제동반자협정(CPTPP, Comprehensive and Pro-gressive Agreement for Trans-Pacific Partnership)에 합의하였다. 또 한 트럼프 행정부가 회원국들과 양자 FTA 재협상을 통해 다른 형태의 FTA로 발전시킬 가능성도 배제하기 어렵다. 더 중요한 점은 대부분의 전문가들과 전직 관료들이 TPP를 지지하고 있기 때문에 차기 행정부 에서 TPP가 부활될 수도 있다는 것이다(Barshefsky et al. 2017). 이런 점에서 메가 FTA 경쟁이 완전히 종언되었다고 평가하기는 이른 것으 로 보인다. 따라서 TPP와 CPTPP에 언제 어떻게 가입할 것인가라는 문제는 여전히 우리에게 과제로 남아 있다.

다른 한편에서 미국과 중국의 보호주의적 압력이 동시에 강화되 고 있다. 미국의 경제력 약화 추세의 반전을 목표로 하는 트럼프 대통 령은 TPP 탈퇴, 북미자유무역협정(NAFTA) 재협상, 중국의 환율조작 국 지정과 같은 일방주의적 보호주의를 추구하고 있다. 트럼프 대통령

**표 8-4.** 메가 FTA 경쟁

|  | TPP | RCEP | FTAAP | TTIP | 일대일로 |
|---|---|---|---|---|---|
| 제안 | 2004년 싱가포르 | 2010년 ASEAN | 2006년 미국 | 2011년 미국 | 2015년 중국 |
| 협상 개시 (타결) | 2008 (2015)년 | 2012년 | - | 2013년 | - |
| 참가국 | 12개국 | 16개국 (ASEAN + 6) | 21개국 예상 (APEC) | 미국 및 EU 29개국 | 약 60개국 |
| 세계 GDP | 37% | 30% | 54% | 47% | 29% |
| 세계 무역 | 25% | 30% | 44% | 30% | 23.9% |
| 세계 인구 | 11% | 48% | 40% | 10% | 63% |

출처: IMF, World Bank, WTO.

은 선거 운동 기간에 한미 FTA를 '일자리 파괴자'(job killer)로 지칭하였다. 지난 7월 미국무역대표부(USTR)가 산업통상자원부에 한미 FTA 공동위원회 특별회기 소집을 요청한 이후 양국은 한미 FTA 개정 협상에 합의하였다. 트럼프 대통령이 미국의 요구가 충분히 반영되지 않을 경우 협상을 중단하고 일방적으로 탈퇴할 수 있다는 엄포를 수차례 놓았다는 사실을 고려해 보면, 미국의 통상압력은 더욱 거세질 것으로 예상된다.

중국도 우리에게 미국과 다른 차원의 문제를 던지고 있다. 2015년 이후 '중국의 경제성장 둔화⇒한국의 경제성장 둔화'라는 악순환 구조가 등장하고 있다. 세계경제위기 이후 중국의 고속 성장이 우리 경제에 준 긍정적인 영향을 고려한다면, 중국의 중속 성장으로 전환이 초래할 충격을 예상하기는 어렵지 않다. 중국의 산업구조가 고도화되면서 등장한 홍색공급망(红色供应链: red supply chain)도 대중 수출을 근본적으로 감소시킬 수 있는 잠재적 위험이라고 할 수 있다. 마지막으로 지정학적 차원에서 2016년 7월 고고도미사일방어체계(THAAD) 도입 선언 이후 점증하는 중국의 경제 보복도 무시할 수 없다. 지난 11월 문재인 대통령과 시진핑 주석의 정상회담에서 양국 관계의 정상화에 합의하였지만, 속칭 한한령(限韓令)은 상당 기간 한중 경제교류에 부정적 영향을 끼칠 것으로 전망된다.

## V. 맺음말

최근 세계경제는 물론 한국경제에서 경제위기의 가능성은 계속 높아지고 있다. 우리나라에서는 수출부진과 구조조정으로 인한 경기침체가 장기화되면서 일본형 불황의 징후가 나타나고 있다. 이러한 상태가 유지되면 일시적 위기는 일어나지 않겠지만 위기가 만성화될 수 있다. 더 큰 문제는 중국발 경제위기의 가능성이다. 국내총생산(GDP) 세계 2위, 교역량 세계 1위인 중국의 경제위기는 대침체를 불러일으킨 세계금융위기와 유사한 충격을 줄 것으로 예상된다. 그 피해는 무역/금융/생산 네트워크로 긴밀하게 연결된 동아시아에서 집중될 것이다. 이런 점에서 경제위기에 대한 대비를 해야 한다.

　　세계적 차원이든 우리나라 차원이든 경제위기는 한반도 안보 상황에 중요한 영향을 미칠 수 있다. 우리의 경제위기는 점증하는 경제 제재에도 불구하고 핵무기 개발을 추진하고 있는 북한에게는 유리한 기회를 제공할 수 있다. 경제위기를 극복하는 데 집중해야 하기 때문에 북한에 대한 국제공조를 주도적으로 추진하기 어렵게 될 것이다. 반면, 중국의 경제위기는 북한에게 상당한 안보위협이 될 수 있다. 경제위기의 관리에 전념하게 되면, 중국은 국제 제재로부터 북한을 보호하는 역할에 소홀해질 수 있기 때문이다.

경제위기의 지정학적 영향을 최소화하기 위해서는 새로운 유형의 거버넌스가 필요하다. 경제위기는 시스템의 결합도가 높아 위험이 돌발적으로 발생할 가능성이 높고, 복잡도도 높은 '돌발적 무한형 위험'으로 분류될 수 있다(김상배 2017). 이 유형의 위험은 그 파급범위가 무한하여 위험을 조기에 인지가 어렵기 때문에, 사전에 그 결과를 예측하고 통제하는 것이 매우 어렵다. 또한 정부가 네트워크의 주요 행위자인 (다국적/초국적) 기업의 활동을 제한하는 데는 한계가 있다.

이런 문제점을 극복하기 위해서는 다양한 양자간 및 다자간 네트워크를 심화·확대할 수 있는 중층적 거버넌스가 필요하다. 금융의 측면에서는 통화스왑이 가장 중요하다. 아시아 금융위기 이후 일본의 주도로 출범한 CMI는 그 규모와 구조가 세계적 차원의 위기는 물론 지역적 차원의 위기를 감당하기에는 매우 부족하다. 2007년 세계금융위기 직후 달러 부족 문제를 해결하기 위해 일본과 우리나라가 미국 연방준비제도와 통화스왑을 체결해야 했다. 환율조작 문제를 제기하는 트럼프 정부가 이런 지원을 다시 해줄 것이라고 예상하기 어렵기 때문에, 지역 내 통화스왑을 강화시킬 필요가 있다. 한한령에도 불구하고 지난 10월 중국과 통화스왑이 연장된 것은 이런 점에서 아주 중요한 성과라고 할 수 있다. 이명박 대통령의 독도 방문으로 2013년 종료된 일본과 통화스왑도 빨리 회복할 필요가 있다.

그 다음으로 중요한 문제는 무역네트워크를 관리하는 것이다. 현재 우리나라는 미국과 중국으로부터 동시에 무역보복을 받을 수 있는 곤란한 상황에 처해 있다. 미국에 대해서는 환율조작국 지정 이후 보복관세 및 한미 FTA 재협상, 중국에 대해서는 한한령이 그것이다. 트

럼프 대통령 취임 직후 강력한 압박으로 멕시코 경제가 상당한 충격을
받고 있다는 사실에 유념하여, 이 문제에 적극적으로 대처할 필요가
있다. 이런 피해를 최소화하는 방안으로 현재 진행 중인 다자적 FTA
협상에 더 적극적으로 참여해야 한다.

# 참고문헌

국회 예산정책처. 2009.『글로벌금융위기의 영향과 정책대응』국회.

글로벌 금융위기 극복백서 편찬위원회. 2012.『글로벌 금융위기와 한국의 정책대응』
　　한국개발연구원.

김상배. 2014.『아라크네의 국제정치학: 네트워크 세계정치이론의 도전』한울.

_____. 2017. "한반도 신흥안보의 세계정치."『한반도 신흥안보의 세계정치: 복합지정학의
　　시각』사회평론아카데미.

김수동. 2009. "경제위기 이후 무역수지 흑자의 원인: 외환위기시기와 비교한 특징."『KIET
　　산업경제』11월.

김인준. 2013.『위기극복 경제학』율곡출판사.

성태윤·박기영·김도연. 2011. "금융위기와 구제금융: 글로벌 금융위기와 외환위기의 비교를
　　중심으로."『한국경제의 분석』17권.

이승주. 2013. "미중일 삼각 구도와 한국의 전략적 대응: 환태평양경제동반자협정(TPP)과
　　역내포괄적경제동반자협정(RCEP)의 사례를 중심으로."『미국학』36권 2호.

이왕휘. 2009. "세계금융위기 이후의 국제정치경제: G-20의 제도적 한계와 정책적 차이."
　　『국제문제연구』9권 4호.

_____. 2012. "시스템에서 네트워크로: 세계금융패러다임의 변화." 하영선·김상배 편저.
　　『복합세계정치론』한울.

_____. 2016. "국제경제와 안보." 이상현·엄상윤·이대우·박인휘·이왕휘.『한국의
　　국가전략 2030: 안보』세종연구소.

_____. 2017. "세계금융위기 이후 미중 통화금융 패권 경쟁과 통화전쟁: 통화금융 책략의
　　관점." 하영선(편).『미중의 아태질서 건축 경쟁』동아시아연구원.

최지영·김흥규. 2016. "사드 도입논쟁과 중국의 對韓 경제보복 가능성 검토."『China
　　Watching』14호. 아주대 중국정책연구소.

Aggarwal, Vinod K. 2016. "Mega-FTAs and the Trade-Security Nexus: The Trans-Pacific
　　Partnership (TPP) and Regional Comprehensive Economic Partnership (RCEP)."
　　AsiaPacific Issues No.123. East-West Center.

Altman, Roger C. 2009a. "The Great Crash, 2008: A Geopolitical Setback for the West."
　　*Foreign Affairs*. Vol.88, No.1.

_____. 2009b. "Globalization in Retreat: Further Geopolitical Consequences of the
　　Financial Crisis." *Foreign Affairs*. Vol.88, No.4.

Barshefsky, Charlene, Evan G. Greenberg, and Jon M. Jr. Huntsman (eds.). 2017.
　　*Reinvigorating U.S. Economic Strategy in the Asia Pacific*. CSIS.

Baru, Sanjaya. 2009. "Geopolitical Implications of the Current Global Financial Crisis".
　　*Strategic Analysis*. Vol.33, No.2.

Berger, Mark T. 1999. "APEC and its Enemies: The Failure of the New Regionalism in the Asia-Pacific". *Third World Quarterly*. Vol.20, No.5.

Blackwill, Robert D. and Jennifer M. Harris. 2016. *War by Other Means: Geoeconomics and Statecraft*. Cambridge: Harvard University Press.

Clinton, Hillary Rodham. 2011. Economic Statecraft, Remarks at Economic Club of New York. October 14.

Cowen, Deborah and Neil Smith. 2009. "After Geopolitics? From the Geopolitical Social to Geoeconomics". *Antipode*. Vol.41, No.1.

Dent, Christopher M. *Organizing the Wider East Asia Region*. Working Paper No.62. Asian Development Bank.

Financial Times. 2009. "Four Stages of Financial Meltdown". January 17.

Gai, Prasanna and Sujit Kapadia. 2010. *Contagion in Financial Networks*. Working Paper No. 383. Bank of England.

Garratt, Rodney J., Lavan Mahadeva and Katsiaryna Svirydzenka. 2011. *Mapping Systemic Risk in the International Banking Network*. Working Paper No. 413. Bank of England.

Greenspan, Alan. 2008. "The World Must Repel Calls to Contain Competitive Markets." *Financial Times*. August 5.

Hamanaka, Shintaro. 2010. *Institutional Parameters of a Region-Wide Economic Agreement in Asia: Examination of Trans-Pacific Partnership and ASEAN+ FTA Approaches*. Working Paper No.67. Asian Development Bank.

_____. 2014. "TPP versus RCEP: Control of Membership and Agenda Setting." *Journal of East Asian Economic Integration*. Vol.18, No.2.

Heath, Timothy R. 2016. "China's Evolving Approach to Economic Diplomacy." *Asia Policy*. Vol.22.

IMF. 2011. *Mapping Cross-Border Financial Linkages: A Supporting Case for Global Financial Safety Nets*. IMF.

Leonard, Mark (ed.). 2016. *Connectivity Wars: Why Migration, Finance and Trade are the Geo-economic Battlegrounds of the Future*. London: European Council on Foreign Relations.

Mead, Walter Russell. 2104. "The Return of Geopolitics: The Revenge of the Revisionist Powers." *Foreign Affairs*. Vol.93, No.3.

Nakamoto, Michiyo and David Wighton. 2007. "Citigroup Chief Stays Bullish on Buyouts." *Financial Times*. July 10.

Nesvetailova, Anastasia and Ronen Palan. 2008. "A Very North Atlantic Credit Crunch: Geopolitical Implications of the Global Liquidity Crisis." *Journal of International Affairs*. Vol.62, No.1.

Neu, C. Richard and Jack Clift. 2011. Linkages in World Financial Markets. Rand Corporation

Noble, Gregory W. 2008. "Japanese and American Perspectives on East Asian Regionalism." *International Relations of the Asia-Pacific*. Vol.8, No.2.

Oatley, Thomas, Kindred Winecoff, Andrew Pennock and Sarah Bauerle Danzman. 2013. "The Political Economy of Global Finance: A Network Model." *Perspectives on Politics*. Vol.11, No.1.

Ogawa, Eiji. 2010. "Regional Monetary Coordination in Asia after the Global Financial Crisis: Comparison in Regional Monetary Stability between ASEAN+3 and ASEAN+3+3." *Public Policy Review*. Vol.6, No.5.

Okamoto, Yukio. 2009. "Great Power Relations in Asia: A Japanese Perspective." *Survival*. Vol.51, No.6.

Plummer, Michael G. 2009. *Global Economic Crisis and Its Implications for Asian Economic Cooperation*. Policy Studies No.55. East-West Center.

Reilly, James. 2013. "China's Economic Statecraft: Turning Wealth into Power." Sydney: Lowy Institute for International Policy.

Shatz, Howard J. 2016. *U.S. International Economic Strategy in a Turbulent World*. Santa Monica: Rand Corporation.

Terada, Takashi. 2010. "The Origins of ASEAN+6 and Japan's Initiatives: China's Rise and the Agent-Structure Analysis." *Pacific Review*. Vol.23, No.1.

Trump, Donald J. 2017. Inaugural Address. January 20. https://www.whitehouse.gov/inaugural-address

Wessel, David and Paulo Prada. 2011. "China Forces Global Shift in Commerce." *Wall Street Journal*. March 11.

World Economic Forum. 2016. *The Global Risks Report 2016*. 11th Edition. World Economic Forum.

Wu, Xinbo. 2010. "Understanding the Geopolitical Implications of the Global Financial Crisis." *Washington Quarterly*. Vol.33, No.4.

Xi, Jinping. 2017. Keynote Speech at World Economic Forum Annual Meeting 2017. January 17. https://www.weforum.org/agenda/2017/01/full-text-of-xi-jinping-keynote-at-the-world-economic-forum

Zha, Daojiong. 2015. "China's Economic Diplomacy Focusing on the Asia-Pacific Region." *China Quarterly of International Strategic Studies*. Vol.1, No.1.

제9장

사회환경의 신흥안보와 복합지정학:
경제적 불평등·사회통합·정체성 안보

이승주

# I. 서론

최근 급격하게 정치 쟁점화되고 있는 경제적 불평등과 사회적 갈등은 21세기가 직면한 최대의 위협 요인 가운데 하나가 되고 있다. 세계경제포럼(World Economic Forum)이 2015년 글로벌 어젠다 전망에서 경제적 불평등의 심화를 첫 번째 이슈로 선정한 것도 이러한 맥락이다(World Economic Forum 2015). 21세기 경제적 불평등의 문제는 다양한 형태로 전개되고 있다("Inequality is the biggest threat to world and needs to be tackled now" 2013.2.20). 지구적 차원에서 볼 때, 절대빈곤이 감소하는 가운데 경제적 불평등이 확대·심화되고 있다는 점에 주목할 필요가 있다(OECD 2012). 국내적 차원에서 경제적 불평등은 그 자체로도 문제가 될 뿐 아니라, 성, 민족, 연령 등 다른 유형의 불평등과 결합되어 사회통합을 심대하게 저해하는 요인으로 작용한다는 데 그 심각성이 있다.

경제적 불평등에 대한 관심과 인식이 점증하고 있는 것은 경제적 불평등이 그 자체로도 중요한 문제일 뿐 아니라, 사회적, 정치적, 안보적 차원의 문제를 초래하는 기저 요인으로 작용할 가능성이 높기 때문이다. 경제적 불평등은 사회적 차원에서 빈부 격차의 증가와 중산층의 붕괴를 초래하고, 장기적으로 사회적 이동성을 제한할 가능성이 높다. 사회적 이동성의 제한은 경제적 불평등을 넘어선 사회적 차별을 초래하고, 국가 구성원 사이의 갈등을 증대시키게 된다. 사회적 갈등의 지속은 국가 구성원들 사이에 이질적이고 대결적인 정체성의 형성을 초래하는 작용한다. 경제적 불평등과 결합된 사회적 차별과 이질적인 정체성의 형성은 결국 정치적 양극화로 이어진다. 경제적 불평등은 다양한 경로를 통해 사회통합을 저해하는 요인으로 작용하게 되는 것이다.

경제적 불평등은 대외적 차원의 문제를 초래하기도 한다. 경제적 불평등의 확대는 경제적 차원의 보호주의와 외교적 차원의 고립주의를 초래할 가능성이 높다. 경제적 불평등의 확대가 국가의 내부 지향성을 증대시키는 요인으로 작용하는 것이다. 더욱이 최근 브렉시트와 트럼프 현상과 같은 예기치 않은 사건의 발생은 세계 주요국들의 내부 지향성을 가속화하여 일부 국가들의 문제가 아닌 세계적 차원의 문제로 확대시킬 폭발력을 가지고 있다. 이러한 결과는 궁극적으로 지난 수십 년간 진행되어 온 세계화에 대한 저항을 격화시키고, 궁극적으로는 제2차 세계대전 이후 수립되어 유지되어 온 세계질서의 기본틀을 흔드는 요인으로 작용할 수 있다. 즉, 국내적 차원의 경제적 불평등이 세계적 차원의 세계질서를 위협하는 안보문제로 전화될 가능성을 배제할 수 없다.

경제적 불평등으로 인해 초래되는 문제는 한국에도 당면한 문제이다. 한국의 경제적 불평등이 지난 20여 년간 확대되어 온 것은 잘 알려져 있다. 한국에서 경제적 불평등의 확대는 경제적 차원을 넘어 사회적, 정치적 차원으로 확대되는 구조화의 경향을 보이고 있다는 점에서 사회통합의 문제로 전화하고 있다. 남북한 간 경제통합, 더 나아가 통일은 한국의 사회통합에 중대한 도전 요인으로 작용할 가능성이 높다. 남북한 간 경제적 격차를 고려할 때, 통일은 남북한 주민들이 경제적 불평등을 현실로 직면하게 된다는 것을 의미한다. 남북한 간 경제적 불평등은 기존 한국 사회 내에 존재하는 다양한 유형의 사회적 불평등에 더하여 새로운 문제를 초래할 가능성이 높다. 남북한 간 경제통합 또는 통일로 인해 남북한 주민들 사이의 사회적 불평등을 확대되고 사회적 갈등이 증가하며, 그 결과 남북한 주민들 사이에 이질적인 정체성이 형성될 가능성이 높다. 이러한 결과는 통일 이후 한국의 사회통합을 심각하게 저해하게 된다.

통일 한국이 직면하게 될 사회통합은 대외 환경 변화의 영향으로부터 자유롭지 않다. 대외적 차원에서 경제적 불평등의 확대에 따른 보호주의와 고립주의 강화, 이주 및 난민의 증가, 다민족 국가의 분리 독립 움직임 강화 등이 통일 한국의 사회통합에도 직간접적인 영향을 미칠 수 있기 때문이다. 이는 남북한 경제통합이 진전되고 통일이 되더라도 경제적 불평등에 기반하여 발생할 수 있는 다양한 사회통합의 문제들을 효과적으로 관리하지 못할 경우 대외 환경의 변화가 국내 문제를 더욱 확대 재생산할 수 있음을 의미한다.

## II. 불평등의 확산: 지구적 차원

경제적 불평등은 지구적 차원에서 확대되고 있는데, 이는 다양한 자료를 통해 확인된다. 지구적 차원의 경제적 불평등 역시 증가해왔다. 지구적 차원의 지니계수는 2008년 기준 0.71에 달하는 것으로 나타났다(Hickel 2016). 이러한 측면에서 볼 때, 경제적 불평등이 양극화가 개별 국가 수준에서 진행되고 있지만, 이러한 변화가 지구적 차원에서 창발적 변화로 이어질 가능성이 있다.

불평등의 확대는 일부 예외를 제외하면 세계 여러 지역에서 동시다발적으로 발생하고 있다. 구체적으로 상위 20%와 하위 20%의 소득 점유율의 격차가 지역에 따라 4.8배에서 19.6배에 달하는 것으로 나타난다. 남아시아와 유럽 및 중앙아시아 지역의 경우 두 집단 사이의 격차가 상대적으로 작은 4.8배와 6.5배로 나타났다. 동아시아 및 태평양 지역은 상위 20%와 하위 20%의 소득 비중이 각각 48.5%와 5.2%로

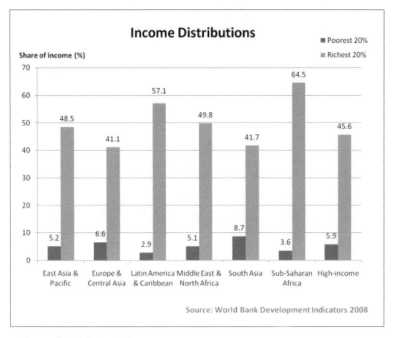

**그림 9-1.** 세계 지역별 소득 분포

출처: World Development(2008).

그 격차가 9.3배에 달하고 있다. 반면, 남미 및 카리브 지역의 두 집단 간 소득 비중 격차는 무려 19.6배에 달하는 것으로 나타났다. 사하라 이남 아프리카 지역 역시 상위 20%와 하위 20%의 소득 비중이 각각 64.5%와 3.6%로 격차가 무려 18배까지 확대되었다(OECD 2015).

경제적 불평등이 세계 다수 지역에서 공통적으로 나타나고 있을 뿐 아니라, 1980년대 이후 지속적으로 심화되고 있다는 데 문제의 심각성이 있다. 1981-2012년 사이 OECD 모든 회원국에서 상위 1%의 소득 비중이 증가한 것으로 드러나고 있다(그림 9-2 참조). 미국, 영국, 호주, 아일랜드 등 이른바 신자유주의모델을 채택하고 있는 국가에서 상위 1%의 소득 비중이 특히 빠르게 증가한 것으로 나타났다. 미국

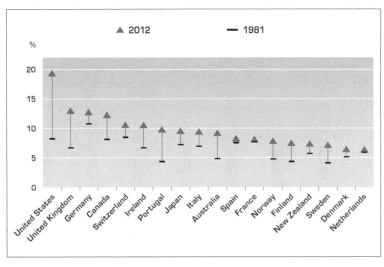

**그림 9-2.** 상위 소득 1%의 소득 비중(1981~2012)
출처: OECD(2014).

의 경우 1980년 상위 1%의 소득 비중이 8% 내외였으나, 2012년 20%
수준까지 증가하였다. 반면, 네덜란드, 덴마크, 프랑스, 독일에서 상
위 1%의 소득 비중이 상대적으로 완만하게 증가한 것으로 나타난다
(OECD 2014). 이른바 복지국가로 불리는 스웨덴, 노르웨이, 덴마크
등 북유럽 국가들의 상위 1%의 소득 비중은 상대적으로 낮은 수준에
머물러 있다(WEF 2015). 그러나 이 국가들 가운데 노르웨이와 스웨덴
의 상위 1%의 소득 비중이 매우 빠르게 증가하고 있다는 점에서 경제
적 불평등의 증가는 복지국가라고 해서 예외는 아닌 것으로 보인다.[1]

---

1    그 결과 북유럽 복지국가에서 빈곤율이 증가하는 현상이 나타나고 있다. 스웨덴의 빈곤
     율이 1995년 4%에서 2010년 9%로 증가했고, 핀란드와 룩셈부르크 역시 빈곤율이 2%
     증가했다(OECD 2011).

## III. 한국의 사회환경 변화

지구적 차원에서 전개되는 경제적 불평등의 확대와 한국 내 불평등의 확대는 무관하지 않다. 첫째, 한국은 세계경제와의 적극적인 통합을 통해 경제성장을 지속해왔다는 점에서 지구적 차원의 경제적 불평등 확대는 결코 유리한 환경 변화라고 할 수 없다. 경제통합에 대한 반발이 지구적 차원에서 급격하게 진행될 경우, 경제의 대외의존도가 높은 한국이 이에 대응하기 쉽지 않기 때문이다. 즉, 지구적 차원의 불평등 증가는 기존의 대외지향적 성장 전략의 근본적 수정을 필요로 한다. 둘째, 이러한 상황의 전개는 한국 내 사회통합을 둘러싼 갈등을 촉발함으로써 사회통합을 저해하고, 더 나아가 사회안보의 문제로 전화될 가능성이 있다. 아래에서는 이러한 가능성을 고려한 가운데 한국 내 그리고 남북한 간 경제적 불평등의 문제와 이와 관련한 사회통합의 문제를 검토한다.

### 1. 한국 내 경제적 불평등의 확대와 남북 사회통합

한국 내 경제적 불평등 수준에 대해서는 다양한 분석이 제시되고 있다. 우선, 경제적 불평등을 측정하는 대표적 지표인 지니계수를 기준으로 할 때, 한국의 불평등은 1997년 외환위기를 거치는 과정에서 대폭 증가하였다가 다소 감소하였으나, 2000년대 초 이후 다시 증가하기 시작하였고, 2009년을 정점으로 2015년까지 감소하는 추세를 보이고 있다. 도시 2인 가구의 지니계수가 전체가구의 지니계수보다 다소 높지만, 전반적인 추세는 서로 유사하다(그림 9-3 참조).

한국의 경제적 불평등 수준을 국가 간 비교를 통해 알아보면, 소

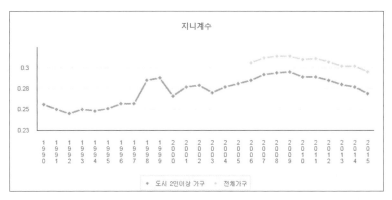

**그림 9-3.** 한국의 지니계수 변화(1990~2015)

출처: 통계청. 가계동향조사. 각년도.

득불평등을 기준으로 할 때 한국의 소득불평등도는 0.302로 조사 대
상 OECD 회원국 33개국 가운데 17위로 중간 수준이다. 칠레(0.465),
멕시코(0.459), 미국(0.396), 영국(0.358) 등 일반적으로 신자유주의적
경제정책을 채택하고 있는 국가들의 소득불평등이 높은 반면, 재분배
정책이 발달되어 있는 노르웨이(0.252), 덴마크(0.254), 핀란드(0.262)
등 북유럽 국가들의 소득불평등은 상대적으로 낮은 것으로 나타났다
(그림 9-4 참조).

지니계수를 기준으로 할 때, 한국의 경제적 불평등은 2000년대
중반 이후 다소나마 개선되는 양상을 보이고 있을 뿐 아니라, OECD
회원국 간 비교에서도 중간 수준을 기록하고 있다. 그러나 복지 수준
이 지난 5년 동안 소폭 개선되었음에도 행복도가 감소하는 역설적 현
상이 발생하고 있다. 지니계수의 개선에 나타나듯이 복지 수준이 2011
년 23위에서 2016년 21위로 상승하였음에도 삶의 만족도, 국가 투명
도, 자살률, 합계출산율, 여가, 기대수명에 기반하여 산출한 행복도는
0.348에서 0.133 대폭 감소하여, OECD 회원국 순위에서도 30위에서

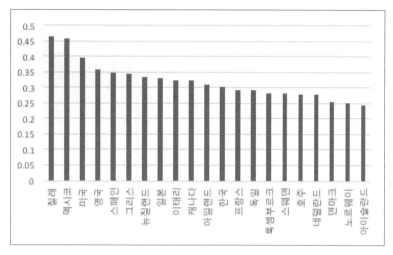

**그림 9-4.** OECD 회원국의 소득불평등 비교(2013년)
출처: OECD 홈페이지. https://data.oecd.org/inequality/income-inequality.htm

33위로 하락하는 현상이 발생하였다.[2] 행복도 지표 가운데 특히 자살률과 합계출산율은 최하위를 기록하였다(매일경제 2017.4.5). 이처럼 삶의 만족도 또는 행복감이 저하됨에 따라 사회통합의 어려움이 가중되고, 더 나아가 남북한 사회통합은 더욱 지난한 과제가 될 가능성이 있다.

또한 기준을 달리하면 한국의 경제적 불평등 수준 자체에 대해 다른 평가가 얼마든지 가능하다. 예를 들어, 소득/소비 상위 10%가 전체 소득/소비에서 차지하는 비중을 기준으로 할 때, 상위 10%의 비중이 1990년대 이후 증가하고 있다(그림 9-5 참조). 1990년에서 2013년 사

---

2    저출산 현상은 여성의 고용 불안과 양육 비용 등 경제적 불평등의 문제로 인식되기도 한다. 즉 저출산이 일과 양육을 양립시키는 것이 실질적으로 어려운 구조적 압력하에서 이루어진 선택이라고 본다(홍찬숙 2013). 한편, 저출산을 여성이 자기주도적 삶을 선택한 데 따른 개인화의 결과로 보는 견해도 있다(오윤석 2015).

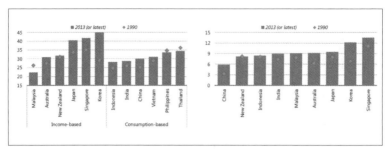

**그림 9-5.** 상위 10%의 소득/소비 비중

출처: Jain-Chandra et. al.(2016).

이 한국의 소득 상위 10%의 소득 점유율은 16% 포인트 증가했다. 한
국은 상위 10%가 전체 소득의 약 45%를 차지하고 있는데, 이는 아시
아 국가 가운데 가장 높은 수준이다. 이를 상위 1%의 소득 비중으로
좁혀 보더라도 한국은 아시아 국가 가운데 싱가포르(15%)에 이어 2위
를 기록하고 있다(Jain-Chandra et. al. 2016) 이처럼 한국의 소득불평
등이 빠르게 증가한 것은 고령화, 정규직과 비정규직 사이의 임금 격
차, 남성과 여성의 직업 불평등이 그 원인으로 분석된다(Jain-Chandra
et. al. 2016, 10).

한국에서 부를 축적하는 데 있어서 상속의 비중이 점차 증가하면
서 불평등이 구조화될 가능성이 높아지고 있다는 주장이 제기되고 있
다. 구체적으로 김낙년의 연구에 따르면, 한국인들이 부를 축적하는
데 상속이 차지하는 비중이 1970년대 37%에서 1980-90년대 27-29%
로 감소하였으나, 이후 빠르게 증가하여 2000년대 42%에 달하는 'U
자형'을 취한다는 것이다(김낙년 2015).

한국의 경제적 불평등은 정체성의 분화에도 부정적 영향을 미쳐
남북한 경제통합에 부정적 영향을 초래할 가능성이 높다. 한국 내에서
는 통일을 비용/손실 또는 기회/이익의 문제로 인식하는 경제적 사고

의 경향이 나타나고 있다는 점을 감안할 때, 한국 내 경제적 불평등의
확대는 통일 과정에서 발생하는 경제적 비용에 대한 우려를 현실화시
키는 요인으로 작용할 수 있다. 실제로 남북한 경제통합 또는 통일은
그 과정에서 북한으로부터 저렴한 노동력이 대량 유입될 가능성이 많
은데, 이는 한국 내 경제적 불평등을 더욱 확대하는 요인으로 작용할
수 있다. 이러한 결과는 남북한 주민 간 사회통합을 저해하는 갈등 요
인으로 대두될 수 있으며, 더 나아가 북한 주민에 대한 편견 등으로 인
해 갈등을 초래할 수도 있다.

또한 한국 내 경제적 불평등의 확대가 다른 사회적 요인과 결합될
때, 통일에 대한 정치적 동력을 확보하기 어려울 수 있다. 최근 청년
실업 등 젊은 세대가 직면하는 경제적 어려움이 가중되면서 이들 가운
데 상당수는 과다한 통일 비용, 그에 따른 경제적 부담의 증대 등에 대
해 우려하고 있으며, 특히 이들의 사회경제적 조건이 악화되고 있는
가운데 급작스럽게 이루어지는 통일은 그로 인한 사회적 갈등과 정치
적 불안정을 초래할 가능성이 매우 높다.

이와 관련, 한국 내에서는 노령화가 빠르게 진행됨에 따라 세대
간 불평등의 문제가 첨예해지고 있는데, 통일에 대한 시각의 차이는
세대 갈등을 더욱 악화시킬 가능성이 있다. 이는 사회적 연대의 기반
을 훼손하고, 더 나아가 민주주의의 근간을 위협하는 결과를 초래하기
도 한다. 반면, 중장기적 관점에서 통일을 기회 또는 이익으로 인식하
는 경우도 있는데, 경제성장의 동력을 유지 또는 증대하는 데 통일이
긍정적 기여를 할 것이라는 인식을 하기도 한다.

## 2. 남북한 경제적 불평등과 사회통합

한국과 북한의 경제적 격차는 지속적으로 확대되고 있다(통계청
2015). 2014년 한국의 명목 국민총소득(GNI)이 1,496조 6000억 원
인 데 비해, 북한의 국민총소득은 34조 2,360억 원에 불과하며, 남북
한 격차는 44:1에 달한다. 개인 수준의 격차 역시 매우 커서 한국의 1
인당 국민총소득이 2,968만 원인 데 반해, 북한의 1인당 국민총소득
은 139만 원으로, 그 차이가 21:1이다(그림 9-6 참조). 문제는 1999년
남북한 1인당 국민총소득의 차이가 1,223만 원 대 83.3만 원으로 약
14.6배에서 2014년 21배로 증가한 데서 나타나듯이, 이러한 격차가
앞으로 더욱 확대될 가능성이 높다는 데 있다.

불평등이 경제성장에 부정적 영향을 미친다는 연구 결과를 고려
할 때(Easterly 2007 ; Berg and Ostry 2011), 남북한 간 경제적 격차
는 경제통합의 효과를 반감시킬 수 있다.[3] 더 나아가 남북한 간 과도
한 경제적 격차는 통일 한국의 경제성장 잠재력을 훼손하여 궁극적으
로 남북 사회통합을 저해하는 중요한 요인이 될 수 있다. 경제성장을
위해 필요한 개혁 조치들을 수행하는 데 필요한 정치적 지지를 확보
하는 데 어려움을 초래하며, 정치적 불안정을 증대시키는 원인이 될
수 있다. 이러한 문제는 남북한 간에도 나타날 수 있는데, 남북한의 과
도한 격차는 성장 잠재력을 저해하는 요인이 될 수 있다. 최근 브렉시
트(Brexit)의 사례에서 나타나듯이, 상대적 불평등의 확대는 소외감
을 증가시켜 남북한 경제통합, 더 나아가 세계화에 대한 정치적 저항
(political backlash)이 커질 가능성이 있다(GBS 2012). 한국은 세계경

---

3   성한경(2014)은 기존 연구가 남북한 간 경제통합의 효과를 낙관적 시나리오에 기반하
     여 예측하고 있기 때문에, 통일의 경제적 효과는 예상보다 적을 수 있다고 경고한다.

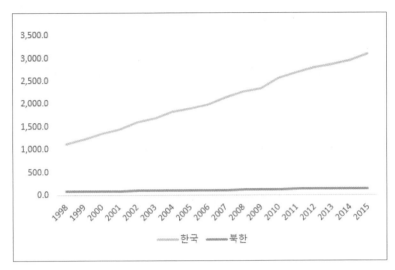

**그림 9-6.** 남북한 경제 격차 변화 추이(1인당 GNI)

출처: 통계청 홈페이지. http://kosis.kr/statHtml/statHtml.do?orgId=101&tblId=DT_1ZGA31&conn_path=I3

제와의 통합을 기반으로 경제발전을 달성해왔으나, 점차 세계화에 대한 피해 집단의 반발이 커지고 있다. 이러한 상황에서 남북한 간 경제통합이 진행될 경우, 이에 대한 반발이 강화될 가능성이 높으며, 그에 따른 국내정치적 혼란이 가속화시킬 위험이 크다. 더 나아가 이 문제는 경제 질서의 근간인 자본주의 자체를 위협하는 요인으로 대두될 가능성이 있다.

통일 이후 사회통합을 비교적 성공적으로 달성한 것으로 평가되는 독일에서도 구 서독 주민과 구 동독 주민 사이의 잠재적 갈등의 문제에 직면한 바 있다. '마음의 벽(Mauer im Kopf)'이나 '한 국가 내 두 사회(zwei Gesellschaften in einem Staat)'가 통일 이후 독일이 맞닥뜨렸던 사회통합이 해결하기 쉽지 않은 난제임을 보여주는 대표적인 사례이다. 특히 구 동독 지역 주민들은 통일 이후 시장경제와 민주주의에 대한 가치관의 혼란을 드러낸 것으로 알려져 있다. 구체적으로 이들은 시장경제와 민주주의 자체에 대해서는 수용하는 자세를 보였으나, 구 동독 체제하에서 오랜 기간 실천해왔던 평등에 보다 높은 우선순위를 부여한 것으로 나타났다(박종철 외 2004). 평등이라는 가치에 높은 우선순위를 부여했던 사람들이 통일 이후 직면하게 될 경제적 불평등의 문제는 사회 적응에 어려움을 가중시킬 뿐 아니라 사회적 갈등을 불러일으키는 요인이 될 수 있다.

　불평등은 사회적 차원에서도 불확실성을 증대시키는 새로운 안보위협으로 대두될 가능성이 있다. 남북한 간 불평등의 증가는 대규모 인구이동을 초래할 가능성이 높은데, 이 과정에서 한국의 정치적·사회적 불확실성을 급격하게 증대시키는 새로운 안보 위협으로 대두될 가능성이 있다. 남북한 간 경제적 불평등은 효과적으로 관리하지 못할 경우, 통일 이후(또는 남북한 간 교류가 실질적으로 진전될 경우) 민족 분쟁이 발생할 가능성이 있다는 점에서 신흥안보와 밀접한 관련이 있다.

　테드 거(Ted Gurr)의 상대적 박탈이론(relative deprivation theory)에 따르면, 집단의 경제 및 생활 조건에 대한 기대와 실제 상황 사이에 차이가 클수록 분쟁의 가능성이 높아진다. 이러한 설명에 따르면, 통일 이후 북한 주민의 기대 수준이 높아지는 데 반해, 상대적 불평등이 개선되지 않을 경우 심각한 사회 혼란과 갈등으로 이어질 가능성이 있다(Gurr 1970). 남북한 주민 간 불평등은 분쟁의 가능성을 높이게 된다. 빈부의 격차가 클 경우, 경제적 하위층이 그들의 경제적 지위를 높이기 위해 집합행동에 나서게 되며, 이 과정에서 폭력이 수반될 수 있는데, 상대적 불평등을 효과적으로 관리해야 하는 이유는 여기에 있다(Collier et al. 2009; Sambanis 2004).

　남북한 주민들 사이의 집단 간 정체성의 차이에 따른 문화적 불평등이 경제적 · 정치적 불평등과 결합될 경우, 폭력을 수반한 저항이나 투쟁이 초래될 가능성이 더욱 높아진다. 이것이 시사하는 바는 경제적 불평등이 정체성의 차이와 결합될 경우, 그 영향력이 증폭될 수 있다는 점이다. 남북한 사이에는 이미 민족적 · 문화적 정체성이 상당히 빠른 속도로 분화되고 있다. 특히, 한국의 경우, 대외적 차원에서 세계화에 적극적으로 참여하여 세계시민적 정체성을 갖거나, 국내적으로 이주 노동자 등 다민족화/다문화화가 증대되고 있는 관계로 민족적 정체성에 기반한 통일의 필요성에 대한 인식은 점차 약화되고 있는 추세이다.

보건과 교육 부문에 대한 투자 감소로 이어질 수 있고, 경제성장을 위해 필요한 개혁 조치들을 수행하는 데 필요한 정치적 지지를 확보하는 데 어려움을 초래하며, 정치적 불안정을 증대시키는 원인이 될 수 있다. 이는 결국 포괄적 성장의 기반을 저해하고, 궁극적으로 기회의 불평등까지 초래할 가능성이 있다. 소득불평등의 확대가 성장 속도와 지속가능성에 부정적 영향을 미칠 뿐 아니라, 특히 보건과 교육에 대한 투자를 위축시킨다는 점에서 경제적 불평등이 사회적 불평등으로 연결될 가능성이 높아지고 있다. 문제는 보건과 교육에 대한 투자가 장기적 관점에서 볼 때, 성장 잠재력을 제고하는 주요 요인이라는 점에서 더욱 심각하다. 경제적 불평등이 기회의 불평등을 초래할 가능성이 높기 때문이다(Jain-Chandra et. al. 2016).

남북한 간 격차의 확대는 경제성장을 향상시키는 데 필요한 개혁 조치를 위한 정치적 지지를 획득하는 데 어려움을 가중시킬 수 있다. 이 과정에서 남한과 북한 주민들 사이에 정치적 · 사회적 갈등이 고조될 가능성이 매우 높으며, 정치적 불안정이 가속화될 수 있다. 즉, 남북한 간의 양극화는 포괄적 성장을 실행하기 어렵게 하는 요인이 된다(Jain-Chandra et. al. 2016).

## IV. 경제적 불평등·사회통합·정체성 안보의 전화 과정

### 1. 사회적 이동성의 제한

경제적 불평등은 자체로도 사회통합을 저해할 수 있지만, 다른 요인들과 결합될 때 사회통합에 미치는 부정적 영향이 더욱 증폭된다. 경제적 불평등이 다른 요인들과 결합하여 사회통합을 저해하는 경로는 다음과 같다. 첫째, 경제적 불평등이 사회적 이동성을 제한한다는 점에서 사회통합에 부정적인 영향을 초래한다. 실제로 소득불평등의 악화는 사회통합과 관련 다양한 격차 또는 차별을 초래하는 경향이 있다.[4] 주요 선진국들의 사례를 살펴보면, 소득불평등이 상대적으로 작은 노르웨이, 스웨덴, 핀란드, 덴마크 등 북유럽 국가들에서 사회적 이동성이 높은 반면, 소득불평등이 가장 큰 미국과 영국의 사회적 이동성이 낮은 것으로 나타난다.[5] 이러한 기준에 따르면, 미국은 더 이상 기회의 땅이 아닐 수도 있다. 사회적 이동성이 구조적으로 제한된다는 것은 사회 계층을 고착화시켜 집단 간 격차와 정체성의 차이를 더욱 확대시키고, 궁극적으로는 사회통합을 저해하는 결과를 초래한다.

한국의 경우, 1990년대 한국의 사회적 이동성은 일정 수준 유지되고 있는 것으로 보인다(장상수 1998). 한편, 사회적 이동성을 보다 구체적으로 검토하면, 상대적 이동성은 특정한 방향성을 띠지 않으나, 절대적 이동성은 감소하는 경향을 나타내고 있다(계봉오·황선재 2016). 사회 이동 가능성에 대한 인식은 상대적 이동성보다는 절대적 이동성의 영향을 더 크게 받는 경향이 있기 때문에, 절대적 이동성의

---

4    Global Issues Homepage. http://www.equalitytrust.org.uk
5    Global Issues Homepage. http://www.equalitytrust.org.uk

감소는 구조적 불평등의 문제로 전환될 가능성이 높다.

북한 역시 경제적 또는 비경제적 보상이 계층별로 차별화되는 계층사회라는 점을 감안할 때, 북한 내 사회적 갈등의 잠재적 가능성 역시 상당하다고 볼 수 있다. 특히 북한의 계층화된 사회구조는 남북한 통합이 진전되는 과정에서 사회통합의 문제를 초래하는 하나의 원인이 될 수 있다(전우택 외 2014).

## 2. 분쟁과 분리 운동의 증가

경제적 불평등이 사회통합을 저해하는 또 하나의 경로는 갈등의 격화로 인해 발생하는 분쟁의 증가이다. 실제로 소득불평등과 살상 사이에는 상관관계가 있는 것으로 나타난다. 소득불평등이 낮은 일본, 노르웨이, 덴마크, 벨기에 등에서 살상률이 낮은 반면, 소득불평등이 높은 포르투갈, 이스라엘, 이탈리아 등에서 살상률이 높은 것으로 나타난다. 특히 소득불평등이 높은 국가 중에서도 미국의 살상률은 예외적으로 높게 나타나고 있다. 집단 간 문화적 불평등이 경제적 · 정치적 불평등과 결합될 경우, 폭력을 수반한 저항이나 투쟁이 초래될 가능성이 더욱 높아진다는 것이다. 내전을 위해 사람들을 동원하기 위해서는 상대적 빈곤을 겪는 사람들이 조직화될 수 있는 쟁점들이 필요하기 때문이다. 불평등이 상대적으로 빈곤한 집단에 대한 의식적이고 체계적인 차별의 결과로 해석될 수 있을 때 이를 시정하려는 집합행동의 가능성이 더욱 높아진다는 것이다.

경제적 불평등으로 인해 시민 간 갈등이 증폭되어 살상이 증가할 경우, 집단 간 갈등 또는 분쟁으로 연결될 가능성이 있다. 2005년 기준 냉전 이후 발생한 분쟁 가운데 민족 분쟁이 약 60%를 차지하고 있다(Stewart 2011, 6).

한편, 경제적 불평등으로 인한 사회적 갈등이 장기화될 경우 분리 독립 요구가 강해질 수 있다. 영국 스코틀랜드, 벨기에 플랑드르, 스페인 바스크·카탈루냐, 캐나다 퀘벡, 이탈리아 남티롤·베네치아 등에서 분리 독립 움직임이 커지고 있는 데는 집단 간 경제적 불평등이 사회적 불평등과 연계되어 문제를 증폭시키기 때문이다. 영국의 스코틀랜드 분리 독립 요구는 사회통합의 대표적인 실패 사례에 해당한다. 스코틀랜드는 영국 국토의 1/3, 경제력의 약 10%를 차지하는 지역으로 오랜 민족주의적 갈등과 경제적 이유 때문에 2014년 9월 분리 독립을 요구하는 국민투표까지 실시한 바 있다. 비록 독립은 무산되었지만 분리 독립을 찬성한 사람들의 비율이 44%에 달할 만큼 스코틀랜드 지역의 분리 독립 요구는 거셌다. 영국은 스코틀랜드 주민들의 경제적 불만에 효과적으로 대처하지 못했고 그 결과 분리 독립 움직임이 강화된 것이다. 스코틀랜드는 2016년 6월 브렉시트가 국민투표를 통해 결정됨에 따라, 또 다시 분리 독립을 추진할 가능성이 높아지고 있다. 이러한 움직임은 영국의 사회통합은 물론, 국가의 안정성과 안보를 위협하는 요인이 될 수 있다.

반면, 독일은 경제적 격차와 사회적 불평등의 연결 고리를 비교적 성공적으로 차단한 사례에 해당한다. 통일 이후 구 서독인과 구 동독인들 사이에 경제적 격차가 있었음은 물론이고, 서로에 대한 편견과 그에 따른 독자적인 정체성을 갖고 있었다. 독일연방정부가 발간하는 『독일통일 현황 연례 보고서(*Jahresbericht der Bundesregierung zum Stand der Deutschen Einheit*)』에 따르면, 통일 직후 구 동독의 GDP는 구 서독의 71%에 불과하였다. 구 동독의 노동생산성 역시 구 서독의 74% 수준에 불과하였다. 이러한 경제적 격차로 인해 양 지역 주민들 사이에는 차별화된 정체성과 상대에 대한 편견이 증가할 수밖에 없었다. 이러한 문제는 통일된 독일의 사회통합에 커다란 장애 요인으로 대두되었다. 그러나 통일 이후 구 동독 지역의 경제성장률이 빠르게 증가하면서 점진적으로 문제가 해소되기 시작하였다. 구 동독 지역과 구 서독 지역의 실업률 격차가 4% 수준까지 감소함에 따라, 구 동독 지역 주민들의 생활 만족도가 구 서독 지역 주민의 생활 만족도에 근접하는 수준까지 증가하였다. 그 결과 독일은 통일 이후 분리 독립의 거센 요구에 직면하지 않고 사회통합을 안정적으로 유지할 수 있게 되었다(황지환 2016).

한국의 경우에도 사회 갈등으로 인해 발생하는 비용이 상당한 것으로 보고되고 있다. 한국의 사회 갈등 수준은 2010년 기준 OECD 회원국 가운데 2위를 기록하였으며, 그로 인한 소요되는 사회적 비용이 연간 GDP의 약 27%(약 300조 원)에 달하는 것으로 나타났다(박준 외 2009). 사회적 갈등 가운데 특히 계층 갈등이 87.5%로 가장 높은 수준인 것으로 나타나고 있다는 점을 감안할 때(이건 2013), 경제적 불평등이 사회통합을 저해하는 요인으로 작용하고 있는 것으로 판단된다.

## 3. 민주주의에 대한 위협

민주주의의 퇴행 가능성이 높아지고 있다는 우려가 제기되고 있다. 경제통합을 진전시켜 나가는 과정에서 일반 대중들의 저항이 커진 데서 나타나듯이, 유럽 국가들이 새로운 다문화 국가의 정체성을 만들어 나가는 데 상당한 어려움을 겪고 있다는 것은 잘 알려진 사실이다(Taub 2016). 그동안 전통적인 시각은 민주주의의 내구성에 대한 신뢰에 기반한 것이었다. 민주주의가 일단 달성되면 점진적인 공고화의 과정을 거쳐 안정적인 민주주의로 발전해 나간다는 믿음이 그것이다. 이러한 믿음은 이론으로서뿐 아니라, 경험적으로 뒷받침되는 것으로 보였다. 1970년대 이후 비교적 최근까지 남미, 동아시아, 동유럽 등 다양한 지역에서 권위주의적 지배에서 민주주의로 이행이 이루어진 후, 민주주의의 지속적 성장이 진행되었기 때문이다.

　그러나 뭉크와 포아(Mounk and Foa 2016)는 민주주의의 내구성이 일반인들이 생각하는 것처럼 강하지 않으며, 경고등이 커졌다고 주장한다. 그동안 대다수 연구들은 주로 정부의 위기에 주목하는 대신 민주주의 자체의 위기에 대해서는 상대적으로 커다란 관심을 보이지 않았다. 그러나 최근 일반 대중들이 특정 정부에 대한 불만뿐 아니라, 민주주의에 대해 갖는 불만의 수준이 상당히 높아지고 있다는 것이다. 2005년 이후 프리덤하우스(Freedom House) 지수 가운데 자유(freedom)가 감소하는 현상이 나타난다. 뭉크와 포아는 이러한 현상을 분석하기 위해 세 가지 설문을 진행하였다. (1) 자신의 국가가 민주주의를 유지하는 것이 얼마나 중요한지, (2) 군정과 같은 비민주적 정부 형태에 대한 대중의 개방성(public openness), (3) 기존 체제가 정당하지 않다는 점을 핵심 메시지로 하는 반체제 정당과 운동에 대한 지지가 증가하고 있는지 등이다. 위의 세 지표 가운데 두 개 척도가 증가할 경우, 민주주의의 공고화에 문제가 발생한 것으로 간주할 수 있다는 것이다. 이러한 지표에 따르면, 베네수엘라와 폴란드 등 신생 민주주의 국가들뿐 아니라 영국, 미국, 네덜란드, 스웨덴, 호주, 뉴질랜드와 같은 성숙한 민주주의 국가들에서도 민주주의의 위기가 현실화되고 있는 것으로 보인다.

　선진 민주주의 국가의 경우, 민주주의의 유지가 본질적(essential)이라고 생각하는 사람들의 비율이 감소하고 있으며, 젊은 세대에서 이

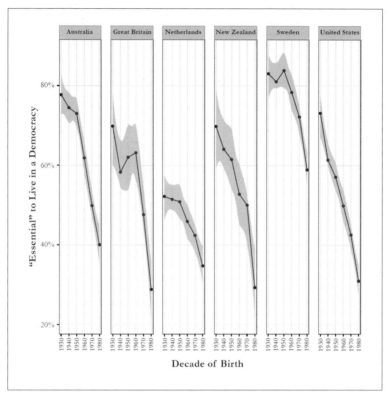

**그림 9-7.** 민주주의의 유지가 본질적이라고 생각하는 사람들의 세대별 차이

출처: Mounk and Foa(2016).

러한 현상이 특히 두드러진다. 〈그림 9-7〉에 나타나듯이, 민주주의를 유지하는 것이 본질적이라고 생각하는 사람들의 비율이 유럽과 미국에서 세대별로 상당한 차이를 보인다. 1930년대 미국에서 태어난 세대는 70%를 훨씬 상회하는 비율이 민주주의의 유지가 매우 중요하다고 생각하는 반면, 1980년대 태어난 세대 가운데 이 비율은 30%대로 감소하였다. 이러한 세대별 차이는 국가별로 다소 차이가 있기는 하나, 기본적으로 선진 민주주의 국가에서 공통적으로 발견되는 현상이다.

민주주의가 아닌 권위주의 정치에 대한 지지도 증가하고 있다.

예를 들어, 군정이 '좋다'거나 '매우 좋다'고 응답한 미국인의 비율이 1995년 16명 가운데 1명에서 2014년 6명 가운데 1명으로 증가했다. 역시 젊은 세대에서 이러한 경향이 더욱 강하게 나타난다. 노인 세대 가운데 43%가 '정부가 역할을 제대로 수행하지 못하더라도 군부가 정권을 장악하는 것이 정당하지 못하다'고 생각하는 반면, 젊은 세대 가운데 19%만이 정당하지 못하다고 생각하는 것으로 나타났다. 유럽에서도 유사한 세대 차이가 나타난다. 같은 질문에 대해 노인 세대 가운데 53%가 정당하지 못하고 생각한 반면, 젊은 세대에서는 36%만이 정당하지 못하다고 응답하였다(Mounk and Foa 2016). 이러한 변화는 자유민주주의의 위기를 초래할 수 있다는 경고를 보내는 것이라고 할 수 있다.[6]

## V. 결론

지금까지의 논의를 정리하면 다음과 같다. 첫째, 양질전화의 단계에서는 경제적 불평등이 확대되는 가운데 사회적 불평등이 함께 증가하는 등 불평등의 문제가 구조화되는 과정을 거치게 된다. 이러한 현상의 대두는 결국 국내적 차원에서 정체성의 분화를 초래하여 사회적으로는 국민통합을 저해하고, 정치적 차원에서는 양극화를 촉진하게 된다. 더욱이 최근 브렉시트와 트럼프 대통령의 당선과 같은 X-이벤트는 이

---

6  한편, 미국에서 도널드 트럼프(Donald Trump) 후보가 당선된 것이나, 프랑스에서 국민전선(National Front), 그리스의 시리자(Syriza), 이탈리아의 오성운동(Five-Star Movement)에 대한 지지가 증가하는 현상은 반체제적 정당 또는 운동의 대두로 해석된다.

러한 현상의 속도를 획기적으로 높이는 촉매제로서 작용한다.

경제적 불평등은 지구적 차원에서도 양질전화의 단계를 거친다. 경제적 불평등의 증가는 잘 알려져 있다시피 세계화와 자유무역에 기반한 경제통합 전반에 대한 정치적 저항을 증대시킨다. 이는 궁극적으로 기존 세계경제질서에 대한 위협이 될 뿐 아니라, 궁극적으로 지구적 차원의 안보 불확실성을 확대하는 요인으로 작용한다. 문제는 지구적 차원과 국내적 차원에서 동시에 진행되는 경제적 불평등의 증가가 한국 또는 남북한 사회통합에 미치는 영향을 증폭시킬 있다는 점이다. 예를 들어, 지구적 차원의 불평등 증가가 서구 국가들의 보호무역정책을 촉발하고, 이는 다시 역내 생산, 역외 소비 구조를 갖고 있는 동아시아 지역의 지역경제질서에 부정적 영향을 미친다. 이러한 변화는 다시 한국의 불평등과 결합되어 세계화와 자유무역에 대한 반발을 확대할 가능성이 높아진다. 경제의 대외의존도가 높은 한국의 입장에서 이러한 상황의 전개는 선제적 준비가 없이는 대응하기 매우 어려운 현실이 될 가능성이 높다. 더욱이 이러한 현상은 남북한 간 경제통합과 사회통합에 대한 반감을 확대 재생산하는 단계로 전화될 가능성으로 이어진다.

둘째, 이슈연계 단계에서는 경제적 불평등이라는 이슈의 연결 중심성이 높아진다. 즉, 경제적 불평등이 인구, 난민, 민족 분규, 지속가능한 발전, 환경과 같은 다른 이슈의 기저 요인으로 작용함에 따라 경제적 불평등이 신흥안보와 관련된 많은 쟁점들과 연결되는 과정을 거친다. 이는 역으로 경제적 불평등으로 인해 초래된 세계화와 자유무역에 대한 반발을 확대시키고, 보호무역과 같은 내부 지향적 정책에 대한 수요가 증가하는 일종의 피드백이 발생한다.

셋째, 복합지정학의 단계는 지구적 차원의 경제적 불평등이 지정

**표 9-1.** 사회환경과 신흥안보

| 창발위협 | | 1단계: 양질전화 | 2단계: 이슈연계 | 3단계: 지정학 연계 | | |
|---|---|---|---|---|---|---|
| | | | | 한반도 | 동북아 | 글로벌 |
| 사회환경 | 국내적 불평등 | 빈부 격차의 증가, 중산층의 몰락→(구조화) 사회적 불평등 증가→정체성의 분화→정치적 양극화, 사회통합의 문제→사회안보 위협 | 경제적 평등이라는 이슈의 연결중심성이 높아짐 인구, 난민, 민족 분규, 지속가능한 발전, 환경 등 다른 신흥안보 이슈의 기저 요인 | 남북 간 경제통합에 대한 저항 증가 양극화가 외교적 고립주의, 국가(남북한) 간 갈등의 고조에 영향 사회 안보화 | 지역 통합 및 협력에 대한 저항 증가 지역 불안정의 증가 전통안보 갈등의 표면화 | 경제통합에 대한 저항 증가 기존 세계질서에 대한 도전 지경학의 중요성 증대 영토로서의 장소(place as territory) 강조 지구적 차원의 안보 불안 |

학과 연계되는 과정이다. 이 단계에서는 경제적 불평등이라는 경제적 쟁점이 지정학 쟁점으로 변화되는데, 우선 한반도 차원에서는 한국 내 또는 남북한 간 경제적·사회적 갈등이 고조됨에 따라 안보문제로 변화되는 사회안보화의 과정을 거치게 된다. 한국은 국내적 차원에서 경제적 불평등이 확대됨에 따라 사회통합에 어려움이 증가되고, 이는 궁극적으로 남북한 간 갈등을 확대하고 대외적으로는 내부 지향적 외교정책 또는 더 나아가 고립주의적 외교정책을 채택하도록 하는 압력이 증가하게 된다. 동북아 차원에서는 지역통합에 대한 저항이 증가함에 따라 역내 불안정성이 증가하고, 아직 해결되지 않은 전통안보 문제들이 표면화 또는 격화되는 현상이 전개된다. 지구적 차원에서는 세계 주요국들이 경제통합의 속도를 낮추고 내부지향적 정책을 채택함에 따라 기존 세계경제질서에 대한 도전이 증가하게 된다. 한편, 주요국들은 경제적 수단을 활용하여 자국의 국익을 증진시키려고 시도하는 등 지경학의 중요성이 부각된다. 이 과정에서 지정학적 고려가

강화됨에 따라 전반적으로 안보 불안이 증대되는 결과가 초래될 것으로 보인다.

21세기 급격하게 진행된 경제적 불평등의 심화와 확대는 새로운 안보 위협으로 등장하기 시작했다. 국내적 차원에서 경제적 불평등은 특히 다른 사회적 또는 문화적 불평등과 결합될 때, 사회 갈등을 초래하고 사회통합을 저해하는 요인으로 작용한다. 경제적 불평등은 남북의 사회통합 과정에서 핵심 문제로 대두될 가능성을 내포하고 있을 뿐 아니라, 대외 환경의 변화와 맞물려 사회안보의 문제로 확대 재생산될 잠재력을 갖고 있다.

남북한 간에도 경제적 · 사회적 불평등과 정체성의 분화가 동시 진행됨에 따라, 사회통합이 난제가 될 가능성이 높은 상황이다. 이러한 가능성이 현실화되는 것을 선제적으로 예방하기 위해서는 불평등이 경제적, 사회적, 정치적 차원에서 다양하게 결합되어 서로 상승작용을 하지 않도록 차단하려는 노력이 필요하다. 불평등이 경제적, 사회적, 정치적 문제를 동시에 관통하는 쟁점이기 때문이다. 정책의 효과를 제고하기 위해서는 자원과 서비스에 대한 공평한 접근을 가능하게 하는 일련의 정책들이 필요하다.

일부분의 변화를 통해 문제 해결을 모색하기보다는 불평등을 초래하는 제반 요인들의 동시적이고 전면적인 변화를 추구하는 접근이 필요하다. 불평등을 완화시키기 위한 정책들이 보다 거시적 차원의 정치적, 사회적, 경제적 제도의 차원에서 추진되어야 하는 것은 이 때문이다. 불평등을 해소하는 가장 효과적인 대응책은 사회적 이동성(social mobility)을 제고하는 것이라는 점을 감안하여, 이를 위한 정책적 또는 제도적 대응을 위한 노력을 전개할 필요가 있다. 사회적 이동성의 증가와 불평등의 감소 사이에 상당히 강한 상관관계가 발견되므로,

이에 근거한 정책적 대응의 제도적 기반을 마련할 필요가 있다.

교육과 보건의 제공이 불평등한 소득과 취업 기회를 제공하는 것보다 더 중요하다는 점을 시사한다. 교육에서 배제되는 것은 특정 집단에 대한 체계적 차별의 결과일 가능성이 높은 반면, 취업 기회의 차이는 단순히 특정 지역의 경제적 활력이 다른 지역에 비해 약한 데 따른 결과일 수 있기 때문이다. 이러한 설명이 일차적으로는 상당한 설득력을 갖고 있는 것은 사실이나, 그럼에도 불평등이 분쟁을 초래하는 메커니즘이 명확하게 규명된 것은 아니다. 불평등이 언제 분쟁으로 연결되는가와 같은 핵심적인 질문에 대한 설명이 여전히 취약하기 때문이다.

또한 4차 산업혁명의 진행으로 인해 통일 이후 남북한 주민 간 불평등이 더욱 확대될 수 있기 때문에, 이러한 변화에 선제적으로 대응하기 위한 준비를 할 필요가 있다. 한국 내에서 이미 '고용 없는 성장'이 일반화되고 있다는 점을 감안할 때, 남북한 주민 간 불평등이 확대될 가능성이 높으며, 인공지능 등 기술 패러다임의 변화는 이러한 추세를 더욱 가속화시킬 것으로 보인다. 이러한 기술 변동이 초래할 사회적 부작용에 대한 체계적인 전망을 기초로 공유경제 등 대안적 모델에 대한 본격적인 고민이 필요하다. 특히 남북한 간 소득불평등의 악화는 보건과 교육 부문에 대한 투자 감소로 이어져 지속가능한 발전을 저해할 가능성이 높다. 더욱이 불평등이 기회의 불평등을 초래할 경우, 남북한 간 사회통합에 매우 부정적 영향을 미치게 된다.

# 참고문헌

계봉오·황선재. 2016. "한국의 세대간 사회이동: 출생 코호트 및 성별 비교."『한국인구학』
　　39(3), pp. 1-28.
김낙년. 2015. "한국에서의 부와 상속, 1970-2013." 낙성대경제연구소 워킹페이퍼 2015-07.
대외경제정책연구원. 2014.『통일편익비용 분석과 남북한 경제통합 방안』. 2014
　　중장기통상전략연구시리즈. 대외경제정책연구원.
박종철 외. 2004.『통일 이후 갈등해소를 위한 국민통합 방안』. 통일연구원 연구총서.
　　통일연구원.
박준 외. 2009. "한국의 사회갈등과 경제적 비용." 삼성경제연구소『CEO Information』710호
박형중. 1997. "남북한의 사회격차와 사회통합."『통일연구원 학술회의 총서 12』통일연구원,
　　pp. 128-156.
성한경. 2014. "남북한 경제통합의 효과." 대외경제정책연구원.『통일편익비용 분석과 남북한
　　경제통합 방안』. 2014 중장기통상전략연구시리즈. 대외경제정책연구원, pp. 54-67.
오유석. 2015. "저출산과 개인화: '출산파업론' vs '출산선택론'."『동향과 전망』, pp. 45-92.
윤상오. 2007. "남북한 정보격차에 관한 연구."『한국지역정보화학회지』10(4), pp. 135-164.
이건. 2013.『사회통합 구현을 위한 공정성·사회갈등 실태조사 기초분석 및 시사점』2013-
　　09. 한국행정연구원.
이상근. 2011. "남북한 지역간 갈등 최소화와 공영을 지향하는 통일비용 지출."『통일연구』
　　15(2), pp. 6-35.
이향규. 2003. "통일 후 교육제도 통합과 사회적 삼투현상: 독일과 한국."『통일문제연구』
　　15(2), pp. 273-293.
장상수. 1998. "한국사회의 계급이동."『한국사회학』32, pp. 367-393.
전우택 외. 2014.『평화통일에 대한 국민공감대 형성연구』. 연세대학교 산학협력단.
황지환. 2016. "사회통합과 신흥안보." 김상배 엮음.『신흥안보의 미래전략: 비전통 안보론을
　　넘어서』. 사회평론아카데미.
홍찬숙. 2013. "'저출산'과 한국 모성의 젠더정치."『한국여성학』21(3), pp. 99-132.

Berg, Andrew G. and Jonathan D. Ostry. 2011. Inequality and Unsustainable Growth:
　　Two Sides of the Same Coin? IMF Staff Discussion Note, SDN/11/08.
Bourguignon, Francois. 2015. *The Globalization of Inequality*. Princeton University
　　Press.
Cederman, Erik. 2010. "Why Do Ethnic Group Rebel? New Data and Analysis." *World
　　Politics* 62(1), pp. 87-119.
Collier, Paul, Anke Hoeffler, and Dominic Rohner. 2009. "Beyond Greed and Grievance:
　　Feasibility and Civil War." *Oxford Economic Papers* 61(1), pp. 1-27.
Easterly, William. 2011. "Inequality does cause underdevelopment: Insights from a new

instrument." *Journal of Development Economics* 84(2): 755-776.

Gurr, Ted Robert. 1970. *Why Men Rebel*. Routledge.

"Inequality is the biggest threat to world and needs to be tackled now." 2013. *The Guardian*. 2/20.

Mounk, Yascha and Roberto Stefan Foa. 2016. Forthcoming. "The Signs of Democratic Deconsolidation." *Journal of Democracy*.

Hickel, Jason. 2016. "Global inequality may be much worse than we think." *The Guardian*. April 8.

Jain-Chandra, Sonali, Tidiane Kinda, Kalpana Kochhar, Shi Piao, and Johanna Schauer. 2016. "Sharing the Growth Dividend: Analysis of Inequality in Asia." IMF Working Paper WP/16/48.

Keeley, Brian. 2015. *Income Inequality: The Gap between Rich and Poor*. OECD Insights. OECD Publishing.

Milanovic, Branko. *Global Inequality: A New Approach for the Age of Globalization*. The Belknap Press of Harvard University Press.

OECD. 2011. *Divided We Stand: Why Inequality Keeps Rising*. OECD.

_____. 2012. *OECD Employment Outlook 2012*. OECD.

_____. 2014. Focus on Top Incomes and Taxation in OECD Countries: Was the crisis a game changer?

_____. 2015. *In It Together: Why Less Inequality Benefits All*. OECD.

Østby, Gudrun. 2008. "Polarization, horizontal inequalities and violent civil conflict." *Journal of Peace Research* 45(2), pp. 143-162.

Sambanis, Nicholas. 2004. "What Is Civil War? Conceptual and Empirical Complexities of an Operational Definition." *Journal of Conflict Resolution* 48(6): 814-858.

Stewart, Frances. 2001. "Horizontal Inequalities: A Neglected Dimension of Development." QEH Working Paper Series. Working Paper No. 1.

_____. 2011. Horizontal Inequalities as a Cause of Conflict: A Review of CRISE Finding. World Development Report 2011. Background Paper.

Taub, Amanda. 2016. "How Stable Are Democracies? 'Warning Signs Are Flashing Red'." *New York Times*. November 29.

World Economic Forum. 2015. *Outlook on the Global Agenda*.

제10장

환경의 복합지정학과 한반도

신범식

## I. 문제제기

자연환경과 관련된 재해는 인간의 역사에 커다란 영향을 미쳐온 중요한 도전 요인이었다. 과학기술의 발전은 인간으로 하여금 이 같은 자연으로부터의 도전을 이겨낼 수 있을 것이라는 자신감을 가지게 해주었다. 하지만 이런 인간의 자신감을 재고하게 만드는 중대한 도전이 도래하고 있다. 자연환경의 변화에 따라 촉발되는 대표적인 도전은 심화되고 있는 기후변화 자체로부터 발생하게 될 것으로 예측되고 있다. 기온 상승에 따른 기후대의 변화, 강수 패턴의 변동, 주요 식량 생산의 패턴 변동과 불안정성의 증대 등은 중대한 직접적 도전이 될 것이다. 하지만 더욱 우려되는 부분은 기후변화가 야기하는 변동이 다른 이슈의 위기적 성격과 결합되면서 다양한 유형의 지정학적 도전으로 전화되어갈 가능성이 있다는 점이다.

세계경제포럼(WEF, World Economic Forum)의 위험성 분석 리포트(Global Risks Perception Survey)에서 지적된 바와 같이 다양한 위험요소들 가운데 자연환경과 관련된 요인들의 위험성은 전반적으로 증대되는 추세를 보이고 있다. 그 중 이들이 자연환경 관련 요소 및 비자연환경적 요소들의 위험과 결부될 경우, 그 효과와 결과에 대해서는 예측을 불허할 위기를 초래할 수 있다는 경고 또한 나타난다. 따라서 위험의 시너지효과 및 그에 따른 지정학적 대응의 촉발(혹은 창발) 과정을 예상하고 대비하는 일이 중요해지는 추세이다.

위의 사안을 고려할 때, 복합지정학의 관점은 더욱 중요한 가치를 지닌다. 복합지정학(complex geopolitics)의 관점은 군사안보 이외의 다양한 안보적 요인들이 결합되어 나타나는 지정학적 동학에 주목하는 시각을 취한다. 특히 복합지정학은 신흥안보 이슈가 국가안보에

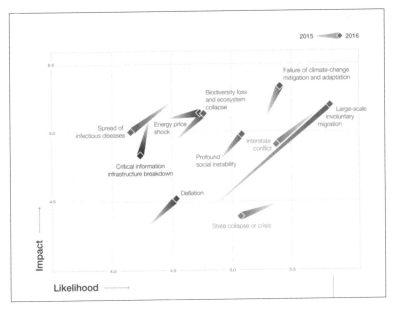

**그림 10-1.** 지구적 위험성 인식 변동(2015~2016)
출처: 세계경제포럼(WEF) Global Risks Perception Survey에서 발췌[1]

영향을 미치는 추동 요인으로 작용하는지에 대해 중점을 둔다(이신화 2017). 따라서 이러한 관점을 바탕으로, 한반도에서 벌어지고 있는 자연환경의 변화와 그에 따른 도전에 대한 복합지정학적 결과에 대한 연구는 그 필요성이 더욱 커지고 있다. 즉 군사안보 이외의 다양한 안보적 요인들이 결합되어 나타나는 지정학적 동학에 주목하는 복합지정학의 관점에서 한반도에서 벌어지고 있는 자연환경의 변화와 도전이 미칠 영향과 그 복합지정학적 결과에 대한 연구는 전통적 안보 갈등의 위험성이 고조되고 있는 한반도 상황에서 매우 중요하다. 왜냐하면 이같은 비전통적 안보 요인이 전통적 안보와 결합되면서 예상치 못한 결

1    웹사이트 http://reports.weforum.org/global-risks-2016/part-1-title-tba/#hide/fn-3
     (검색일: 2016.12.2).

과를 가져올 때에 그 결과는 더욱 심각할 수 있기 때문이다.

따라서 이 글은 자연환경의 측면에서 제기되는 다양한 도전들 가운데, 그 파급력이 가장 클 것으로 예상되는 기후변화가 야기할 수 있는 다양한 위기적 상황에 대해 고찰하는 것을 그 목적으로 한다. 이 같은 문제의식을 바탕으로 우선 한반도에서 기후변화의 도전이 어느 정도로 심각한지, 그 특징이 무엇인지 고찰할 것이다. 특히 기후변화의 도전이 한반도 정세와 관련하여 어떤 중대한 연쇄적 파급효과를 일으킬 수 있는지를 에너지안보 및 보건안보의 문제와 연관 지어 살펴보도록 한다. 이를 통하여 복합지정학적 사고가 한반도의 비전통 안보 내지 신흥안보에 대한 대책을 마련함에 있어서 제시하는 유의점에 대한 도출을 바탕으로 그 유용성을 확인해 보도록 하겠다.


## II. 기후변화의 도전과 한반도

지구적 도전으로서 기후변화에 대한 경고는 전문가들에 의해서 지속적으로 제기되어 왔으며, 과학적 객관성을 검증하기 위한 노력이 국제기구를 통하여 이루어져 왔다. 유엔기후변화협약(UNFCCC, United Nations Framework Convention on Climate Change) 산하에 설치된 "기후변화에 관한 정부 간 패널(IPCC, Intergovernmental Panel on Climate Change)"에서는 1990년 이래 매 5-6년 간격으로 기후변화와 관련된 과학적 연구결과들을 취합하고 정리하여 기후변화에 대한 평가보고서를 계속하여 발간해 왔다. 그 결과 제1차(1990년), 제2차(1995년), 제3차(2001년), 제4차(2007년), 제5차(2014년) 보고서까지 출간되어 있다. 이 보고서들을 바탕으로 미래 기후변화에 대한 지구적 차원에서부터 동아시아, 한반도를 전망한다면 암울한 예측이 도출된다.

기후의 변화를 보여주는 증거들은 지속적으로 관찰되어 왔으며, 이제 기후변화는 돌이킬 수 없는 현실이 되고 있다는 점은 주지의 사실이다. 그 중 더욱 심각한 문제는 복합지정학적 사고에서 소위 "기후변화의 양질전화"라고 부를 만한 상황이 도래하고 있다는 것이다. 지구 대기의 평균온도의 상승을 산업화시대 이전과 비교하여 2℃ 이내로 제한하자는 목표의 설정은 바로 이와 같은 우려의 반영이다(UN-FCCC 2015). 이것이 이미 현실적인 목표가 아니라는 자조적인 관측들도 나오고 있는 상황에서, 지난 파리 기후변화협약 당사국총회에서 이 목표를 재확인한 것은 다행히 지구공동체가 이 문제를 심각하게 대응하기로 한 것으로 볼 수 있다.

그런데 흥미로운 점은 지구온난화는 전 지구적인 현상임에 분명하지만, 그 효과와 정도는 지역적으로 편차를 보이고 있다는 점이다. 〈그림 10-2〉에서 보는 바와 같이 각 지역은 그 도전요인별 정도가 상이할 뿐만 아니라 그에 대한 대응 능력에서도 지역별로 큰 차이가 나타나고 있다는 점이다(IPCC 2014).

동아시아 지역의 경우에는 지역 평균기온이 21세기 말까지 2.4℃ 증가하고, 강수량은 7% 증가할 것으로 전망되고 있다. 전반적으로 여름의 몬순성 강수량, 태풍으로 인한 극심한 강우의 증가와 함께 온대성 저기압의 억제로 한겨울이 감소할 것으로 전망된다. 현재 인류는 이러한 변화를 체감하고 있는 현실로 맞이하고 있다. 문제는 기후변화가 가속화될 수 있다는 예측과 함께 이런 변화가 훨씬 더 빠른 속도로 다가올 수도 있다는 것이다.

크게 우려되는 것은 한반도의 미래 기후와 관련된 예측이다. 한국이 현재와 같은 온실가스 배출 추세를 유지할 경우, 21세기 후반

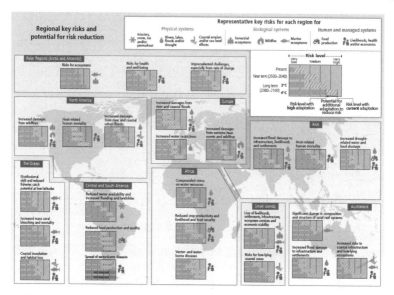

**그림 10-2.** 기후변화가 야기하는 지역별 위험 및 대응 역량 (2014)
출처: IPCC 기후변화 보고서에서 발췌[2]

(2071-2100) 한반도의 기온은 1981-2010년 평균기온에 비하여 5.7℃ 상승할 것으로 예상된다. 북한의 경우에는 6.0℃의 기온상승이 예상되어, 5.3℃로 예상되는 남한보다 상승폭이 더 클 것으로 전망되고 있다. 이러한 온도상승이 이루어질 경우 2070년대 이후 평양의 평균기온이 현재 제주도 서귀포의 평균기온인 16.6℃에 도달하게 되는 것을 의미한다. 또한 강원도 산간 등 일부 고지대를 제외한 남한 대부분의 지역과 황해도 연안까지 아열대 기후구에 속하게 될 것이며, 남해 일부와 제주도에서는 거의 열대 기후의 특징을 보이게 될 것이라는 것이다.

폭염과 열대야 등과 같은 극한적 기후 상황에 대한 기후 관련 극한 지수는 기후변화에 따라 더 극적으로 증가할 것으로 전망된다. 특

2    웹사이트 http://ar5-syr.ipcc.ch/topic_summary.php (검색일: 2016.12.2).

히 폭염일수는 현재 한반도 전체평균 7.3일에서 온실가스 고배출 시 21세기 후반에 30.2일로 한 달가량 발생할 것으로 예측되고 있다. 특히 남한보다 북한의 기온상승, 폭염, 열대야, 호우 증가가 더 클 것으로 분석되고 있으며, 북한의 기후변화 대응 능력의 한계로 인하여 사회적 혼란이 더 커질 수도 있다.

물론 파리 기후변화총회에서 이루어진 합의 이후 전 세계가 적극적으로 온실가스 감축에 동참함으로써 이에 성공할 경우 한반도 기온상승은 3℃ 이내로 막을 수 있으며 기온상승 속도는 절반으로 떨어질 수도 있을 것이다. 온실가스 감축으로 인한 기후변화 완화 효과는 기온이나 강수량보다 폭염, 열대야 등의 극한 기후 상황과 관련하여 더 클 것으로 전망되고 있다.

이러한 기후변화 자체가 주는 도전은 변화된 기후에 적응한다면 충분히 해결 가능한 문제라는 안이한 생각을 낳을 수도 있다. 하지만 문제는 지적된 바와 같이 기후변화는 그 자체로 끝나는 것이 아니라 기후변화가 다른 이슈와 폭넓은 연계성을 보이기 때문에 더욱 심각할 수 있다는 것이다. 특히 한반도의 기후변화에 따른 이슈 연계와 관련되어 가장 큰 개연성을 보이는 것으로 수자원문제와 보건문제를 제시할 수 있다.

수자원문제와 보건문제를 포함하여 제시할 수 있는 문제는 4가지를 언급할 수 있다. 첫째, 기온 변동에 대해 다른 변화와 함께 가장 큰 변동 폭을 보이는 부분이 강수량의 변동이며, 변화된 강수패턴 등에 대비하여 수자원 활용을 위한 적절한 대책이 마련되어 있지 않을 경우 이는 생활용수는 물론 공업 및 농업을 위해 소요되는 산업용수의 부족 사태를 야기할 수 있다. 더 나아가 국민들의 생명지수에도 타격을 가하는 등 다양한 삶의 차원에 영향을 끼치게 될 것으로 보인다.

둘째, 기후온난화에 따라 주목해야 할 취약 지점은 보건문제라고 할 수 있을 것이다. 특히 질병의 패턴이 달라지면서 나타나는 감염병의 창궐은 커다란 도전 요인이 될 것으로 예측된다. 특히 북한과 같은 국가별 내지 지역별로 주민들의 면역체계가 약화된 경우에는 이 같은 도전의 충격이 대단히 심각한 결과를 가져올 가능성이 높다.

셋째, 고온현상이 한반도의 기후대 변화를 야기하여 생산 가능 작물의 변동을 일으키거나 연속적인 가뭄에 의한 흉작의 발생 등으로 생기는 문제들을 예상해 볼 수 있다. 식량 자급률이 매우 낮은 한국이나 만성적인 식량 부족에 시달리고 있는 북한의 입장에서는 이러한 도전에 취약할 수밖에 없다. 특히 지구적 식량 생산의 변동과 식량 금수조치 등의 식량무기화가 발생할 경우 이는 더욱 심각한 도전 요인이 될 것으로 예상해 볼 수 있겠다.

넷째, 이 외에도 국토 기후대의 아열대화에 따른 극한지수의 상승은 한국의 에너지 수요를 증대시킬 가능성이 높아 보인다. 열대야의 증가에 따른 에어컨 사용 등은 역설적이게도 전력 수요증대를 가져올 것이며, 이는 에너지 사용에 대한 필요와 연결되면서 에너지안보에 대한 주요한 도전 요인들 중의 하나로 작용하게 될 것이다.

한편, 여전히 기온의 상승이 가져올 수 있는 변화들이 보다 직접적인 국가들 사이의 안보적 문제와 연관될 가능성에 대해서는 학자들 사이의 의견이 분분한 편이다. 아직까지 전문가들은 기후변화 및 그 연관 이슈들의 도전이 국가 간의 군사적 충돌을 야기하는 직접적 추동요인으로 작용하기보다는 안보적 문제를 격화시키는 개입 요인으로 이해하는 경향이 강하다. 하지만 우리는 다가올 도전들에 대비하기 위하여, 우리들의 과학적 상상력과 안보적 대응 능력을 결합하여 적절히 대비될 필요가 있다.

이러한 문제의식을 바탕으로 기후변화로 인해 제기될 수 있는 안보적 도전 요인에 대한 연구와 지적들은 이미 유수의 연구기관에 의해서 이루어졌다. 미국 브루킹스연구소의 기후변화에 따른 지구적 안보 파급효과에 대한 시나리오는 우리의 경각심을 일깨워 주기에 충분하다. 이 보고서는 크게 세 수준의 기후변화 변동의 충격을 상정하고 있다(Campbell and Parthemore 2008).

첫째, 1단계 온난화가 진행되는 상황이다. 이는 2007년 IPCC 4차 보고서가 예측한 수준의 기후온난화가 진행되었을 때 2040년경에 전 지구적 평균기온이 1.3℃ 상승하고 해수면이 0.23m 상승하게 되는 상황을 상정한다. 이는 비교적 완만한 수준의 변화를 의미하는데, 문제는 이 같은 완만한 변화에도 중국의 경우 사막화와 물 부족 및 식량 감소로 인해 미국보다 더 큰 피해를 볼 수 있는 것으로 예상되고 있다는 점이다.

이 같은 기후변화의 조건이 사회적 요인과 맞물리면서 우려되는 부분은 특히 이민의 증가와 자원 갈등이 심화될 것이라는 점이다. 기후난민은 전쟁난민에 비해 훨씬 더 근본적이며 그 범위 또한 대단히 광범위할 수 있기 때문이다. 게다가 질병 및 테러의 위험과 관련하여 이 같은 이민을 통제하게 될 경우, 이는 갈등의 원인을 증폭시킬 수 있으며, 인적 교류 및 관광산업 등을 위축시킬 것은 거의 분명해 보인다.

또한 이런 변화에 적응하기 위한 복지예산의 급격한 부담 증가와 사회적 불안의 증대로 인해 국내적 차원에서 국가의 정치력 약화가 진행될 수 있으며, 이는 세계 각국의 기후변화 대응 능력에 부정적 영향을 미칠 것으로 보인다. 특별히 폭발력을 가질 수 있는 연계 이슈로는 수자원 위기로 인한 지역정치의 동요 가능성이 지적되고 있다.

둘째, 2단계 온난화의 진행으로 심각한 변화가 예상되는 상황이다. IPCC 보고서의 보수적 평가가 예측하지 못한 보다 크고 빠른 온난화가 진행되었을 경우, 2040년에는 지구 평균기온이 2.6℃ 상승하고 해수면은 0.52m 상승하게 될 것으로 예측되었다. 이러한 변화는 지역별 및 국가별로 기후변화의 영향 정도와 결과의 특성이 다소 차이가 있을 수 있다. 하지만 세계의 어떤 지역도 가리지 않고 근본적 성격의 대응을 요하는 도전을 야기할 것으로 보인다.

　이 상황에서는 사회 최상위층의 안전 지역으로의 이탈/이주와 중산층의 붕괴 및 하층민의 생활조건의 심각한 악화로 민주체제 및 사회적 안정성의 기반이 잠식될 가능성이 높을 것으로 예측되었다. 식량문제와 관련하여 세계 어족자원 분포의 일정 정도 변화를 넘어선 근본적 변화가 일어나 어류 시장이 붕괴될 가능성도 크다. 정부의 재원부족으로 상수도 관리가 어려워지게 되고 그 사유화의 가능성이 높아지게 될 것이며, 적절한 관리가 어려운 나라나 지역에서는 고수가(高水價)로 인한 폭동의 발생 가능성도 배제할 수 없다. 물의 문제는 식량의 문제보다 훨씬 즉각적인 충격을 가져올 근본적인 성격을 지닌다고 할 수 있다.

　이 같은 도전에 대하여 국가의 대응은 점차 보호주의적 색채가 강해질 것이며, 세계화 현상의 퇴조와 상호 의존되어 있는 생산 및 금융 체계의 붕괴가 야기될 수 있다. 이러한 상황이 심화될 경우 세계적 경기의 하강과 장기적 경제침체로 귀결될 것임에 틀림없다. 이 상황에서 기업의 정부에 대한 우위가 나타나고, 변화에 적응한 초국적 기업의 힘이 국가를 능가하기 시작되면서 지구정치의 힘의 분배가 근본적으로 변화될 수도 있다. 따라서 이 상황에서는 기존의 동맹체제와 다자협력체제는 무의미해지고 UN 안전보장이사회의 분열로 인한 무력화도 일어날 수 있을 것으로 보인다.

셋째, 재난적 변화의 상황이다. 두 번째 시나리오가 계속되어 2100년에 도달하였을 때에 지구 평균기온이 5.6℃ 상승하고 해수면이 2.0m 상승하는 상황이다. 이 상황은 사실상 미래 예측이 불가능한 상황으로, 이것이 현실화될 경우 인류의 생존이 가장 기본적인 주제가 될 것이다.

이 단계에서 나타날 수 있는 특징은 사회적으로 예측 불가능한 위기의 촉발과 국가의 대처능력 한계에 대한 주민들의 분노가 고조되어 사회적 압력이 극도로 상승될 것으로 예측 가능하다. 이 같은 상황에서 사회적 불안을 야기하는 종말론적 종교의 과열은 혼란의 사회상을 더욱 악화시킬 수도 있다. 불안정하고 악화된 사회적 조건하에서 이민자와 소수자에 대한 적대감과 폭력이 확산될 가능성도 높아질 것이고, 이타주의 및 관용의 상실은 생존이라는 절체절명의 과제 앞에서 어쩌면 당연한 상황인지도 모른다.

이 같은 상황에서는 미국을 포함한 부국을 향한 이민이 국가 및 사회 안보상의 극도로 중요한 문제로 대두될 것이다. 러시아의 급격한 인구 감소에 비하여 상대적으로 쓸 만한 땅이 된 극동·시베리아에 대한 중국의 진출이 급속히 거세지면서 핵보유국 중-러 간의 갈등이 고조될 수도 있다. 미군의 지구적 역할의 범위는 교통·물류상의 문제와 근해 경비의 필요성이 증대됨에 따라 급속히 위축될 것임에 분명하다. 전력의 발전 및 공급시설의 테러리즘에 의한 취약성이 증대되고, 테러나 불량국가의 비대칭위협은 극도로 높아가는 가운데, 세계는 미증유의 불안정성을 경험하게 될 것으로 보인다.

결과적으로 기후변화라는 근본적 원인은 전 지구적 수준에서의 남북 갈등 심화, 이민의 증가, 수자원 부족 야기, 보건문제 악화 등에 영향을 미쳐 사회적 불안정을 증대시킬 것으로 예상된다. 더 나아가

이는 정부 체제에 대한 신뢰에 타격을 줄 수 있기 때문에 정부 능력의 저하를 야기할 것이며, 결과적으로 무력분쟁의 가능성을 증대시킬 수 있는 것이다(Gwynne Dyer 2011)

이 같은 기후변화의 지정학을 고려해 볼 때에 같은 이유로 인하여 한반도에서 지정학적 분쟁이 '창발'될 가능성을 배제할 수 없다. 이런 위험과 관련해서는 국내적으로 낙동강 수자원과 관련한 지자체 간 갈등 사례가 시사하는 바가 있다. 낙동강 수자원을 두고 경상북도와 경상남도 및 부산광역시가 벌이는 수자원 이용에 대한 신경전은 이미 그 역사가 오래되었다. 더불어 서울시와 경기도의 수자원 분쟁 또한 그 빈도가 높아지는 추세이다. 이 같은 도전이 국내정치적 불안정과 결부될 경우, 국내 지자체 간의 수자원 분쟁은 국내정치의 중요한 분쟁 사안으로 전화될 가능성이 존재한다. 급격히 변동하는 수자원에 대한 적절한 통제 기제가 미비(未備)되어 있는 경우, 급작스럽게 혹은 만성적으로 부족한 수자원 때문에 발생할 수 있는 수자원의 독점문제는 지방 간 분쟁으로 비화될 가능성이 높다. 물론 계절별로 과도하게 넘치는 수자원에 대한 경우도 마찬가지이다.

특히 남한의 지방 사이뿐만 아니라 남한과 북한 사이에서 수자원의 사용을 둘러싼 분쟁의 발발 가능성을 배제할 수 없다. 북한과의 수자원 분쟁은 군사적 충돌로 연결될 가능성을 두고 예의 주시해야 한다. 또한 역으로 북한이 급변하는 강수패턴에 적절히 대비하지 못하여 댐 관리를 소홀히 하거나 고의적 공격의사를 가지고 수공을 펼칠 수 있는 능력이 높아져 그 피해 가능한 지역이 확산될 경우, 이는 국가의 안보적 위협이 될 수 있다. 이 같은 잠재적 위험이 실제적 위협을 구성할 수 있을 뿐만 아니라 위협인식의 상승작용을 가져올 수 있다는 점은 금강산댐과 이에 대응하는 평화의 댐 논쟁에서 나타났던 위협인식의 동학에서도 드러났다. 따라서 수자원의 변동 및 그 관리에 대한 문제는 남북 간 안보의 차원에서도 예의 주시할 필요가 있다.

결국 이처럼 기후변화로 인해 야기될 수 있는 다양한 도전들은 한반도, 동북아, 지구를 가릴 것 없이 전 지구적 수준에서 겪을 수 있는 복합지정학의 도전으로 인식하는 것이 타당해 보인다.

## III. 에너지안보와 한반도

지금까지 기후변화의 문제가 다양한 이슈들과 연계될 수 있다는 점과 더불어 그 정도에 따라서는 지정학적 및 안보적 도전 요인으로 전화되어 갈 가능성에 대해서 살펴보았다. 따라서 다음으로 기후변화의 문제가 에너지안보와 연관되어 나타날 수 있는 신흥안보의 이슈로는 무엇이 있는지 살펴볼 것이다.

일반적으로 '에너지안보'란 생존과 번영을 위한 수준의 에너지를 지속적으로 적정한 가격에 안정적으로 확보할 수 있는 상황을 말한다 (IEA 2016). 에너지안보에는 여러 가지 도전 요인이 많이 있을 수 있지만, 과거에는 주로 "석유 피크" 논의에서 나타난 바와 같이 에너지 자원의 고갈에 대한 우려가 가장 대표적이었다. 하지만 이제는 인간의 탐사 및 채굴 능력의 향상, 즉 석탄, 석유, 천연가스 등의 전통 화석연료뿐만 아니라 셰일가스와 석유 혹은 샌드오일 등과 같은 비전통 화석연료의 발굴과 채굴 기술의 발전에 따른 가채매장량의 증대로 인하여 에너지 자원의 고갈에 대한 우려는 매우 낮아진 것이 현실이다. 따라서 가까운 시일 내에 세계가 화석연료의 부족 내지 고갈로 인해 에너지 부족 사태를 겪게 될 가능성은 낮아 보인다.

도리어 우려는 2015년 파리기후협약(Paris Climate Change Ac-
cord)의 체결로 신(新)기후체제가 출범함에 따라 화석연료의 사용을
줄여나가지 않으면 안 되는 상황에서 각국은 에너지 사용을 줄이거나
새로운 에너지원의 발굴에 나서야 한다는 데서 나온다. 기후변화는 우
리가 상상하지 못했던 방식으로 우리의 에너지 사용에 대한 근본적인
도전을 제기하고 있다. 이러한 도전에 대응하기 위해서 "에너지믹스"[3]
의 지속가능한 적정화를 위한 에너지 사용의 합리적 조정은 거의 모든
국가들의 높은 정책적 우선순위를 지닌 과제가 되고 있다.

하지만 국제에너지기구(IEA, International Energy Agency) 등과
같은 주요 에너지 연구 기관들의 보고서에 따르면 2030년까지 석유,
가스, 석탄 등 화석연료는 여전히 인류의 주된 에너지원으로서의 위상
을 계속 지킬 것으로 보인다(IEA 2009). 국제에너지기구는 긍정적 및
부정적 조건의 분석 시나리오에서 모두 2030년경 세계의 주요 에너지
소비는 석유에 약 30%, 가스에 20.5-21.6%, 석탄에 16.6-28.8% 집중
될 것으로 예측한다. 반면 원자력, 수력, 재생에너지를 포함한 기타 에
너지는 각각 5.3-9.5%, 2.4-3.9%, 11.8-19.5%로 예측된다. 따라서 여
전히 화석연료가 주 에너지원으로의 위상을 유지할 것으로 예상된다.
물론 신재생에너지, 대체에너지, 원자력 등에 대한 관심은 더욱 높아

---

3    에너지소비의 단위로서 국가가 내부적으로 사용하는 에너지 수요를 충족시키기 위하여
     에너지 능원별로 얼마씩 사용하는지를 파악하면 그 국가의 에너지믹스를 알 수 있다. 좁
     게는 이 구성비를 에너지믹스라고 부르지만, 각 능원이 어떤 분야에 얼마씩 사용되는지
     가 파악되어야 한 국가의 에너지믹스의 구조를 제대로 살펴볼 수 있다. 에너지믹스는
     한 국가의 에너지 소비 및 충당을 드러내주는 단면이라 할 수 있을 것이다. 예를 들어보
     면, 2014년을 기준으로 대한민국의 에너지믹스는 석유 37%, 천연가스 16.9%, 무연탄
     27.9%, 유연탄 2%, 원자력 11.7%, 수력 및 신재생 4.5%이다. 여전히 전통 화석연료에
     대한 의존도가 매우 높고, 신재생에너지에 대한 의존도는 매우 낮은 편이다. 이는 신기
     후체제에 대한 대응의 난점을 구성하는 핵심적인 요인이 되고 있다.

가겠지만, 이들이 화석연료의 주 에너지원으로서의 역할을 대체하기까지는 상당한 시간이 걸릴 것이다. 따라서 석유·가스 중심의 에너지안보에 대한 논의는 향후 20년간 여전히 에너지안보의 중심 이슈로 남아 있게 될 것이다.

그렇다면 이 같은 기조가 유지되는 중단기적 차원에서 에너지안보에 대한 위협으로는 어떤 것에 주목하여야 할 것인가? 우선 중단기적인 에너지안보와 관련된 중요한 관심으로 에너지 수출국의 정치·안보·사회적 불안정성과 강대국의 에너지세력 확보 경쟁 등과 같은 전통적인 위협요인에 대해 여전히 주목하여야 할 것이다. 하지만 점차 이러한 전통적인 요인들 이외에, 새로운 지정학적 요인들로 인한 에너지 운송로 제한이나 새로운 수송로 구축을 둘러싼 각축 등과 같은 에너지안보에 대한 도전 요인의 중요성이 점증하게 될 것으로 예상된다.

그런데 에너지안보와 관련하여 이 같은 전통적인 위협 요인이나 새로운 지정학적 요인들이 여전히 중요하지만, 특히 최근 들어 새로운 도전으로 주목받고 있는 것이 바로 세계 에너지시장에서 가격이 단기적으로 급등하거나 하락하는 급격한 가격변동성의 확대이다. 최근 가격변동의 추이를 보면, 배럴당 100달러 이상의 고유가 시대로부터 50달러 이하의 저유가 시대로 전환되는 데 걸리는 시간이 고작 수개월에 지나지 않았다. 유가 변동과 저유가로의 전환에 대해서 분석가들은 그간 에너지 가격의 상승을 이끌었던 신흥공업국들의 수요가 감소하였다는 점 이외에도 공급 측면에서 에너지 생산국들 간의 시장지배력 강화를 위해 벌어진 경쟁적인 증산, 그리고 북미에서의 셰일 혁명에 따른 세계 에너지시장의 판도 변화 등이 그 주요한 원인이었음에 주목하고 있다. 더불어 이러한 시장적 조건에 투기자본의 활동을 비롯한 다양한 금융적 요인 또한 작용한 것으로 알려지고 있다. 따라서 에너지

시장의 급격한 가격변동성은 경제적 요인과 지정학적 요인이 함께 작용하면서 형성되고 있어서 그 예측가능성은 더욱 떨어지고 있다.

이러한 도전이 의미하는 것은 각국의 에너지안보를 위한 전략이 기존의 다양화(diversification) 전략을 위주로 한 에너지 수급에 집중했던 전략으로부터 벗어나 에너지 시장의 변동에 대한 대응 능력과 에너지믹스의 관리라는 차원을 보강하는 방향으로 변화해야 하는 시기에 진입하게 되었다는 것이다. 에너지 자급률이 5%도 안 되는 한국의 입장에서, 에너지안보를 위하여 "환경 주류화"의 과제와 직접 관리가 가능한 해외 에너지개발 등의 다양한 대응책의 모색이 절실하다.

한편 이 같은 에너지원 확보를 위한 노력 이외에 에너지안보와의 이슈 연계성에 대해서도 주목해야 할 필요성이 증대되고 있는데, 이는 크게 두 가지 측면에서 고려해 볼 필요가 있다.

첫째, 에너지안보 문제와 연동되어 사회적 충격을 입거나 입힐 수 있는 연계 이슈로서 식량문제의 중요성이 대두되고 있다.

〈그림 10-3〉에서 보는 바와 같이 세계 곡물시장의 추이는 에너지가격과 깊이 연동되고 있다는 것을 알 수 있다. 이미 여러 연구들에서 지적된 바와 같이 2008년 식량위기의 주요 원인은 고유가로 인해 바이오연료의 생산이 늘면서 세계적으로 식량 부족을 야기했다는 점이 드러나고 있다. 2007년과 2008년은 식량과 관련하여 역사적으로 충격적 사건들이 지구적으로 발생했다. 2007년 아프리카 부르키나파소, 카메룬, 세네갈, 모리타니, 코트디부아르, 이집트, 모로코 등 수많은 국가에서 동시다발적으로 식량 부족 사태로 인한 봉기가 발생했고, 2008년에는 볼리비아, 예멘, 우즈베키스탄, 방글라데시, 파키스탄, 스리랑카 등 남미와 아시아 각지에서 유사 사태가 계속되었다. 특히 2008년 12월 멕시코의 "토티야 폭동"은 '식량 위기'의 심각성에 대

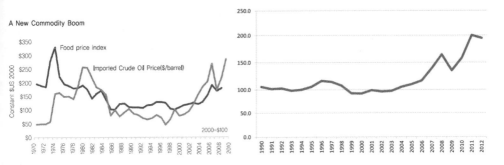

**그림 10-3.** 식량·에너지 가격지수 비교 (곡물지수: 2002~2004년 100 기준)
출처: 국제연합식량농업기구(UNFAO)에서 발췌[4]

해서 극명하게 보여준 대표적 사례로 꼽힌다. 멕시코 국민들의 주식인 '토티야'의 주원료인 옥수수 가격이 수년 새 80%나 증가하면서 생존에 심각한 위협을 받게 된 서민들이 거리로 뛰쳐나온 것이다.

　그런데 유엔식량농업기구(UNFAO, United Nations Food and Agriculture Organization)가 매년 발표하고 있는 식량가격지수(FPI, Food Price Index)를 보면, 2008년의 "식량폭동" 시기보다 훨씬 심각한 식량가격지수의 상승이 진행되고 있는 상황을 볼 수 있다. 2002년-2004년 식량가격지수를 100으로 했을 때, 2012년 식량가격지수는 194.8로 두 배 가까이 뛰어올랐다. 이는 2007년과 2008년 지수였던 139.6과 164.6 수준을 훨씬 웃도는 수치이다. 그 증가 속도를 보면, 2008년 세계경제위기 때 잠깐 낮아졌던 지수가 계속되는 경제위기에도 아랑곳하지 않고 1년 만에 원상회복된 것은 물론, 더 빠른 속도로 증가하고 있다. 이는 경제위기와는 별도로 식량가격은 천정부지로 치솟을 가능성이 높다는 것을 의미한다.

---

4　웹사이트 http://www.fao.org/worldfoodsituation/foodpricesindex/en/ (검색일: 2016.9.2).

이 같은 상황은 세계적 고유가의 시기를 거치면서 나타난 것으로 확인되고 있다. 이처럼 '식량가격'의 폭등은 사회적 불안 및 국가적 위기를 야기할 수 있는 중요한 원인이라 할 수 있다. 역사적으로 거의 모든 봉기와 민란의 원인은 식량문제에 있었다. 21세기에도 이 같은 문제의 본질은 변하지 않고 있으며, 다만 그 식량가격 폭등을 일으키는 원인이 자연조건에 의한 작황이 아니라 고에너지 소비형 기법을 사용하는 농업 및 수산업 구조에서 기인하는 유가와의 연동성과 깊은 연관을 맺게 되었다는 점이다. 일각에서는 세계적 식량지수의 고공행진에 대하여 미국 등 주요국들이 에너지가격의 하락을 유도하여 식량가격을 조정하였다는 추정을 낳기도 하였다. 이러한 추정이 터무니없는 것만은 아니라고 생각해 볼 수 있는 것이, 2014년 이후 급격한 에너지가격의 하락은 그 원인이 불분명할 뿐만 아니라 하락한 후 또한 뚜렷한 원인도 없이 수개월 만에 초저유가 시기를 벗어났으며 최근에는 유가가 배럴당 50달러 이상을 상회하는 회복을 보이고 있다는 데서도 의심의 근거를 더하고 있기 때문이다.

사태의 진상이 무엇이건 간에 분명한 것은 에너지가격과 식량가격이 여러 가지 원인에 의하여 매우 긴밀히 연동되는 상황이 되었고, 이에 대한 대비책이 절실하다는 것이다.

둘째, 에너지문제로 취약해질 경제구조는 한반도, 특히 경제적으로 취약한 북한 내에 더 큰 사회적 문제를 야기할 수 있다는 점이다.

기후변화 대응체제의 온실가스 감축 의무의 이행이 실현될 경우 한국의 산업구조가 더욱 취약해질 것에 대한 우려가 높은 것은 주지해야 할 사실이다. 한국은 그동안 녹색성장 정책 등을 통하여 이러한 변화에 적극적으로 대비해 왔지만, 본격적인 온실가스 감축을 위한 노력을 시작할 경우 그 경제적 타격은 심각할 것이다. 또한 최근 한국 경제

의 성장 동력의 상실에 대한 우려가 높아지는 상황과 맞물리면서 경제
적 타격에 대한 사회적 불안이 증폭될 가능성이 매우 높다. 더구나 중
국의 경제성장이 고속성장의 시대를 마감하고 안정화 기조로 접어들
면서 내수에 주력하는 '신창타이(新常態)'의 상황으로 고착화될 가능
성이 높아가는 가운데 중국과의 경제 연동성이 높은 한국의 경제구조
에서 에너지가격의 급격한 변동은 변동 추이의 상승, 하락에 관계없이
모두 심각한 타격이 될 수 있을 것이다. 따라서 한국은 전통적인 방식
에 따라 에너지 수급 구조에 집중하던 에너지안보 전략으로부터 벗어
나 새로운 에너지안보의 틀을 구축하고 실행하는 전략이 필요한 상황
을 맞이하고 있다.

　북한의 경우에는 이와 같은 취약점과 관련하여 더욱 심각한 상황
이다. 물론 북한 체제의 비정상적 내구성은 에너지 위기를 헤쳐나갈 다
양한 가능성을 상상하게 만든다. 하지만 분명한 것은 북한의 에너지 상
황은 매우 열악하며, 이를 정상화하는 것은 북한 주민들의 복지 수준
향상 및 정상적 국가로 전환하는 데 있어서 가장 핵심적인 과제가 될
것이다. 특히 중국으로부터 공급되는 중유 30만 톤과 러시아로부터 공
급되는 20여 만 톤의 에너지가 북한의 에너지안보에서 결정적인 역할
을 하고 있는 상황에서, 이를 북한의 정상화와 연관하여 어떻게 개선해
나갈 수 있는가와 관련한 신중한 접근이 필요하다. 북한의 에너지 부족
사태는 북한 사회의 불안정성의 요인으로 지속적인 압력을 행사할 것
이며, 글로벌 식량시장의 불안정성은 북한의 체제 및 사회 안보를 취약
하게 만들어 북한 사회의 불안정성을 증대시킬 것은 자명하다.

　결국 한반도의 지경학적 상황은 에너지안보와 지정학적 분쟁의
창발 가능성의 새로운 연결고리로 작동할 수 있다는 점에도 주목해야
할 것이다. 특히 에너지안보와 관련하여 한국의 입장에서 주목해야 할

문제로는 대륙 에너지와 해양 에너지의 경쟁, 에너지믹스의 경쟁성, 에너지운송로 문제에 따른 위협 등을 들 수 있다.

각각의 문제를 살펴본다면, 먼저 대륙의 전통적 화석연료 대 신대륙의 비전통 화석연료 사이에서 한국의 에너지수입 전략이 한국의 동맹전략 및 지역형성 전략과 충돌하게 될 경우 에너지안보의 문제는 지정학적 문제로 비화될 가능성이 점차 증대할 수 있다. 이러한 지정학적 충돌 요인을 중화할 수 있는 전략과 에너지 외교가 필요하다.

둘째, 화석연료와 신재생에너지의 적절한 에너지믹스를 구성하는 가운데, 점차 저렴한 화석연료와 값비싼 재생에너지의 사용을 두고 사회적 계층 사이의 이견이 노정될 수 있을 것으로 보인다. 당장 디젤 연료를 두고 경제 분야 및 계층에 따른 이견이 표출되고 있는 것이 사실이다. 이 같은 상황이 더 심화된다면 빈부격차가 심한 양극화 사회에서 에너지문제는 기초생활의 여건을 가르는 문제로 나타날 것이다. 따라서 여타 비경제적 고려와 압력과 결합될 경우에 사회적 불안정을 촉발할 가능성이 분명히 존재한다.

마지막으로 전통적 에너지안보와 연관된 우려와 연관해서는 남중국해 관련 에너지운송로의 불안정성이 에너지가격의 불안정으로 연결될 수 있다. 이는 한국의 경제여건 악화와 결부되면서 에너지가격의 불안정성을 증대시킬 수 있기 때문이다. 이것이 주요 식량 생산국의 식량 생산에 대한 악영향으로 연계될 경우 24%에 불과한 국내식량자급률(사료 곡물 수입 포함 기준)을 지닌 한국의 식량안보에 대한 위협이 불거지고 이는 심각한 정치적 및 사회적 불안정으로 연결될 가능성도 높아 보인다.

북한의 경우도 이와 같은 지정학적 분절 구조 속에서 향후 대외에너지의존이 심각해질 경우 에너지 위기와 식량 위기가 병행되는 구조로부터 자유로울 수 없다. 특히 북한의 취약성은 중국과 일부 러시아로부터 수입되는 석유에 의존하는 에너지 수급구조에서 나타난다. 이는 북한이 핵을 포기하게 만들기 위한 중요한 공략지점으로 주목받아 왔지만, 통일이나 통합의 과정에서 나타날 북한 현대화 사업에서 가장 시급히 해소되어야 할 과제가 될 수 있을 것이다. 실제로 노무현 행정부 시절 한국정부는 교류와 협력 그리고 통합을 위한 북한의 에너지문제 해결을 위한 계획을 입안한 바 있다. 이는 한 정권의 문제라기보다 종합적인 대북정책의 중요 요소로 취급될 필요가 있다.

따라서 우리는 에너지안보를 위해 전통적으로 추구하던 수요와 공급이라는 구조 측면에만 주목하기보다 새로운 이슈들과 결합되면서 나타날 수 있는 안보문제의 '창발' 가능성에도 주목하면서 그 대책을 마련하는 데 긴급한 노력을 기울여야 하는 시기에 진입하고 있다.

## IV. 보건안보와 한반도

한국은 최근 메르스 사태나 신종인플루엔자(AI, Avian Influenza)와 관련해 곤경을 겪으면서 보건안보의 심각성을 재평가하게 되었다. 특히 기존에 보건안보 문제를 야기할 수 있는 요인들이 이제는 기존에 보이던 방향성과 정도를 넘어서는 양질전화의 단계에 진입하고 있는 것이 아닌가 하는 우려를 낳고 있는 것이 사실이다.

이는 한국만의 문제가 아니다. 최근 들어 신종 감염병들이 일국의 경계를 넘어서 지역적 차원은 물론 글로벌 차원에서 출현하여 전파되는 현상이 자주 발생하고 있다. 에이즈, 사스, 신종인플루엔자, 각종 구제역, 에볼라(Ebola) 등이 그 대표적 예이다. 특히 2014년 발생

한 에볼라는 〈그림 10-4〉에 요약되어 있듯이 그 바이러스 감염자가 당
해 10월 중순 1만 명을 돌파하고 사망자도 5천 명에 육박하면서 전 세
계가 에볼라 공포에 휩싸이게 되었다. 발병지로 지목된 서아프리카뿐
만 아니라 유럽과 미국에까지 에볼라 바이러스가 확산되어 강력한 전
염력이 확인됨에 따라 지역적 및 지구적 방역체계 구축의 시급성이 드
러났다. 그리고 이 같은 감염병은 단순한 질병의 확산이라는 차원을
넘어서 세계인에게 공포감을 심어주는 새로운 안보위협으로 인식되게
되었다.

    이러한 지구적 차원의 문제의식 속에서, 한국은 에볼라뿐만 아니
라 기타 글로벌 감염병에 대처하는 데 있어서 예산, 제도(법과 정책),
조직, 기술 등의 측면에서 아직 선진국 수준에 도달하지 못하고 있는
것이 사실이다. 에볼라의 확산 기세는 꺾이고 관리 가능한 수준으로
안정화되었지만, 유사한 글로벌 감염병의 발병에 대처할 필요가 시급
하게 제기되고 있다. 특히 한국이 경험한 메르스 사태는 한국의 보건
안보 수준이 매우 열악하다는 점을 단적으로 보여준 사례로 국가 보건
안보 체계에 경종을 울려주었다. 이는 북한과 비교하였을 때 심각성이
더욱 드러난다. 보건안보의 취약함에도 불구하고, 북한의 경우에 보건
안보의 위험성을 인식하고 국가폐쇄에 준하는 통제를 수개월간 실시
했다. 해외방문자들을 보균발병 기간 동안 격리하고, 국경무역을 통한
외부인 출입도 차단하여 중국과의 국경 다리 상에서 운전자를 교체하
는 등 매우 과민한 대응을 하였던 것으로 알려지고 있다.

    한편 보건안보의 문제도 에너지안보와 함께 다양한 이슈들과 연
계되면서 그 파급력을 높여갈 수 있다는 점은 이미 잘 알려지고 있다.

    첫째, 보건안보는 무엇보다 이민문제와 연관되어 심각한 문제를
가져올 수 있다. 세계화 및 관광의 보편화가 진행되고 있는 국제적 상

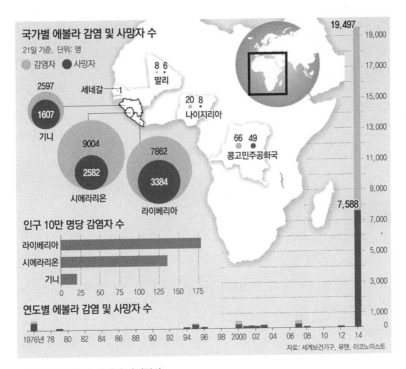

**그림 10-4.** 에볼라 사태의 양질전화

출처: 동아일보(2014.12.26), "21세기 흑사병' 에볼라 1년… 7588명 사망, 1976년의 18배"

황하에서 인구의 유동은 막을 수 없는 추세이다. 게다가 자연재해와
테러 및 전쟁으로 인한 난민의 증대는 최근 유럽 사회의 경제적 어려
움과 연이은 테러 사태 그리고 연이은 브렉시트(Brexit)에서 보이듯이
대량난민무기(Weapons of Mass Migration)라는 용어를 만들어낼 정
도로 심각한 정치, 사회적 불안의 원인으로 전화되고 있다.

　　이런 상황과 연관하여 간과되는 부분이 바로 면역체계와 보건안
보의 문제이다. 유럽의 경우 공중보건 및 보건안보에 대한 대비책이
비교적 잘 갖추어져 있었던 경우이기 때문에 이 문제가 비교적 잘 관
리된 행운의 사례에 해당된다고 하겠다. 하지만 그렇지 못한 국가나

지역의 경우 인구의 유동이 가져올 수 있는 보건안보의 문제는 대단히 심각한 사태를 가져올 수 있다. 『총, 균, 쇠』에서 지적된 바와 같이 심각한 면역력의 약화라는 조건과 새로운 감염병의 유입은 사회적 공포의 동반과 더불어 그 실재적 결과가 상상 이상의 심각한 결과를 초래할 수 있다는 점에 주목할 필요가 있다. 특히 국가별 대응 능력의 양극화와 한 국가 내에서 사회적 양극화에 따른 대응 능력의 차이는 보건안보의 문제를 심각한 사회적 및 지역적 문제로 전화시킬 수 있는 가능성이 있다(Diamond 1999).[5]

위에서 지적한 이민 및 보건 안보의 문제는 한반도와 연관하여 특히 그 가능성과 파급력이 높을 것으로 보이는 이슈들이다. 특히 북한의 경우 탈북 주민들의 문제나 북한 내 열악한 영향 상황과 외부와의 차단으로 인한 면역체계 고립화의 문제 등으로 그 취약성은 가늠하기 어려울 정도로 파악되고 있다. 따라서 북한의 보건안보적 취약성의 문제는 다각도에서 검토되고 대비되어야 할 것이다.

둘째, 전술한 맥락에서 보건안보는 정치적 안정과 연관하여 심각한 영향을 미칠 수 있다. 글로벌 감염병은 국내정치적 문제를 야기하기에 충분하다. 글로벌 감염병의 확산으로 인해 국가·사회적 대응 기제가 무너지면 정치적 갈등이 발생할 가능성이 높아지기 때문이다. 또한 역으로 이러한 혼란은 감염병이 창궐할 수 있는 조건을 형성하기도 한다.

---

5 제레드 다이어몬드는 그의 저서 『총, 균, 쇠』에서 라틴아메리카 원주민들이 세운 문명의 파괴가 외부에서 전래된 균에 대한 저항력이 없는 원주민들에게 퍼진 감염병 때문이었다고 진단한다. 하지만 이는 감염병의 차원에서만 살펴볼 것이 아니라 제국주의적 침탈의 과정에서 약화된 원주민들의 면역체계와도 연관이 있을 수 있다는 반론의 제기도 가능할 것이다. 어떤 경우든 이러한 선례는 북한과 같은 사회가 얼마나 감염병에 취약할 수 있는가를 추정해 보는 데 중요한 사고의 지점들을 보여준다.

이는 즉각적인 시스템의 실패는 아니지만 포괄적인 거버넌스의 난맥을 노정하게 될 가능성이 매우 높다. 특히 이는 정치적 신뢰에 문제를 발생시킬 수 있다. 실제로 서아프리카 국가의 정부들은 2013년 말 에볼라가 발병한 뒤 2014년 3월까지 국민에게 발병 사실조차 알리지 않았으며, 공중보건 인력은 바이러스 접촉자들을 확인하지도 못하였다. 따라서 감염자들의 공포감이 증폭되고 국가 능력에 대한 불신이 증대되어 사태를 악화시키는 원인이 되었다. 한국의 메르스 사태에서도 유사한 국가 신뢰에 대한 문제가 제기되기도 하였다. 이러한 과정에서 보건문제가 지나치게 정치화되고 안보화될 위험성이 있으며, 이는 보건안보의 문제가 일종의 '초안보화(hyper-securitization)'될 위험성을 부추길 수 있다.

한편 이슈 연계에 따른 초안보화의 가능성을 지닌 보건안보 문제는 지정학적 전화 가능성도 지니고 있는 사안으로 적절한 관찰과 관리가 필요하다.

첫째, 보건안보의 문제와 글로벌 감염병은 국제정치적, 외교적 문제를 야기할 수 있다. 국가의 경계 내에서 발생한 질병문제가 이웃 나라와 세계 각국의 보건문제로 연결되는 구조하에서 소위 '질병학적 주권 영토공간'이 해체될 수 있다는 것이다. 이는 공중보건의 문제가 '탈근대적 단계'에 접어들었음을 의미한다.

이러한 상황에서 협소한 국익과 보건안보 문제를 결부시키는 것은 보건안보에 대응하는 글로벌 거버넌스의 메커니즘을 수립하는 데 장애가 될 수도 있다. 또한 세계 각국의 경제발전과 국내 거버넌스의 문제가 공중보건과 연계된다는 인식이 확산되면서 이에 저항하는 국가들에 대한 강제적 조치 내지 격리조치가 글로벌 거버넌스의 전면에 등장할 가능성도 배제할 수 없을 것이다.

둘째, 16억 명의 인구가 고도로 밀집되어 있는 동북아와 같은 지역은 지역적 감염병의 발생에 특히 취약할 수 있다. 특히 중국 해안지방에서의 감염병 발생과 그 통제의 실패는 지역안보에 대한 심각한 도전 요인으로 작동할 수 있다. 이미 동아시아 지역 주민들은 신종인플루엔자의 전염이 한국과 중국 및 대만 등 인접국들에게 어떤 영향을 끼쳤는지에 대한 결과를 목도한 바 있다. 게다가 동북아 지역 국가들은 이 같은 지역 감염병에 공동으로 대응하는 체제를 구축하는 과정에서 주권적 영토성의 침해에 대해 민감하게 반응할 수 있으며, 국가별 폐쇄적 조치들을 앞세워 대응할 가능성이 높다. 따라서 지역적 수준에서의 보건안보를 위한 국가 간 정책의 조정과 협조가 쉽지 않을 것이라는 점도 도전 요인이라 할 수 있을 것이다.

셋째, 한반도문제와 관련하여 북한의 보건안보 취약성이 야기할 분쟁 가능성이 있다. 남북 간의 질병 분포도가 심각히 달라진 상황에서 북한 내 남한 유입 감염병의 확산 내지 남한 내 북한 질병 감염병의 확산은 남북관계에 중요한 변수로 등장할 수 있다. 최근 남한 사회에 다시 증가하고 있는 것으로 보고된 결핵의 확산이나 휴전선 일대의 특징적인 감염병의 발생 등은 잘 알려지지 않고 있다. 하지만 보건안보에 취약한 북한 측에서 남한 주민들과의 접촉을 통한 감염병 확산의 위험 가능성과 함께 남북한 양측 모두에게 열려진 전개 방향에서 위협을 구성할 수 있다. 하지만 양쪽 모두 취약성을 지닌다 하더라도 이를 관리할 수 있는 체제와 능력의 차이는 양측에서 상이한 결과를 가져오게 될 것이다. 나아가 남북이 연관되는 감염병의 확산은 남북관계에 영향을 끼치는 변수가 될 수도 있을 것이다.

따라서 질병의 발생과 확산 및 치료의 문제도 넓은 의미에서 보면 한반도 통일의 과제 중 하나로 보아야 할 것이다. 이와 관련하여 에볼라 사태 및 메르스 사태 당시 북한이 취한 대책은 그 심각성에 대한 위협 인식을 잘 보여주고 있다. 북한은 에볼라 및 메르스 사태와 같은 고도의 감염병에 대하여 외부자의 출입을 적극적으로 차단하고 피치 못하는 입국자들을 잠복기간에 해당되는 기간 동안 격리 조치하는 등 국경 폐쇄에 가까운 조치를 취하였다. 식량문제가 아니라 심각한 감염병이 북한 내 대규모 탈출 사태를 부추기게 될 가능성 또한 충분히 존재한다. 따라서 국내 보건안보 체제의 구축 못지않게 한반도 수준에서의 보건안보 문제를 고려하고 대책을 만드는 것이 매우 중요한 과제로 부각되고 있다.

## V. 맺음말

이상의 논의를 토대로 하여 제시할 수 있는 정책적 함의와 제언은 다음과 같다.

첫째, 다양한 위기의 원인들이 복합화되는 현상에 대한 인식을 제고하고 이에 대비할 필요가 있다. 특히 기후변화와 직접적인 연관성이 있는 것은 아니지만, 백두산 폭발, 지진, 대규모의 지속적 홍수나 가뭄 등과 같은 극단적 자연재해가 난민을 발생시키거나 중장기적·비자발적인 이주를 촉발하게 되는 상황, 식량수급이 악화되는 상황, 보건안보의 취약성이 복합화되는 상황 등을 고려하고 대비할 필요가 있다.

극단적 재해가 가져올 연쇄적 파급효과로는 난민의 발생과 중장기 이주의 발생으로 인한 도전을 꼽을 수 있을 것이다. 난민과 이주의 도전은 단기적인 식량수급의 문제는 물론 전반적이고 중장기적인 식량수급의 문제를 야기할 것이다. 더불어 재해 자체 및 통제되지 않은

**표 10-1.** 자연환경과 신흥안보

| 창발<br>위협 | | 1단계: 양질전화 | 2단계: 이슈연계 | 3단계: 지정학연계 | | |
|---|---|---|---|---|---|---|
| | | | | 한반도 | 동북아 | 글로벌 |
| 자연환경 | 기후변화 | • 지구온난화 심화에 따른 2℃ 이상의 기온 상승<br>• 홍수, 가뭄의 극한 지수 상승<br>• 기후 아열대화에 따른 각종 사회경제적 패턴의 변동<br>• 화산폭발 및 지진 등 극한적 자연재해 증대와 그에 따른 환경적 도전 요인 증대 | 강수 패턴 변동에 따른 수자원 관리 및 자원 관련 갈등<br><br>질병 패턴 변화와 감염병 확산 조건 변동에 따른 보건안보의 위기<br><br>작황/어획 변동에 따른 세계 식량시장의 변동과 식량무기화 가능성 고조에 따른 식량안보의 도전<br><br>한반도 아열대화에 따른 새로운 에너지 소비 패턴의 등장 | 북한과의 수자원 갈등<br><br>수공·대량방류 위험 | 미세먼지·황사 갈등 고조<br><br>어족자원 분포 변경과 어획쿼터 갈등 | 에너지믹스 변동<br><br>극동시베리아 개발 및 북방항로 개발을 둘러싼 갈등 |
| | 에너지안보 | • 에너지안보 문제의 전통적 도전 요인 상존<br>• 에너지지정학의 악화<br>• 에너지안보 관련 급격한 가격변동성 관리 등의 새로운 도전 요인 등장 | 고에너지 사용구조에 따른 농축산업 및 수산업의 문제와 식량안보 연계<br><br>지정학적 이슈와의 연계<br><br>환경주류화의 과제와 경제안보<br>경제적으로 취약한 북한에 더 큰 사회적 문제 야기 | 가스관 연결·전력망구축 등에 따른 남북 유동성 증대<br><br>대륙에너지, 해양에너지 간의 경쟁 문제로 인한 충돌 가능성<br><br>에너지믹스의 경쟁 가능성 | 에너지수급 구조와 동맹구조의 연동 시 발생 문제<br><br>중국 원자력 주류화 | 에너지 운송로 경쟁 |
| | 보건안보 | • 철새 등 초국적 질병의 발생<br>• 인수 감염 및 인간 내 감염에 의한 확산 | 인구유동 및 이민 문제와의 연관에 따른 급속한 확산<br><br>사회양극화 및 국가 간 대응 능력 양극화에 따른 갈등관리의 실패 | 북한의 보건안보 취약성이 야기할 수 있는 문제<br><br>남북 간 감염병 확산 | 중국 내 감염병 확산<br><br>높은 인구밀집도로 인한 지역적 감염병의 발생 가능성<br><br>역내 보건 협력 체계 구축에서 나타날 수 있는 갈등<br>(남북/양안 등) | 질병학적 주권적 영토공간의 해체 |

이주에 따른 질병의 만연과 감염병의 창궐도 예상해 볼 수 있다. 이러한 문제가 심각한 상황을 야기할 수 있는 이유는 극단적 자연재해의 예기치 못한 결과는 남북 간 돌발적 분쟁촉발, 이주자 관리문제로 인한 주변국과의 갈등, 혼란을 틈탄 정권탈취 시도와 그 변동 과정에서 우위를 점하려는 주변국의 개입에 의한 분쟁의 국제화 등과 연관될 수 있기 때문이다. 특히 그러한 사태의 발생이 가져올 취약점과 도전에 대응하기 위한 극단적 선택의 가능성이 높아질 것이다.

　또한 이주문제로 인한 주변국과의 갈등 및 주변국의 개입에 따른 분쟁 가능성이 높아질 것임에 분명하다. 북한 이주민의 남한 유입으로 식량문제, 감염병 발생 등과 같은 사회적 혼란을 부추기는 과제들이 등장할 가능성도 매우 높다. 따라서 전반적 사회 안정의 파괴에 따라 내부 및 외부가 연계되는 정권쟁취 투쟁이 북한 내에서 발생하여 혼란이 증대되고 분쟁으로 파급될 것으로 예상된다.

　둘째, 이 같은 도전에 대한 대책과 관련하여 이슈 연계에서 제기된 '연계 대책'의 수립의 필요성이 강조되어야 한다. 2011년 본에서 개최된 넥서스 회의(Nexus Conference)를 계기로 물-에너지-식량 넥서스(복합연계)가 국제적으로 의제화된 이후 경제협력개발기구(OECD, Organization for Economic Cooperation and Development)는 관련 연구와 분석을 지속해 오고 있다. OECD 환경전망에 따르면, 2050년 세계 인구는 90억 명에 육박하고, 특히 개도국이 인구증가와 경제성장을 주도할 것으로 예상된다. 이에 따라 에너지, 식량, 도시화 등 물과 토지 사용에 대한 분야 간 경쟁이 심화될 것임에 분명하다. IEA가 2050년까지 에너지 공급은 100% 증가할 것으로 예측한 것에 비하여, UNFAO는 식량 생산은 70% 증가에 머물게 될 것이라고 예측하였고, OECD는 세계인구의 40% 이상이 심각한 물 스트레스 지역에 거주하게 될 것으로 예측하고 있다. 한국과 동북아시아도 예외는 아니다.

따라서 지구적 현황을 살펴보았을 때, 환경, 에너지, 수자원 세 부문 간에 나타나는 이슈연계에 대하여 예의 주시하고 대비하여야 한다. 환경-에너지-수자원 간의 '트레이드오프(Trade-off)'가 발생하는 상황에서 가장 적절한 시너지 효과를 얻기 위한 대책을 수립함에 있어서 무엇을 포기하고 다른 무엇을 얻을 것인지를 전략적이고 통합적으로 고민하여 대책을 수립할 필요가 있는 것이다. 모든 분야의 문제를 해결하려는 노력은 결국 전체를 잃게 만드는 결과를 초래할 수도 있는 상황이 도래했기 때문이다.

또한 북한의 핵과 미사일 개발로 인한 안보 불안의 상황 속에서도 북한의 에너지안보 및 그 취약성에 유의하여 한반도의 안정성과 공동 번영의 관점에서 한반도 및 동북아의 지역적 에너지안보를 해결하기 위한 접근법을 개발하고 그에 입각한 전략을 구상하는 것은 장기적으로 한반도의 안정과 통합을 추동하기 위한 중대한 과제로 인식하고 대비하여야 할 것이다.

# 참고문헌

권재현. 2014. "'21세기 흑사병' 에볼라 1년··· 7588명 사망, 1976년의 18배." 『동아일보』 (12월 26일).
이신화. 2017. "인구, 이주, 난민안보의 '복합지정학': 지구촌 신흥안보의 위협과 한반도에의 함의." 『아세아연구』 60(1).
Gwynne Dyer 저. 이창신 역. 2011. 『기후대전』 김영사.
Jared Diamond 저. 김진준 역. 1997. 『총, 균, 쇠』 문학사상사.

Campbell, K. M. and C. Parthemore. 2008. "Chapter 1: National Security and Climate Change in Perspective." in *Climate Cataclysm: The Foreign Policy and National Security Implications of Climate Change*. Washington: The Brooking Institution.
Diamond, Jared. 1997. *Guns, Germs, and Steel: The Fates of Human Societies*. NY: W. W. Norton & Company.
International Energy Agency. 2009. *World Energy Outlook*.
_____. 2016. "What is energy security?" https://www.iea.org/topics/energysecurity/subtopics/whatisenergysecurity/ (검색일: 2017.1.12.).
Intergovernmental Panel on Climate Change. 1990. *Climate Change*.
_____. 1995. *Climate Change*.
_____. 2001. *Climate Change*.
_____. 2007. *Climate Change*.
_____. 2014. *Climate Change*.
United Nations Food and Agriculture Organization. 2013. "Food Price Index." http://www.fao.org/worldfoodsituation/foodpricesindex/en/ (검색일: 2016.12.9.).
World Economic Forum. 2014. *Global Risks Perception Survey*.
_____. 2015. *Global Risks Perception Survey*.
_____. 2016. *Global Risk*.

# 찾아보기

ㄱ

강제이주자 232, 235
개디스(John Lewis Gaddis) 137
개별안전(individual safety) 187
거버넌스 양식 9, 16, 31, 45
거시적/지정학적 안보 192
경성안보(hard security) 27, 51, 214
경제개발협력기구(OECD) 267
경제시스템 9, 14, 55, 56
경제안보(economic security) 261
경제외교(economic diplomacy) 261
경제위기 16, 259, 261, 262, 273, 279
경제적 불평등 17, 49, 286-292, 300, 301,
    306, 307
경제책략(economic statecraft) 261
경제협력 151
고고도미사일방어체계(THAAD) 279
고난의 행군 14, 164
고령화 219, 224, 226, 251
고령화사회 222
고용감소 206
고전지정학 8, 10, 12, 30, 37, 50, 62, 77,
    125-127, 129, 143, 152, 153, 209
고전지정학1.0 38
고전지정학2.0 38, 39, 47, 49
공(空, space)의 발상 38
과잉 안보담론화 15, 41, 197
구라타스(Kuratas) 207
구성되는 안보 위협 189
구성된 공간/장소(constructed s/place) 40
구성주의 국제정치이론 141
구조적 공백(structural hole) 35
구조화 금융(structured finance) 267
국가정체성 110
국가 행위자 187, 215

국경 131
국내유민(IDP) 236
국제대인지뢰금지운동(ICBL) 177
국제분업의 제2차 언번들링(unbundling)
    107
국제에너지기구(IEA, International Energy
    Agency) 326
국제이주자 228
국제통화기금(IMF) 264, 267
국제협력 모델 45
군비통제연구 74
그로티우스(Hugo Grotius) 75
그린스펀(Alan Greenspan) 266
근대적 영토성 132, 137
글로벌 감염병 336
글로벌 금융위기 9, 48, 55
금융네트워크 264, 265
금융 심화(financial deepening) 265
금융 억압(financial repression) 265
금융위기 55
금융위기 변동성(volatility)의 증폭 266
금융적 대량살상무기(financial weapons of
    mass destruction) 267
긍정적 연쇄 102
긍정적 전이효과의 연쇄 112
기술시스템 9, 14, 31, 46, 53, 55, 87
기술환경 14, 191, 197, 203
기후변화 15, 18, 158, 179, 314, 316, 317,
    319, 323
기후변화안보 9, 49, 59
기후변화에 관한 정부 간 패널(IPCC,
    Intergovernmental Panel on Climate
    Change) 316
기후변화의 양질전화 317
기후온난화 320

ㄴ

나노기술 187
나탄즈 우라늄 농축시설 201
난민문제 237, 244, 335
난민법 243
난민수용 238
난민안보 5, 9, 15, 28, 57, 235, 241, 250,
 251
난민전사들(refugee warriors) 240
남북 간 소득불평등 310
남북경협 147
남북한 145, 164, 171, 208, 209, 287, 309,
 310
남북한 경제적 불평등 296
남북한 관계 12, 139, 140
남북한 사회통합 291, 293, 307, 310
네트워크 이론 28, 89
네트워크화 264
노동력 감소 226
노동시장 축소 206
노령화사회 219
농촌 공동화(空洞化) 225


ㄷ

다민족국가 249
다자 안보제도 144
닫힌 시스템 10, 69, 70, 73, 77, 95
대공황 262
대규모 자연재해 46, 47, 52
대량난민무기(Weapons of Mass Migration)
 335
대류 에너지 332
대인지뢰 14, 159, 164, 171
대인지뢰금지규범 174
대전략(grand strategy) 78
대침체 262
대한민국 138
대한제국 138
더블린조약 237
데이터 무결성 204

데이터 프라이버시 204
돌발적 무한형 위험 46, 47, 55, 280
돌발적 한정형 위험 46, 47, 53
동북아 7, 11, 29, 51, 64, 100, 102, 106,
 112, 115, 118, 125, 131, 140, 141,
 153, 248, 252, 271, 272, 308, 325,
 340
동북아 위험 넥서스 12
동북아평화협력구상 27, 152
드론 203


ㄹ

라이히(Emil Reich) 126
레이크(David Lake) 140
로봇(Robot) 203
로봇전쟁 206
로봇혁명 205
루만(Niklas Luhmann) 87
리(Homer Lea) 126
리차드 울만(Richard Ullman) 85


ㅁ

마한(Alfred Thayer Mahan) 77, 126, 129
만한(滿韓)교환론 135
매킨더(Halford Mackinder) 77, 126, 129
맥카란 월터법 231
맬서스의 재앙 219
메가 FTA 277
메르스(MERS) 6, 29, 333, 334, 337
메이드인 차이나(made in China) 108
메타 거버넌스(meta-governance) 61, 64
메타지정학 이론 127, 153
메투스(metus) 71
모병제 225
무역네트워크 280
무인자동차 203
물-에너지-식량 넥서스(복합연계) 341
미국 우선주의(America First) 270
미시적 안전 192

ㅂ

반이민정서 234
반이민 행정명령 232
방법론적 개인주의(methodological
　　individualism) 88
배타적 영토성 132
백년만의 대홍수 14, 165
베르탈란피(Ludwig von Bertalanffy) 82
베스트팔렌 체제 124, 128
버냉키(Ben Bernanke) 267
보건문제 320
보건안보 5, 9, 28, 49, 59, 243, 251, 333,
　　334, 336
보호책임(R2P, Responsibility to Protect)
　　249
복잡계 이론 28, 32, 89
복잡계 패러다임 11, 69
복잡성 패러다임 10, 68
복지국가 290
복합적 거버넌스 모델 48, 56
복합 네트워크 264
복합 네트워크의 공간 43
복합적 중간형 위험 46, 48, 56
복합지정학(complex geopolitics) 7-10,
　　12, 14, 26, 30, 31, 37, 44, 47, 50, 51,
　　63, 64, 100, 118, 134, 150, 188, 190,
　　196, 201, 208, 211, 216, 261-263,
　　266, 276, 307, 314-317, 325
볼드윈(David Baldwin) 94
부다페스트협약 202
부셰르 원자력발전소 201
부잔(Barry Buzan) 83, 140
부정적 연쇄 102
북한 279, 301, 318, 330, 334, 336, 342
북한이탈주민 보호 및 정착지원에 관한 법률
　　246
북한 인권결의안 249
북한 헌법 138
분리 독립 302, 303
분산 거버넌스 46, 49, 50

불대응 불충돌 104
불법이주 232, 234
불법체류자 242
브레진스키(Zbigniew Kazimierz
　　Brzezinski) 79, 126
브레튼우즈 체제 269
브렉시트(Brexit) 231, 287
비관적 결정론(determinism) 78
비국가 행위자 153, 187, 215
비군사적 안보 이슈 214
비군사적 신흥안보 15
비우량 주택담보대출(subprime mortgage)
　　263, 267
비인간 행위자 43, 187, 189
비자발적 이주자 유형 233
비전통안보(non-traditional security) 5, 6,
　　27, 30, 44, 216, 250, 253, 315, 316
비전통적 안보 이슈 214
비(非)지정학 8, 10, 31, 38, 42, 50, 63, 101,
　　106
비지정학화 11, 102
비판지정학 8, 10, 31, 38-40, 63, 101, 112,
　　125, 127, 153
빅데이터 187, 203

ㅅ

사물인터넷 187, 203
사스(SARS) 6, 29
사이버공간 42, 189, 197, 198, 209, 210,
　　215
사이버공간총회 202
사이버공격(cyber attack) 15, 187, 196,
　　197, 200, 201
사이버범죄(cyber crime) 198
사이버보안 158, 198
사이버안보 5, 9, 14, 28, 47, 54, 187-189,
　　197, 198, 208
사이버전(cyber warfare) 198
사이버전쟁 202, 215
사이버첩보(cyber espionage) 198, 200

사이버침해(cyber exploitation) 200
사이버테러 179, 192, 194, 198
사피이어(Saffir) 207
사회시스템 9, 14, 31, 47, 49, 57, 87
사회안보(societal security) 9, 58, 92, 96,
　　291, 309
사회안보화 308
사회양극화 49
사회적 갈등 286, 287
사회적 불평등 287, 306
사회적 이동성(social mobility) 300, 309
사회통합 17, 49, 243, 251, 286, 288, 291,
　　296, 300, 301, 309
사회환경 17, 308
상대적 박탈이론(relative deprivation
　　theory) 298
상위정치 162
상호의존의 네트워크 109
상호존중 104
상황적 지식(situated knowledge) 78
생명공학기술 187
생명시스템 87
서비스 지속성 204
세계금융위기(Global financial crisis) 16,
　　259, 261, 263, 266
세계은행 264
세계정치 14
세계체제론 40
세력균형 80
세력전이 80
세쿠리타스(securitas) 70
센겐조약(국경개방조약) 238
셰일 혁명 327
소득불평등 301
스마트팩토리 203
스턱스넷 195, 200
스트롱맨(strong man) 시대 216
스파이크만(Nicholas Spykman) 79, 126
시스템이론 87
식량가격 330

식량가격지수(FPI, Food Price Index) 329
식량안보 49
신기술 188, 210
신자유주의모델 289
신재생에너지 332
신종인플루엔자(AI) 333
신지정학 10
신창타이(新常態) 331
신탁통치 137
신형대국관계 113
신형주변외교 104
신흥안보(新興安保, emerging security)
　　5-10, 26, 28, 32, 62, 64, 69, 70, 86,
　　88, 95, 124, 147, 150, 153, 157, 158,
　　179, 187, 191, 197, 201, 203, 208,
　　214, 251, 252, 254, 298, 307, 316,
　　340
신흥안보(emerging security) 이슈 127,
　　145, 151, 244, 253, 259, 314, 325
신흥안보 거버넌스 64
신흥안보의 부상 158
신흥안보의 창발 159
신흥안보의 창발 유형 13, 177
실존적 위협(existential threats) 92
실크로드기금 104
심리시스템 87
쓰나미 6, 29


ㅇ
아세안+3(ASEAN+3) 108, 272
아세안+3 거시경제 감시기구(AMRO) 109
아세안+3 거시경제 연구소 109
아세안+3 경제 리뷰와 정책대화(ERPD)
　　109
아시아 금융위기 261, 272, 280
아시아 재균형(Asia rebalance) 105
아시아중시(Pivot to Asia) 277
아시아채권시장 이니셔티브(ABMI) 109
아시아태평양경제협력기구(APEC) 272
아시아통화기금(AMF) 109, 272

아시아 패러독스 27
안보(security) 10, 70, 157, 214
안보게임 44
안보-경제 넥서스 115
안보-경제-정체성 넥서스 11, 102, 112, 114
안보담론 44
안보딜레마(security dilemma) 92, 147
안보문제(security problematique) 94
안보연구 75
안보 영역의 다양성 94
안보외부재(security externality) 140
안보 위협 298
안보위협감 161
안보위협 연계 252
안보 주체 및 수준의 복합성 94
안보 콤플렉스(security complex) 84
안보 패러다임 28
안보화(securitization) 41, 83, 89, 163
안전(safety) 157, 214
안전보장(安全保障) 157
양질전화(量質轉化) 9, 28, 31, 33, 51, 64,
      190, 306-308, 333, 340
양질전화 임계점 188
에너지믹스 328, 332
에너지·식량·자원 안보 9, 59
에너지안보 18, 49, 325, 327, 328, 331, 342
에너지운송로 332
에볼라 334
역내(域內) 거버넌스 46, 47, 49
역내 포괄적 경제동반자협정(RCEP) 277
역외(域外) 거버넌스 46, 48, 50
연결 중심성 35
연루-방기 딜레마 144
연성안보(soft security) 27, 51, 214
열린 시스템 11, 69, 80, 86, 91, 95
영토 131
영토로서의 공간(space as territory) 39
영토로서의 장소(place as territory) 38
영토(地, territory) 발상 38

영토성 139, 151, 153
영토적 연속성 138
영토중심주의 130
운명공동체 건설 104
울퍼스(Arnold Wolfers) 94
원자력발전 14, 179, 187-189, 191, 194,
      196, 209
원자력안보 5, 9, 28, 47
월트(Stephen Walt) 93
웨어러블 디바이스 203
위기의 동조(synchronization) 265
위험감(risk) 160
위험사회(risk society) 89
위험의 연쇄(risk chain) 102
위협감 160
유동성 함정(liquidity trap) 265
유럽부채위기(European debt crisis) 263
유엔기후변화협약(UNFCCC) 316
유엔난민협약 237
유엔 정부전문가그룹(GGE) 202
이민법 231
이민안보 49, 234, 336
이민 장벽 230
이슈연계 5, 9, 29, 31, 34, 56, 64, 190, 252,
      307, 308, 340, 342
이슈연계성의 사다리 51
이슈연계 임계점 188
이주 227, 241
이주 및 난민 문제 221, 227
이주안보 9, 15, 57, 227, 250, 251
인간안보 14, 35, 145, 158
인간 행위자 43
인공지능 187
인공지능기술 14, 187-189, 203, 206, 208,
      209
인구 250
인구격차(population divide) 220
인구고령화 224
인구과잉 217, 219, 221, 251

인구변화 217
인구보너스 219
인구쇼크 219
인구안보 9, 15, 49, 57, 221, 222, 251
인구양극화 221
인구오너스(population onus) 219, 226, 251
인구유입 220
인구절벽 217, 220, 221, 225, 251
인신매매 232-234
일대일로(一帶一路) 104
일반시스템이론(GST) 82
일반 안보(general security) 187
임계성(criticality)의 사다리 32
임계점(critical point) 10, 29, 32, 167

ㅈ
자기조직화(self-organization) 69, 91
자동로봇 무기(LAWS) 206
자연시스템 9, 14, 31, 47, 49, 59
자연재해 9, 31, 35, 151, 192, 335
자연환경 18, 314-316, 340
자유민주주의의 위기 306
자유주의 국제정치이론 75
장(場, place)의 발상 38
장주기이론 40
재균형(Rebalancing) 정책 277
저출산 219, 224, 226, 249, 251
적합 거버넌스 모델 46, 50
전략 73
전략연구 75
전통안보 6, 10, 27, 30, 44, 90, 93, 147, 188, 191, 214, 252, 308, 315
점진적 무한형 위험 46, 50, 60
점진적 한정형 위험 46, 49, 58
점진적 환태평양경제동반자협정(CPTPP) 277
정보통신기술(ITC) 265
정부 간 협력 모델 46, 48, 49, 55
정부 주도 모델 46, 47, 53

정체성 251
정체성 안보 17
정치경제학적 접근 40
정치적 도미노 효과(political domino effect) 114
정치적 양극화 286
제도적 균형(institutional balancing) 145
제로섬 게임(zero-sum game) 80
조류독감(AI) 7, 30
조미니(Antoine-Henri Jomini) 129
조직범죄 158
조직이론 89
조직화된 폭력(organized violence) 93
중국발 스모그 6
중국발 미세먼지 6
중국 조립품(assembled in China) 108
중층적 거버넌스 모델 56, 280
지경학(geo-economics) 11, 13, 102, 150, 261, 272, 308, 331
지리적 영토 210
지역안보복합체(regional security complex) 140
지역안보체제 140
지역적 민간 모델 45
지역 참여 모델 46, 47, 49, 59
지전략(geo-strategy) 39
지정학(地政學, geo-politics) 5, 14, 37, 101, 124, 131, 140, 141, 150, 153, 188, 206, 261, 262, 272, 314, 324, 331
지정학 연계 308, 340
지정학의 귀환(the return of geopolitics) 39, 216
지정학의 부활 42
지정학의 환상(the illusion of geopolitics) 42
지정학적 사고 77
지정학적 연계성 31, 190
지정학적 임계점 9, 35, 51, 52, 163, 188
진화론 89

진화생물학 28
질병학적 주권 영토공간 337
집중 거버넌스 46, 47
집중호우 159, 164, 171
집합안보(collective security) 187
집합안전(collective safety) 187

ㅊ
차입상환(deleverage) 265
창발(emergence) 10, 29, 32, 88
창발성 69
창발적 안보 10, 68, 88, 90, 96
체스게임 80
초고령사회 222
초고속 초고령화 222
초국가적 거버넌스 127
초국적 민간 모델 45
초국적 참여 거버넌스 49, 57
초국적 참여 모델 46, 50, 61
초안보화(hyper-securitization) 337
치앙마이 이니셔티브(CMI) 108, 272, 280
치앙마이 이니셔티브 다자화(CMIM) 109
친성혜용(親誠惠容) 104

ㅋ
카오스 69
카이로선언 136
코펜하겐(Copenhagen)학파 11, 41, 69,
    80, 83, 92, 95
크리스텐슨(Clayton M. Christensen) 108
클라우드 컴퓨팅 203
클라우제비츠(Carl von Clausewitz) 129
키신저(Henry Alfred Kissinger) 79, 126

ㅌ
탈린매뉴얼(Tallinn manual) 202
탈북자 245, 246, 248, 251
탈(脫)지정학 7, 8, 30, 31, 38, 50, 63, 101,
    106, 112, 216, 252
탈지정학화 11, 102

태양광 187
태평양전쟁 136
테드 거(Ted Gurr) 298
테러 158
테러리즘 15
토마스 홉스(Thomas Hobbes) 71
투키디데스 함정(Thucydides Trap) 103,
    113
트럼프 현상 287

ㅍ
파리기후협약(Paris Climate Change
    Accord) 326
파생금융상품 267
펫맨(Petman) 206
평화연구 74
포괄안보(comprehensive security) 16,
    217
포괄적 안보패러다임 251
포스트휴먼 시대 203
포스트 휴먼 위험 9, 54
포스트 휴먼(post-human) 위협 47
포츠담회담 136

ㅎ
하위정치 162
한국 222, 226, 241, 287, 291, 303, 307,
    333, 334
한반도 7, 9, 26, 29, 51, 64, 100, 131, 133,
    154, 158, 179, 216, 252, 262, 273,
    279, 308, 315-317, 319, 324, 325,
    330, 333, 336, 340, 342
한수원 해킹 195
한한령(限韓令) 279, 280
합작공영 104
해양 에너지 332
해킹 197, 215
핵프로그램 146
행위자-네트워크 이론 43
헬스케어 장비 203

현실주의 국제정치이론 75
홍색공급망(色供: red supply chain) 278
화석연료 332
확대안보 90
환경안보 5, 28, 35, 49
환태평양경제동반자 협정(TPP) 105, 277
후발이민국가 249
후쿠시마 원전 사태 6, 29, 34, 191, 215
휴머노이드 로봇 207
흐름(流, flows) 발상 38
흐름으로서의 공간(space as flows) 42
흐름으로서의 장소(place as flows) 41


3D프린팅 203
4차 산업혁명 224, 310
2030년 지속가능개발의제 234
AI100 209
AIIB(아시아인프라투자은행) 104
ASEAN+6 272
CCDCOE(Cooperative Cyber Defence
        Center of Excellence) 202
NSC-68 79
OSTP 보고서 204, 209
self-reinforcing feedback loop 112
X-이벤트(extreme event) 34, 306

# 저자 소개

## 김상배

서울대학교 정치외교학부 교수
서울대학교 외교학과 학사 및 석사, 미국 인디애나대학교 정치학 박사
『아라크네의 국제정치학』. 2014.
『정보혁명과 권력변환』. 2010.

## 민병원

이화여자대학교 정치외교학과 교수
서울대학교 외교학과 학사 및 석사, 미국 오하이오주립대학교 정치학 박사
"사이버억지의 새로운 패러다임: 안보와 국제정치 차원의 함의." 2015.
"사이버공격과 사이버억지의 국제정치: 규제와 새로운 패러다임을 중심으로." 2015.

## 손 열

연세대학교 국제학대학원 교수
서울대학교 사범대학 학사, 미국 시카고대학교 정치학 석사, 박사
『한국의 중견국외교』. 2016.
Understanding Public Diplomacy in East Asia. 2015.

## 전재성

서울대학교 정치외교학부 교수
서울대학교 외교학과 학사 및 석사, 미국 노스웨스턴대학교 정치학 박사
『동아시아 국제정치: 역사에서 이론으로』. 2011.
『정치는 도덕적인가?: 라인홀드 니버의 초월적 국제정치사상』. 2012.

## 조동준

서울대학교 정치외교학부 교수
서울대학교 외교학과 학사 및 석사, 미국 펜실베이니아 주립대학교 정치학 박사
"Bargaining, Nuclear Proliferation, and Inter-state Dispute." 2009.
"사회세력과 담론 간 이합집산: 19세기 영국 노예제 금지 논쟁을 중심으로." 2015.
"교범이 된 거짓말: 쿠바 미사일 위기와 1차 북핵위기에서 Trollope 기법." 2007.

## 배영자

건국대학교 정치외교학과 교수
서울대학교 외교학과 학사 및 석사, 미국 노스캐롤라이나대학교 정치학 박사
『중견국의 공공외교』. 2013.
"미중 패권경쟁과 과학기술혁신." 2016.

## 이신화

고려대학교 정치외교학과 교수, 유엔사무총장 평화구축기금 자문위원
미국 메릴랜드대학교 국제정치학박사, 하버드대학교 Post-doc Fellow
『대전환의 파도 한국의 선택』. 2017.
"Regional Security Cooperation in Great Power Competition and Korea's Middle Power
        Strategy." 2015.

## 이왕휘

아주대학교 정치외교학과 교수
서울대학교 외교학과 학사, 영국 런던 정치경제대학교(LSE) 박사
『세계금융위기 이후 미중 통화금융 패권 경쟁과 통화전쟁: 통화금융 책략의 관점』. 2017.
"한미 경제통상 협력: 정책 대안." 2017.
"일대일로 구상의 지경학: 중아합작(中俄合作) 대 연아타중(連俄打中)." 2017.

## 이승주

중앙대학교 정치국제학과 교수
연세대학교 정치외교학과 학사 및 석사, 미국 캘리포니아 버클리대학교 정치학 박사
『일대일로: 중국과 아시아』. 2016.
"Institutional Balancing and the Politics of Mega FTAs in East Asia." 2016.

## 신범식

서울대학교 정치외교학부 교수
서울대학교 외교학과 학사 및 석사, 러시아 국립모스크바국제관계대학 정치학 박사
『에너지 국제정치의 변환과 동북아시아』. 2015.
『신흥안보의 미래전략』. 2016.